柏楊與《回憶錄》執筆人周碧瑟博士

1946年，柏楊歷盡千辛萬苦，作弊作僞，總算熬到大學畢業，畢業典禮後第一件事，就是飛奔到照像館，攝下這張學士照，擔心化成泡影。

1954年的柏楊。

柏楊來台灣後第一張照片，領身份證之用。

台北《政治家》半月刊（1982年9月16日）

台北《南方雜誌》月刊（1987年6月）

吉隆坡《文道》月刊（1982年4月）

台北《新書月刊》（1985年7月）

台北《中國時報周刊》
（1992年4月19日）

香港《亞洲週刊》
（1988年1月10日）

台北《書店導遊》月刊
（1992年5月10日）

台北《中國男人》月刊
（1992 年 9 月）

台北《出版情報》月刊
（1993 年 3 月）

台北《書店導遊》月刊
（1993 年 3 月 7 日）

1957年，柏楊和救國團文教組長包遵彭（中）、救國團主任秘書李煥（右）合影。

柏楊擔任中國青年寫作協會總幹事，陪同作家訪問阿里山，攝於阿里山車站。

柏楊軟禁的當年（1976），佳佳在友人羅祖光陪同下，到火燒島探父。左爲羅祖光，右立白髮枯瘦老人即柏楊。

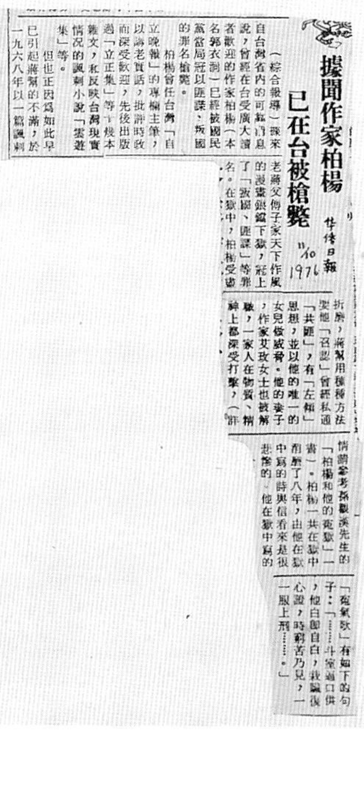

华侨日報 11/10 1976

據聞作家柏楊已在台被槍斃

（綜合報導）據來自台灣省內的可靠消息說，曾經在台受廣大讀者歡迎的作家柏楊（本名郭衣洞）已經被國民黨當局冠以匪諜、叛國的罪名槍斃。

柏楊曾任台灣「自立晚報」的專欄主筆，以講老實話，批評時政而深受歡迎，先後出版過「立正集」等十幾本雜文，和反映台灣現實情況的諷刺小說「雲遊集」等。

但也正因爲如此早已引起蔣幫的不滿，於一九六八年以一篇諷刺老蔣父傳子家天下作風的漫畫鋃鐺下獄，冠上了「叛國、匪諜」等罪名。在獄中，柏楊受盡折磨，蔣幫用種種方法要他「召認」曾經私通「共匪」，有「左傾」思想，並以他的唯一的女兒做威脅。他的妻子，作家艾玫女士也被解聘，一家人在物質、精神上都深受打擊，（詳情請參考孫觀漢先生的「柏楊和他的冤獄」一書）。柏楊一共在獄中經歷了八年，由他在獄中寫的詩與信看來是很悲慘的。他在獄中寫的「冤氣歌」有如下的句子：「……斗室逼口供，他白即自白，我騙復心證，時窮苦乃見，一一服上刑……。」

紐約《華僑日報》於1976年11月10日，刊出柏楊被處死惡耗。

柏楊入獄後，孫觀漢在美百般營救無效，最後，把柏楊寫給他們夫婦的詩裱起來裝框，拿在手中，坐在家門台階前，欲哭無淚。

柏楊入獄的次年(1969)，幼女佳佳九歲生日時，在客廳和前來祝她生日的小朋友，擠在蛋糕前，由佳佳吹熄蠟燭。

1978年7月，孫觀漢返台，和受他十年營救，但從未見過面的柏楊相會，在松山機場外合影。左起：陳麗真、達義、梁上元、孫觀漢、佳佳、張香華、柏楊、羅祖光。

柏楊在獄中所穿的囚褲，上有他的囚號297。

雕塑家侯金水於1980年代爲柏楊雕塑兩座頭像。

把柏楊從上海帶到台灣的老長官戰幹團隊長吳文義及夫人李英傑。

柏楊被捕，受害最深的一位朋友，就是孫建章。圖爲孫建章和他的夫人王學男。

1984年，柏楊夫婦攝於美國愛荷華公園溪畔，背後一水之隔，即是各國作家所住的「五月花大廈」。

馬克吐溫《湯姆歷險記》中印第安凶手之死的詭異洞穴，聞名國際。1984年，柏楊夫婦及友人裘竹章（右四）等往訪馬克吐溫故居，進入地道深處。

1987年3月7日，香港電台邀柏楊主持頒獎。香港政府廣播處長張敏儀（中立白衣）致贈「香港人眼中的柏楊」紅色橫長條幅。

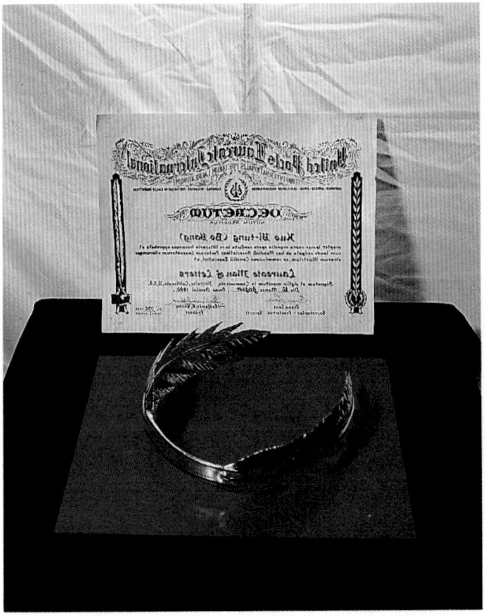

柏楊在獄中，寫下若干詩詞，但能攜帶出獄、並可以出版的，只有五十二首。《柏楊詩抄》被譯成英文後，獲選爲1991年國際桂冠詩人。圖爲桂冠及證明書。

《中國人，你受了什麼詛咒？》譯成日文。 1988 年，柏楊夫婦與譯者金若靜（左）應學生社社長鶴岡阯之邀，在東京舉行記者招待會。

1988 年，柏楊於離開大陸整整四十年後，重返家園，偕香華經上海前往北京，攀登長城，倚牆留影。

柏楊的故鄉——河南省輝縣，爲他立了一座高大胸像，出自雕塑家李學之手。（上）「六四」後，神秘消失，沒有人知道它的下落。1991年6月9日，台北《聯合報》才透露訊息。（下）

解放軍報批判柏楊 銅像拆了

「六四」後柏楊再三要求釋放民運人士，北京將他劃為自由派人物。

【本報香港八日電】香港明報報導，曾經在大陸名噪一時並頗獲厚待的台灣作家柏楊，最近在大陸遭到批判。軍方的解放軍報不久前曾刊文點名批判柏楊及其著作，而在柏楊家鄉豎立的銅像也突然消失。

解放軍報上月在該報的「一本令我失望的書」專欄，點名批判了柏楊的兩本書。轟動神州的「醜陋的中國人」被一名署名「齊學軍」的作者評為「中華民族的勤勞、善良、質樸和民族氣節全被淹沒在醜陋的主題中。把中國傳統文化比喻為『醬缸文化』，把中國人說成『集天下之大鮮』的『雜燴』——這是掃興之至的書」。

來自大連陸軍學院的郁某則認為，「柏楊妙語」一書乍看妙語連珠，細看悖論連篇。其談人生：拉屎、睡覺，惡臭難聞；談社會：故作姿態，擺出一臉忠貞；談女人：語多猥褻……

在開放改革時代，柏楊譽滿大陸文壇，他的家鄉河南省新鄉市輝縣為他立了一個銅像。在大陸為知識分子立銅像是極崇高的政治待遇，為活著的台灣文人立像更是異數。最近，這座有真人兩倍大的柏楊銅像已悄悄地失踪，當地官方人士對此三緘其口。

曾到大陸作訪的柏楊，認為國民黨是醬缸文化，大陸的醬缸程度更深。在保釣問題上，柏楊盼大陸不要為眼前幾個貸款，放棄國土的爭取。「六四」後，柏楊再三致函北京，要求釋放王若望等民運人士。北京官方已視柏楊為自由化的典型人物。

1993年，柏楊與訣別四十五年、於1949年北京贈銀十二元的老友徐天祥，在北京重逢。

柏楊已成了祖父。後左垣垣，後右城城，前左柏楊，前右長媳劉麗鳳懷抱孫兒中中。

《柏楊版資治通鑑》歷時十年，於1993年3月7日完成，遠流出版公司特在台北誠品書店舉辦「柏楊日」，舉行雙重慶祝。柏楊致詞，深表感謝。

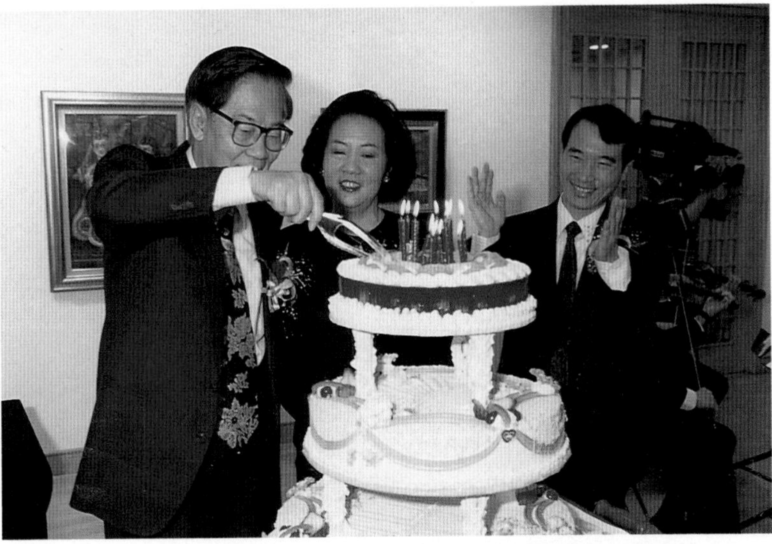

柏楊切下生日（也是入獄日）蛋糕，香華在旁協助，主持人王榮文在旁鼓掌。

來賓蔣緯國將軍代表老哥蔣經國致歉，與柏楊握手。中立者爲遠客陸鏗。

柏楊義女劉元旭特由舊金山專程返台，聽到大家紛紛報告柏楊所受苦難，不由痛哭，柏楊也感嘆唏噓。

陪伴柏楊寫十年通鑑，與柏楊共同成長的泰國貓咪熊熊。

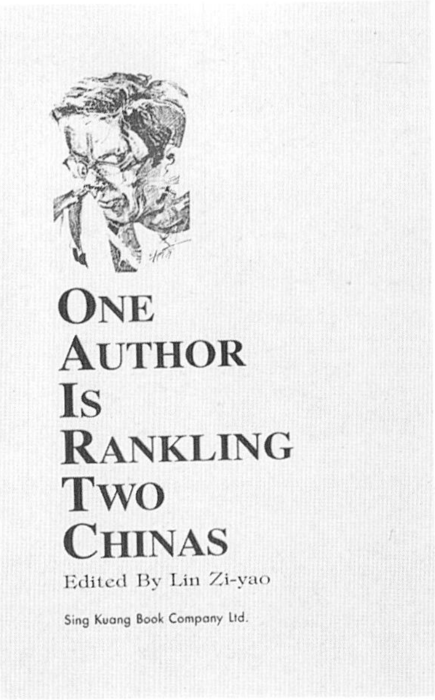

1989年3月7日，台北星光出版社收集外文資料，出版《一個作家觸怒兩個中國》，作爲生日禮物。

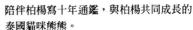

1993年9月，《柏楊版資治通鑑》在北京舉行首發式，不過改名爲《現代語文版資治通鑑》。 柏楊夫婦前往參加，並到書展市場，爲讀者簽名。

柏楊於1972年五花大綁押解火燒島。二十二年後的1994年，電視台拍「台灣風雲」，於是重返火燒島。 右二紅衣女士爲節目製作人晏偉玲。

火燒島賓館中，柏楊指著牆上的綠島地圖，解釋綠島指揮部 ，及國防部感訓監獄位置。

「幾番聽雨，抱蒲懷愁緒，扶欄癡立。已曉無晴還悵望，一抹長空堆積。傷心窗外，潺潺苦雨又急。」這是柏楊獄中的詩句。重回囚房，再次攀窗，心情另有不同。

柏楊回到當年押房，遵導演吩咐，身靠牆壁，坐上當年原地。右爲便池，也洗澡、洗衣、洗碗。紅色不是牡丹花，而是水桶。

火燒島「國防部綠島感訓監獄」圍牆，牆外就是警總的綠島指揮部，也就是恐怖的「隔壁」。

綠島指揮部廣場草坪。白色圍牆外，是環島公路，公路旁巨石上刻「毋忘在莒」，提醒政治犯，無忘被囚的恥辱和痛苦，巨石腳下，即巴士海峽。大官所乘直昇機，就在廣場草坪中心降落，群官歡迎，十分熱鬧。

1994 年，國際特赦組織（AI）中華民國總會成立，柏楊當選爲首任會長，即席致詞。

1984年2月，在一次集會上，柏楊發表講演。後座爲總統李登輝，及中央研究院院長李遠哲。

柏楊回憶錄

柏楊 口述
周碧瑟 執筆

遠流出版公司

柏楊回憶錄

口　　述／柏　　楊
執　　筆／周 碧 瑟
發 行 人／王 榮 文
出版發行／遠流出版事業股份有限公司
臺北市汀州路三段 184 號七樓之五
郵撥／0189456-1
電話／(02)365-3707　傳眞／365-8989

封面設計／唐 壽 南
著作權顧問／蕭雄淋律師
法律顧問／王秀哲律師・董安丹律師

電腦排版／天翼電腦排版有限公司　電話／705-4251
印　　刷／優文印刷股份有限公司　電話／262-2379
□1996年 5 月 1 日　初版一刷
行政院新聞局局版臺業字第 1295 號
售價2000元（缺頁或破損的書，請寄回更換）

ISBN 957-32-2809-2（精裝）

目錄

前言 重飛來時路

柏楊

蘇東坡有一首詩：「人生到處知何似，恰似飛鴻踏雪泥。泥上偶然留指爪，鴻飛那復計東西。」充滿人世滄桑的傷感，從小就在我心頭迴盪。正像我來自的北中國大地，冬天萬里雪飄，雪地上一趾一履，痕跡都十分明顯，可是，大雪繼續紛飛，任何痕跡都會湮沒。

人生，正是如此。一個人從呱呱墜地起，他就命中注定要一個人走完他生命的全程，不管他是歡樂或是愁苦，不管他有許多夥伴或孤單一人，也不管全程是長是短。沒有幾個人能夠再回他的起點，重踏原來的腳印，因爲大雪繼續紛飛，原來的腳印已經不見。只有少數幸運的人，藉着回憶錄、自傳之類的文學作品，才能像飛鴻一樣，重返他的來時地，重尋過去留下的痕跡。腳印埋藏在萬丈深的底層，外人看起來，不過一片冰天雪地，但從那萬丈深的腳印上發出的人性溫暖，往往使飛鴻腸迴氣蕩。就在這裡，埋葬着他的往事，是歡樂、是悲哀、是歌聲、是哭泣，一一湧上心頭。

多少年來，朋友們一直勸我寫回憶錄，我也認爲每一個人都有寫回憶錄的義務，把他們的時代眞象，留給後人。可是，想不到，當我打算開始的時候，一連串發生心臟病，和視網膜出血，以及脊椎開刀，體力和視力大不如前，好像一個身經百戰的沙場老兵，當他提矛跨馬，輪到要爲自己衝鋒陷陣時，却已提不動鐵矛，跨不上戰馬。

就在這個時候，周碧瑟博士挺身助我完成心願，她是一個最好的工作夥伴，態度的認眞和工作的狂熱，使我感動。她每天乘車一個半小時，從學校到我家，一進家門，一分鐘也不停的開始工作，三個小時後，再乘一個半小時的車趕回學校。沒有她這份堅強的意志，這本書不可能完成。就在她的扶持下，我這隻飛鴻，從原生地太行山下一個村落，重新飛過爲時七十五年的漫長旅程。

日本作家黃文雄先生曾引用日本的一句諺語，說我是一個看過地獄回來的人，他指的是七〇年代台灣恐怖時期我幾乎被政府槍決。實際上，我不僅看過，而是我一生幾乎全在地獄，眼淚遠超過歡笑。在寫作途中，碧瑟常常把筆放下來，凝視着我，嘆息說：

「您的災難，怎麼沒完沒了？」

但我並不認爲我是天下最受苦的人，絕大多數中國人都比我更苦，這是民族的災難，時代的災難，而不是某一個人的災難。回顧風沙滾滾的來時路，能夠通過這些災難，我比更多的中國人要幸運得多，使我充滿感恩之情。

我的妻子香華在我視力衰退的時候，曾經說過：「我是你的眼睛。」果然，她幫助碧瑟校對本書。而給我鼓勵最多的朋友：陳宏正先生、王榮文先生、蘇墱基先生，這三位像碧瑟一樣難得的夥伴，我有幸結識他們，沒有他們，這個回憶錄根本不可能開始。

一九九五年十一月九日於台北花園新城

代序 陪柏楊重走七十五年

周碧瑟

半年前，五月時候，偶然的，在柏楊先生作東的餐會上，閒聊時，我問他：

「柏老，什麼時候可以拜讀您的自傳？」

「恐怕教妳失望，我的眼睛內出血，視力不行，恐怕不能再寫長篇。」

「視力不行，大腦並沒有壞，依然可以回憶，這樣吧！您口述，我幫您筆錄、整理。」

看着柏楊沮喪的神情，唯恐他心臟開刀後恢復期的憂鬱症再度復發，所以，我未經思索，就順口回應。不料柏楊一聽，很興奮的伸出右手，舉起小指與我的小指打勾說：

「好，一言爲定，不可後悔！」

當時，五月，是我最忙的時候，我指導的碩士班研究生正要畢業論文口試，再加上籌備六月十日國立陽明大學的首屆畢業典禮，忙得不可開交，那來餘暇？

也就在這個時候，陽明大學教務長張仲明教授起意邀請柏楊出席首屆畢業典禮作貴賓致詞，校長韓韶華教授完全同意。這是陽明醫學院改制大學第一屆的畢業典禮，能請到一位不具任何官銜，而這麼有愛心，這麼有器度的人文大師來演講，對陽明大學而言，意義重大。但是，這時柏楊正生活在恐懼之中，每天醒來第一件事就是看眼睛出血情況是否好轉，心情跟著起起落落，活得小心謹慎，不敢大聲講話，更不敢打噴嚏，他自稱活得像個「公主」，心情壞透，拒絕任何演講。於是，我跟他談判，他來陽明演講，我就一定替他執筆寫回憶錄，達成協議。

六月十日，陽明大學首屆畢業典禮，在校長的扶持下，柏楊站上講台，作三十分鐘精彩而生動的演講：〈專業與人文〉。一個很嚴肅的題目，被他講得台下聽眾笑得前俯後仰，但卻寓意深遠，令人玩味。

接下來，該是我履行承諾了。我一生從未作過生涯規劃，一切隨緣隨興，也因爲如此，才有柏楊回憶錄這個浩大的工程，不期然的在我生命中冒出來。以我工作的時間表，無論如何，都無法勻出這一段時間。可是，寫本文的時候，這項龐大的訪談工程已告完工，連我自己都不敢相信這竟會成爲事實。

五個月來，支持著我做這件事的動機就是「承諾」。苦，是眞苦！想想，也是報應！目前在健保局當企劃處經理的李丞華教授多年前曾說過：

「周老師的飯很難吃，吃她一頓飯，害我忙了兩個月！」

「不吃白不吃，該做的還是逃不掉，吃了再說！」這是另一位學生高翔醫師的答話。

我於一九七七年起開始任教陽明，一九七八年暑假，創組「陽明十字軍」，每年寒暑假自費下鄉服務，迄今十九載，未曾中斷，已成陽明的傳統，也是數以千計的陽明人共同的回憶。這一切，都是和學生們「吃飯」吃出來的。而今，當老師的我，吃了柏楊一頓飯，竟使我忙了五個月！

六月十三日下午，我到環保署開會，會後，打電話給柏楊：

「柏老，您晚上在家嗎？」

「在！」

「那我現在過來。」

我叫車直駛花園新城，就這樣，在毫無計畫的情況下，開始第一個字。以後，只要有空，就去花園新城，到了第十次，我問柏楊：

「柏老，您現在還耽不耽心我不寫呢？」

「不了，現在倒是耽心我不寫了！碧瑟，還好我不是妳的伙計，否則，妳是一個很嚴苛的老闆。」

倒是張香華很得意，她說，柏楊一輩子催人，終於也有被人催的時候。

五個月間，共計訪談八十五次，大部份是在晚上，從八點多到十一點多。每次工作二到三個小時，總共約兩百個小時，其中有一半是在花園新城柏楊的家裡，另一半是在榮總的病房（包括眼睛與脊椎兩次開刀，共住院兩個多月）完成的。無論是眼睛或脊椎開刀，都是在開刀的第二天晚上就開始工作。柏楊這兩次開刀後，都沒有出現憂鬱症狀，可能因爲沒有時間讓他憂鬱吧！這期間，我的助理去看他，他向我的助理告狀：

「你們這個老師太嚴苛，是個不好的老闆。」

脊椎開刀後不久，一個星期天下午，病房要打掃，柏楊躺在病床上被推到外面走廊，我們就在走廊上工作，柏楊忽有所感說：

「這好像又回到當年在調查局被逼供的情景。」

在花園新城工作，幾乎都在暑假期間，我每天下班，搭陽明一號校車到終點站景美，再轉計程車上山。工作結束時都已近午夜，電話叫車，柏楊或香華送我上車，回家再去電話報告平安。花園新城攬翠大廈夜班的管理員有一次問柏楊：

「你們每天晚上補習，都要補得這麼晚啊？眞辛苦！」

電話叫的計程車，坐起來較有安全感，可是有一次，在半路上，司機忽然叫我換車，令我一驚。三更半夜，在荒郊野外，確實害怕，大概司機也看出我的驚恐，補充說道，他的車子有毛病，特意把引擎熄火再啓動，向我顯示汽車確有問題，於是，我在半路換了車，雖也平安抵家，但確是受了驚。另一次是司機在半路上停車，說他的車是向車行租來的，冷氣出問題，必須打電話向車行報告，要我在車上等候。在車上等候的期間，腦子裡也不免會東想西想，最後證實，汽車的冷氣確實壞了，但細胞在緊張時死了不少。整個工作期間，對我而言，最大的壓力是半夜回家的安全問題。而偏偏柏楊的文思却是越晚越好，每次，都有一番掙扎，總在工作效率最高的時候收攤。

學校一開學，我實在無法在下班時間離校，每天總得忙到晚上七、八點，才能把桌上的工作清理掉。柏楊却不幸在榮總住院，從我辦公室走到他病房，只需要五分鐘，從病房走回我的宿舍，大約只要十五分鐘，節省了我許多交通時間與精力。

十月廿五日晚上，正在工作，一位醫院看護捧著《中國人史綱》上下兩册書走進柏楊的病房說：

「我照顧的病人，才廿六歲，在工地被鋼樑打到，雙腿受傷，可能難以復原。他對您非常敬佩，聽說您也住院，今天是他的生日，他很希望先生能在他買的書上簽名。」

柏楊在書上寫下：

宗翰小弟：我們是同命，相信災難會成為跳板。

柏楊

十月廿六日，柏楊教家人送來兩本書《柏楊小說選集》和《路，要你自己走》，送給江宗翰。

十月廿七日晚上，柏楊出院的前夕，江宗翰坐輪椅進了柏楊病房，他根據柏楊書上的簽名，為柏楊刻了一個石頭印章，送給柏楊。

一連三天，三個場景，我都有幸在場。讀者的崇拜，柏楊的溫馨，使人感嘆！

整個訪談筆錄過程中，常常遇到的困難是柏楊的國語實在太爛了，鄉音又重。像「使」「是」「自」，他永遠講不清楚，總得等全句字意瞭解之後，再回頭去分辨該是那一個字。有一次他很費勁一個字一個字的說：學生的「生」，台獨的「台」。我就寫下了「生台」，可是全句一念，完全不通，幸虧我不恥「上」問，自承學問不夠，才水落石出，原來是「生態」，「態度」的「態」而非「台獨」的「台」，兩人不禁哈哈大笑。更有一次，他講丅一

ㄒㄩ，我問他怎麼寫，他一時之間也說不上來，這時兩個人的溝通觸了礁，柏楊直怪漢字的缺點，如果用羅馬拚音就無此困擾。最後，根據前後文句的意思，幾經猜測揣摩，終於寫出了他要的「覬覦」兩個字。

比較危險的一次錯誤，他說讀者對《通鑑》的「懷疑」……我好奇地問：「懷疑什麼？」搞清楚，原來是「歡迎」，意思竟完全相反。另一個問題是他念「直律」，令我很難下筆，再細問，原來是「直率」，「率」在這裡音「帥」。難怪了，這時我才瞭解柏楊爲什麼對中國文字那麼生氣，文字本身已夠複雜，再來個破音，眞是火上加油，雪上加霜。

至於一般人常犯的錯，柏楊更是常犯，有邊讀邊，沒邊讀上下，以及「方」和「黃」永遠念不清。於是筆錄時，還必須留一部份大腦的功能去解讀這些難題。

柏楊最大的福氣是隨時隨地都可以睡覺，在榮總病榻畔的訪談中，有一次，談到一半，忽然冒出：

「碧瑟，對不起，我要睡一下。」

一個轉身，立刻聽到他打鼾的聲音，入睡之快，令人驚訝羨慕。更妙的一次，寫到一半，毫無預警，他已睡著了；等護士拿藥進來，把他吵醒，他在沒有提示之下，立刻接着下一句，銜接之順，也令人佩服，他睡前與睡後，腦筋是連線的。

我不是一個寫文章的人，而竟替一位大文豪執筆，朋友都替我捏一把冷汗。柏楊一生從事寫作，他用字如神，而我却是個門外漢。讀者們希望讀到的不只是柏楊本人的第一手資料，更希望能享受他絕妙的文句與字裡行間洋溢的感情。因此，我盡可能的保留柏楊文字的原味，這本書，我唯一的貢獻只在於「逼供」。在柏楊眼睛開刀以及接踵而來的脊椎開刀，這五個月不能看、不能坐的歲月裡，我搶救了他這段時間，寫成此書。這是柏楊的朋友（包括我）和讀者期盼多年，催問多年的一本書。

柏楊的一生充滿傳奇，知道他成長的環境與過程之後，較能瞭解他對中華文化的批判。我在五個月間，陪他重走一遍七十五年的歲月，收穫之豐難以言喻，感謝上蒼，給了我一個這麼難得的機緣。

一九九五年十一月九日寫於國立陽明大學

柏楊回憶錄

柏楊◎口述　周碧瑟◎執筆

1 野生動物

天下所有人都知道自己的生日，中國人甚至知道自己出生的時間是幾分幾秒；只有我，什麼都不知道。不知道自己的生日，屬於世界上無與倫比的小事，沒有人會爲它眨一眨眼，可是，假如有一天，忽然有人宣佈我是世界上最偉大的作家，恐怕就要勞動一大批考據學家忙得團團亂轉。

據說，我出生於一九二〇年，這是我唯一記得的數字。不過到了後來，連這個數字也不敢十分確定，因爲事實上，並沒有一個人告訴過我，包括父母。母親在我生下來不久即行去世，中國人的父親向來把兒女的出生養育歸於母親的職責，更不會記住兒女的生日。這個數字的來源，似乎是從家人口中，偶爾聽到，因而留下印象的，日久天長，或許記錯，或許講的人根本不是講我，而是講別人。我還模糊記得我的生日是陰曆九月初七，不過，更加不敢肯定這個日子。二十世紀二〇、三〇年代的內陸鄉村，幾乎仍是原始社會，除了大人物或是世家子弟外，很少有人爲一個孩子慶生。所以我的生日是哪一天，毫無意義。我的出生就像一個動物族群中一隻小駒，誕生在茫茫的天地之間。

一九四九年，我二十九歲（假定我的生年沒記錯的話），流浪到台灣，在行政組織嚴謹的台灣區公所辦戶口時，因爲不能肯定我的生日，所以臨時起意，順口報出一個印象中不容易忘記的日子——十一月一日。那是東北第一大城瀋陽市在國共內戰中陷入共軍的日子，當時，對正在瀋陽辦《大東日報》的我來說，是一項晴天霹靂。所以我選了十一月一日成爲我戶口上正式記載的生日，一直保持了二十年。一九六八年的三月七日，我被調查局以「共產黨間諜」以及「打擊國家領導中心」的罪名，逮捕入獄，要求處死。其後，又被改判有期徒刑十二年。於是從此，我就以三月七日做爲我新的生日，不但紀念我的苦難，也強調自該日起，對籠罩我一生的蔣家父子政權的唾棄。然而，正當大家已經接受我的生日是三月七日時，却在稍後出現的文件上，發現我眞正被捕的日子是三月四日。爲什麼發生三天的差誤？這和傳統官場作業有關，原來法律規定，任何刑事案件，調查機關收押被告，不得超過四個月，而且冠冕堂皇的宣示：如果超過四個月，被告在拘押期間所有的口供與證據，都作無效，用來保護被告的人權。而我是一九六八年七月七日由調查局移送台灣警備司令部軍法處的，如果不把拘押日期從三月四日改爲三月七日的話，調查局的拘押行爲就完全違法，我則完全無罪。所以，特務們就把被捕日期後延到三月七日，這是誣陷手法小動作之一。僅只生日一項，竟有這麼多曲折變化，難道一開始就命中注定一個小人物求活不能、求死不得的坎坷一生！

跟生日同樣曖昧的是，我不知道生在那裡。有人說，我生在父親當縣長的河南省通許縣縣長宿舍；有人說，我生在河南省開封縣東桐板街；沒有一個人明確的告訴我，到底我生在那裡。只是，在我長大後，發現我被歸類爲河南省輝縣人。

輝縣是中國最古老的城市之一，不過在歷史上却默默無聞。最著名的一件事，發生在紀元前二二一年，秦帝國消滅了當時華夏土地上所有的獨立國家，統一了當時已知的世界，把他最後俘擄的一個名叫田建的齊國國王，放逐到共城（就是現在河南省輝縣），任憑他自生自滅。這位當了四十五年的國王，享盡人間的榮華富貴之後，被軟禁在太行山麓松柏樹林中。最後，他的隨從全部逃走，妻子跟王位繼承人的兒子，飢寒交迫，日夜啼哭。田建傷心過度，終於鬱病而死。王后與王子都不知道下落。齊國遺民聽到這個消息之後，爲他寫下一首哀歌：

滿耳松濤

滿目柏林
飢餓時不能吃
口渴時不能飲
誰使田建落得如此下場
是不是那些——
平常圍繞着他的客卿大臣

這首哀歌，在輝縣廣大的土地上飄盪。兩千餘年之後的今天，輝縣已很少人記得這件事，它太遙遠了。現代的輝縣人，尤其是居住縣城東北六公里的常村郭姓居民，他們所有的記憶，最遠追溯到三百年前那個令人作嘔的明王朝末年。那是一個無邊無涯的大黑暗時代，整個中國北部大約五百萬方公里、比一百五十個台灣都要大的面積上，發生被貪官污吏製造出來的可怖飢荒，旱災、蝗災，所有含葉綠素的葉子，全被啃光。大地如焚，河水乾枯，一片焦土。飢餓的災民，互相交換子女，烹殺煮吃，當孩子們都吃盡的時候，他們吃觀音土——一種白顏色的鬆軟石頭，經水煮過，會變成漿糊，人們把它喝下去，暫時塡滿腸胃，可是不久它就凝結，恢復成石頭硬塊，旣不能消化，又不能排出，直到一個一個活活脹死。

就在山西省洪洞縣，一個郭姓大家族幾乎被飢餓消滅，殘存的一些族人，在一棵大槐樹下，把一個鐵鍋摔破，分給每一個支派的族長，然後互相祝福，四散逃命。他們相約等這場災難過去（人往往認爲災難會過去，以寄望於未來），總有一天，大家從四面八方返回故土，重建家園。萬一到時候子弟已互不認識，鍋片就是信物，可以爲證。

於是當中有一支從洪洞縣出發，向東逃亡。那是一段悲慘凄涼的旅程，中途幼兒夭折，老年人逝世，沿路寫下悲苦的河南輝縣先民移民史。他們翻過高達兩千公尺的太行山，繼續向東逃亡，終於在太行山東麓的輝縣定居，他們的子孫一直傳到現在。轉眼三百年，鍋片已經不知道何處而去，子孫們對往日大槐樹下摔鍋片的故鄉，早已失去記憶。今天，當輝縣人被詢問到這個故事的時候，只見他們的一臉茫然表情，透露無限人世的滄桑。

我，柏楊，就是這支苦難先民的後裔。

2 家庭

從我不知道出生日和出生地，如果推測我有一個原始、貧窮、沒有一點文化的家庭，也並不過份。不過，我們却是小康之家。慚愧的是一直到年紀很大，特別向親友查問，才知道我的祖父名叫郭統。除了這個名字外，對祖父本人，以及祖父以上的祖先，一無所知。只知道祖父有兩個兒子，大兒子郭學忠，二兒子郭學慈。學忠就是我父親，從小念過四書，在清王朝政府被推翻、中國五千年專制制度結束、中華民國成立之際，讀過當時開風氣之先的警察學校，後來當過一任河南省通許縣縣長，又當過開封縣警察局官員。到了一九三〇年，中國軍閥大混戰，父親參加反抗軍——第八方面軍，在樊鍾秀將軍手下當交通科長。這一場內戰，是地方軍閥閻錫山、馮玉祥，及樊鍾秀等聯合的反抗陣線，與中央軍統帥蔣中正對決，在中原地帶（也就是河南省）會戰。這場會戰中，反抗軍一開始就失利，樊鍾秀被中央軍的飛機炸死。

樊鍾秀之死，說明了世界上確實有很多絕頂聰明人，實際上却是那麼愚昧無知。那時候中央政府的空軍，不過只有幾架飛機，偶而派一架到前線偵察或轟炸，全靠駕駛員的肉眼觀察，沒有任何儀器，威力有限。但是，每逢飛機在空中出現時，都會引起反抗軍官兵的驚慌，恐嚇力十分強大。因爲人們一輩子從來沒有見過一個東西可以在天上亂飛，而且可以擊斃人馬。那螺旋槳的刺耳噪音，能使全城居民，像發生地震一樣的呼叫。第八方面軍總部設在許昌縣城，官兵也因驚慌過度，跳嚷喊叫着四散奔逃。對於這一項來自天空的心戰威脅，馮玉祥有一項心戰的措施，他告訴反抗軍說，烏鴉是拉屎的，烏鴉屎拉到你們頭上過沒有？飛機難道比烏鴉多嗎？炸彈難道比烏鴉屎多嗎？你們怕什麼？

這一項漏洞百出的心戰教育，對那些幾乎全部來自貧苦農村、頭腦簡單的反抗軍官兵而言，是至理名言，完全接受，而且在酒酣耳熱之際，還譏笑那些對空襲心懷恐懼的人：「長他人志氣，滅自己威風。」一認爲自己才是天下第一智士。這種不允許別人反駁的安全感，成爲一種理直氣壯的信念，以至於連樊鍾秀都確信不疑。於是，有一天，當他乘坐當時很少見的漂亮小轎車出城視察前線陣地的時候，遇到中央政府的軍機正好在天空出現，衛士建議停下來到附近躲避，樊鍾秀嗤之以鼻說：

「烏鴉屎掉不到我們頭上，你怕什麼？你這麼膽小，還不如回家抱娃兒去！」

那架飛機在天空上只盤旋了一圈，駕駛員雖然不知道車子裡是樊鍾秀，但可肯定車子裡必然是當時的重要人物，於是，投下炸彈，車子和車子上的人，全都粉碎。

這件父親親身經歷的往事，我從小就印在心中，刺激我產生一種思考，那就是，無論是哲學或科學，無論是政治或軍事，無論是文化或商業，一旦最高指導原則犯了錯誤，一定是一場悲劇。而它是不是錯誤的，並不一定不可以驗察，只要允許公開辯論就行了。一旦不准許公開辯論，指導原則變成皇后的貞操，不容許置疑，它一定會產生錯誤。

我就在這樣的家庭中長大，父親郭學忠於樊鍾秀被炸死、第八方面軍瓦解、反抗陣線失敗後，逃回開封，改業經商，從事花生進出口生意。在不久即統一中國的國民黨看起來，他是一個北方軍閥的殘餘，政治對他，從此絕緣。

至於親生母親是誰，我不知道，只記得她彷彿姓魏，家住輝縣西關，如此而已。我不知道母親的名字，不知道母親的容顏，也不知道母親那一年死亡。在一個從沒有人告訴我生日的家族裡，更沒有人告訴我爲什麼母親年紀輕輕竟然去世。

而且甚至於一直到小學四年級以前，我都不知道我叫媽媽的那一個女人，不是我的親娘。四年級的時候，我才聽到一星點關於親娘的消息，唯一的嫡親姐姐郭育英，抱着幾個月大的我，孤獨的站在床頭哭泣。育英跟我是一母同胞，她沒有受過什麼教育，就嫁給一個父親朋友的兒子竇清淮。竇清淮長得什麼樣子，以及竇家情形，我並不淸楚。我只和姐夫見過一面，但是沒有交談過一句話。那一年正是反抗軍失敗後的次年，一天傍晚，一個年輕人倉促的闖到家來，和父親在窗下密談，然後滿臉驚慌的踉蹌離去。父親告訴我說：

「這是你姐夫，有人告他是共產黨。」

從此就再沒見過他，後來聽說他終於被捕，在刑場上被槍決。育英姐一直守寡，帶着唯一的小女兒竇芳愛，母女相依爲命，直到老死、苦死。

姐姐是這世界上最關心、最疼愛我的親人。她比我更是時代的受害者，纏小腳，幾乎不識字，使她無法維持自己的生活。她在繼母進門之後，首先受到衝擊。因爲繼母進門後第一件事就是迫使正在讀小學二年級的姐姐停止學業，草率嫁人。以後，我回到輝縣讀百泉初中，欠了附近攤子很多的糖果錢，被債主追逼得無法招架，只好向姐姐求救。我是一個混沌的人，那年，我十四歲，根本不知道姐姐那麼樣的貧窮。姐姐拿出所有的儲蓄，不過一串錢（當時的一塊錢銀圓可以換四串錢），她仍託人帶給我，囑咐我千萬節省使用。這一點錢，根本不夠還債，不到兩天我就把它用光。那個時候，鄉下學生已經開始流行穿制服，制服的最大特徵，就是褲腰跟傳統式的褲腰不一樣，而又是機器對口雙線縫紉，跟手工的單線縫紉不同，我非常羨慕那種摩登的長褲。但是，已經中落的家道，供不起我做這樣的制服，我天天生氣，向已經出嫁、貧窮而又喪夫的姐姐要錢。姐姐沒有錢，就親手裁布縫紉，爲弟弟做只有機器才可以做得出來的長褲，對口縫紉是那麼樣的辛苦，我仍不滿意，扔在一邊，連一眼也不肯看，惹得姐姐落淚。

一九三七年，抗戰爆發。一九四九年，我被內戰的戰火驅逐到台灣。四十年後，重返故土，姐姐已於前一年逝世，臨死還拿着我這個不爭氣弟弟的信，叫別人唸給她聽。

3 繼母

「人皆有母，我獨無！」這是我對自己身世的嘆息。

西方有一句話：「上帝不能跟每一個人同在，所以賜給他一個母親。」但上帝並沒有賜給我一個母親。正確的說，是賜給了我一個母親，但在我最需要母親的時候，上帝却把她奪回。帶我長大的是繼母，這位繼母是滿洲人，她非常漂亮，也絕頂聰明（可悲的是，她只有聰明，沒有智慧），沒有人比得上她更能說善道。她原來是一個滿洲籍官員（河南省懷慶府道台）姨太太所生的兒子的妻子。一九一〇年代，清王朝滅亡，民國建立，那位滿洲官員從高位上跌下來，一病而逝。不久，繼母的丈夫也一病而逝，全家只剩下婆媳二人。大概就在這個時候，父親中饋乏人，就把寡媳娶進家門，也把婆母接過來。婆媳的身份變爲母女，問題是，她們到底不是母女。這位可憐的婆婆，孩子們都以北方的習慣叫她姥姥。

繼母共生有兩個男孩跟兩個女孩。以我判斷，繼母一定攜帶了她丈夫與她公公的全部財產，嫁到郭家。所以，她在家庭中，居於強勢地位，頤指氣使，沒有任何顧忌。因爲她沒有受過什麼教育的緣故（那個時代所有婦女受教育的機會非常少），她時常對父親破口大罵，侮辱到祖宗三代。而且，她發起潑來，簡直像一頭瘋狂的野獸，趿拉着鞋（鞋子被壓下後跟，當作拖鞋穿），不只是在家裡叫罵，而是到門外大街之上，有行人來來往往的地方，一面走，一面揮動着手勢，高聲叫喊，每一次幾乎都是父親把她半勸半嚇，扶持回家。吵鬧本應該就這樣結束，但是不然，這不過是更大吵鬧的開始。她回到家裡，仍然繼續她的詬罵，憤怒得擂着桌子，把桌子上的東西擲向窗戶或擲向牆壁上的字畫，砸碎的聲音和家人圍在她面前祈求息怒的聲音，使她更覺得自己扮演着一個重要的角色，反而加倍興奮，然後再悲從中來，號啕大哭。等到眼淚哭盡或她覺得哭下去已經沒有意義的時候，她就乾號，乾號過久，她會上氣不接下氣，艱辛的氣喘，並口吐白沫，眼看就要斃命，這時父親總是從抽屜拿出經常放在那裡的「噴射管」（一種可以伸進口腔，把藥粉噴到喉嚨的一種管狀器材），噴一種粉劑（到現在我也不曉得是什麼藥），噴到她喉嚨深處。這時繼母臉色蒼白，雙手與雙臂痙攣，罵聲漸小，最後變成呻吟。這種鬧劇每次都需要一個小時或兩個小時，而每隔一月半月，總要上演一次。

夫妻吵架吵到這種程度，在我心中留下深刻的烙痕。雖然那個時候，我還不知道繼母不是親娘，但對繼母的潑辣手段，早生出強烈的反感。除了這種鏡頭之外，我跟每一個孩子一樣，對一個並不知道不是親娘的母親，仍充滿了孺慕之情。我是多麼渴望繼母能夠抱抱我，親親我，喊我一聲乖兒子。然而，在我的童年裡面，從來沒有發生過這種事。

每一天早上，兩個弟弟和兩個妹妹，被各人的奶媽安置在桌前，吃各人的牛奶和荷包蛋時，只有我沒有人理會。我也站在桌前，既飢餓又渴望溫暖的心靈，使我東看看，西看看，左跑跑，右跑跑，希望有人也給我一碗，結果當然沒有。眼看着香噴噴的荷包蛋和牛奶，灌入弟妹的口中，有時候，有些弟妹還拒絕早餐，也沒有一個奶媽願意把它遞給我，她們總是自己遥行坐下，把它吃光。我眼睛瞪得大大的，呆呆的望着那紅紅的荷包蛋和熱騰騰的雪白牛奶，口水從嘴角淌下來。只有一次，我喊叫說：

「媽，我也要吃。」

繼母衝進來，一耳光打到臉上。她憤怒的倒不是我膽敢要求吃荷包蛋和牛奶，而是我的口水，繼母認爲我沒有出息，詬罵說：

「叫炮頭（這是開封土話，就是被槍斃的頭），你也配吃？」

從此以後，我就沒有再期待媽媽會給我牛奶和荷包蛋。每一次，我都是自己用袖子擦乾口水，默默的走出房間，飢腸仍然轆轆。我一直不知道，爲什麼全家孩子們，只有我一個人不能吃。

開封街上有一種販賣江米甜酒（南方叫「酒釀」）的小販，一根扁擔前面挑着一個小櫃子，櫃子上有一個小小的泥製火爐，爐子右邊有一個小小風箱，左邊放着若干小碗，櫃子下面放有一大罐酒釀和一大罐白糖，後面挑着一點木炭、木柴，和一桶清水，這在當年，是足以使全城小孩歡喜若狂的美食。小販經常把擔子放在有小孩購買的地方，拉開嗓子高叫：

「江米甜酒！江米甜酒！」

兄弟姐妹們只要聽到這個叫聲，立刻爭先恐後地跑出院子，衝出大門，站在擔子邊上，用同樣的聲音高叫：

「江米甜酒，江米甜酒！」

江米甜酒不久就到了兄弟姐妹的手上。我像一個冥頑不靈的小動物，每一次都隨着大家飛奔而去，也站在擔子前面，高叫：

「江米甜酒，江米甜酒！」

然而，江米甜酒永遠不會到我手上，因爲小販明確的知道，弟弟妹妹身上都有錢，吃過後各人都會付各人的，而我身上則從來沒有一個銅板。所以我每一次都似懂非懂的，慢慢把手放下，兩隻眼睛骨碌碌的繞着那熱氣燻面的酒釀，一直看到弟妹們吃完後付罷錢一哄而散，才自言自語，用腳踢一下地面的小石子，低着頭回到我的破床上，直等到幾天以後，那種江米甜酒的聲音再起。

後來有一天，我從別人口中（大概是傭人吧），忽然發現娘親原來是繼母，不但有前夫，而且跟前夫還生了一個女兒。這消息對一個孩子來說，應該是一個晴天霹靂，但我似乎比其他男孩子粗糙得多，並不因這個原因而去探聽親生母親是誰，也可能是因為那個時候，身邊並沒有可以探聽的人。親姐姐和繼母以前所生的姐姐都已經嫁出去了，沒有人能告訴我更詳盡的訊息。而我對繼母也沒有敵視的心理反應，甚至忽然間爲繼母的未來，憂心忡忡。因爲有一次，我去城隍廟遊逛，看到「十八層地獄」的一個場景：一個女人赤身裸體的跪在那裡，被兩個面目猙獰的小鬼，用鋼鋸從她頭上鋸下，把她鋸成兩半，血水順着鋸口流下，悽慘可怖。城隍廟裡的道士告訴我，這是再嫁夫人的下場，凡是再嫁夫人，死了之後，小鬼就要把她鋸成兩半，一半給前夫，一半給後夫。我被這種殘酷的手段嚇怕了，連做夢都夢見繼母被鋸成兩半，我深爲繼母的命運悲哀。但是一個十幾歲的男孩沒有辦法解決繼母這種災難，所以很多次，我從夢中號叫驚醒，束手無策，但是我不敢告訴任何人。因爲從城隍廟那個景象，使我隱約感覺到：再嫁是一種醜聞，所以我不敢告訴任何人我內心的焦慮。

當然，繼母對我並不是沒有和顏悅色的時候。記得一個夏天的夜晚，我光着脊樑，趴在院子裡一張竹床上，迷迷糊糊乘涼。父親正要出門搭火車南下去許昌（第八方面軍司令部所在），穿過院子時，關心地對我說：

「快回去，快回房間睡覺，這裡會受風寒。」

送父親出門的繼母，也柔聲的重複一遍說：

「快回房間睡覺吧！這裡會受風寒。」

這是我記憶中，繼母給我唯一一句最溫暖的話。我這個十幾歲小男孩的幼弱心靈裡，覺得忽然溫暖起來，第一次嚐到母愛給自己的力量。我趴在那裡，咀嚼這份母愛，從來沒有出現過的幸福感充滿全身，漸漸的睡去。

可惜這童年第一次美夢——眞正的美夢，幾分鐘後即行破滅。繼母送走了父親折回房間，經過庭院時，劈頭劈臉的就對我暴打。我臉上的血，順着繼母戴着戒指的手指流出來。還沒有弄清楚是怎麼回事的時候，已聽到她尖聲地叫罵說：

「你這個叫炮頭，每次你爸爸在家的時候，你就仗着爸爸的勢力不聽話、找彆扭，叫你回房睡，你偏睡在院子裡，叫你爸爸認爲我不疼你是不是！現在你爸爸不在家，你還仗勢誰？我要活活把你打死！」

那一次不知道誰救了我，當我回到房間時，滿身疼痛不堪。

我一個人住一間大房子，只有一張床，一條褥子、一個枕頭、一條棉被，和一個尿壺，春夏秋冬都是這樣。沒有人給我打掃整理，我自己也不會打掃整理。尿壺放在枕頭旁邊，每隔兩三天，提到廁所傾倒一次。夏天的時候，這間房子會發出一種臭味，那是尿和汗的混合體。而冬天是我最大的災難，我從小時候開始，一到初冬，雙手就開始發紅發腫，那是嚴寒引起的皮膚反應（也就是所謂的凍瘡）。手背被凍以後，天氣稍微轉暖，即癢不可止，忍不住要去搔它抓它。孩子沒有分寸，往往抓破了。接着天氣再冷，手再紅腫，再搔再抓，血痂破裂，血再流出。等到天再轉凍，舊腫未消，新腫再生，舊痂未癒，新痂重結。這樣反反複複，不到一個月，雙手就腫得比原來要厚一倍以上，全是凍爛而被抓破的鮮肉或鮮血，癢痛交集。每一個到郭家的訪客，都會感覺到吃驚和憐憫。我常聽到客人們歎息：

「可憐！你是一個沒娘的孩子！自己要保重！」

我這才逐漸的感覺到，繼母跟親娘不一樣，悲哀和怨恨在心中滋長。不過，事實上，我不是一個可愛的男孩，我倔強、逃學、功課不好、總是打架，也就是在一般情況下，被認爲是不聽話、不乖的男孩。我雖然努力討好繼母，但是性格上使我學不會卑膝奴顏，也說不出討人歡喜的一些話。而我又好吃懶做，據我記憶所及，幾乎沒有一個長輩眞正由內心喜歡過我。我除了愛吃零食外，還愛買書。那時，我最愛看的有「小朋友」雜誌，以及一些薄薄的兒童讀物，像「牛話」、「鬼話」之類，這是一個少年人無力負擔的。我曾經欠當時開明書店將近兩塊錢的書費，那時學校的伙食一個月才三塊錢，這個天大的數目字，逼得我暗暗的寫信給遠在許昌的爸爸，要求爸爸悄悄的寄錢給我還債。做父親的不會體念一個孩子的窮困和恐懼，他寫信給繼母，責備我亂花錢，要繼母給我錢還債。當我癡癡的在暗中盤算父親會不會來信、會不會寄錢，以及如何寄錢的那些日子，一個孩子的神經完全繃緊，不能承受任何一點點聲音的刺激。有一天，繼母把我叫到跟前，面帶微笑的用一根大姆指粗的麻繩，綁住我一條腿，和反伸在背後的兩隻手。我知道事情嚴重，而且預感到我寫信給父親的事件爆發。我想掙扎拒抗，可是看到繼母的笑容，不像是要責備我的意思，而心中也暗暗的期望，父親並沒有寫信。一直等到竹棍劈頭劈臉打下來時，我已經無法逃走。我只有跪下來哀號：

「再也不敢了！再也不敢了！」

我不知道再不敢做什麼，對一個無助的、被綑綁的小孩，唯一的希望是藉着「不敢」兩個字減少毒打的痛苦。繼母收回她的笑容，用另外一個使我心都凍結的面孔說：

「你長大了，可以給你爸爸寫信了，是不是？」

然後是竹棍一次一次的打下，比急雨還快的速度，遍佈我的全身。雙手被綁在背後，我無法抱頭，於是把頭埋在床下，脊背和小腿承受了所有棍棒。我哀號的聲音終於引起了家人的營救，他們把房門衝開（繼母是關着門打我的），大叫：

「太太，你會打死他的！」

這一次，我終於逃出一死，但我逃不出災難，一個沒有親娘的孩子的那種災難。

學校每次放學，小朋友的家長都紛紛來接，只我沒有，我始終是一個人孤單的來、孤單的往。清晨，我爬起來，悄悄的走進父母的睡房，在床頭小桌上，總有父親前一天晚上給我放的一個銅板（二百錢）。我就拿着，到巷口攤子上吃一頓早點。有時，父親忘記放那個銅板，我就餓着肚子前去學校，沒有一個人會關心我的飢餓和冷暖。有時父親不在家，我明知道床頭不會放銅板，但是仍癡癡的躡手躡腳，前去探看究竟，然後失望的跑出家門，聽到自己腸子發出的咕嚕聲音。

我對這種現象，從沒有感到難過，因爲我從小就沒有過溫暖，可是每天上學下學，我却感覺到孤兒的淒涼。有一次，忽然大雨傾盆，最後一節下課鈴響，成群結隊的家長們，拿着雨衣雨傘，在走廊上，或闖進教室，紛紛找他們的孩子，孩子們也叫跳歡鬧，撲到他們親人的懷裡，大手牽着小手，或小手牽着大手，紛紛離開學校，最後，終於走盡。雨勢仍然很大，空無一人的教室，空無一人的校園，只有大雨傾瀉的聲音，和滿地冒出來的空泡。雨像鋼絲一樣的穿過天空，十幾歲的我，感覺到無情的冰冷，我明知道沒有人會來接我，但仍盼望家人會突然出現。一個男孩心裡的眼淚，像雨一樣的流下，我靠着窗子，呆望着灰濛濛的天際，緊抱着書包，不知道在等待着什麼，只是呆在那裡，像睡夢一樣的迷濛。終於我猛然驚醒，一位老師站立在面前。

「你等家人來接嗎？」老師問。

「是的。」我回答。

「他們怎麼還不來，天都快黑了？」

夜幕已經降臨，而雨仍未停止，我不知道怎麼樣回答老師的問話，愣了一下，然後，拔起腳步，順着走廊，奔向校外。大雨瀑布一般的潑到我的身上，一路上，我聽到店家們的驚喊：

「這個小學生怎麼在雨地裡亂跑？」

半個小時後，我終於衝進家門。家人都聚集在堂屋的台階上看雨，小說上那種溫馨的鏡頭——媽媽緊抱着冒雨歸來的孩子——沒有出現。出現的是一聲吆喝，那是繼母的暴怒，她跳起來，抓住我的頭髮，開始打我耳光，叫罵說：

「你這個叫炮頭，看你把自己淋成這個樣子。你知道你爸爸今天回來，故意淋給他看是不是？那我就打給他看。」

在家人勸解下，繼母終於鬆開了手，我逃回到我的小屋，自己脫下衣服，鑽到被窩裡發抖。我從繼母口中得知爸爸今天就要回來的消息，感到無限興奮。

4 上小學的日子

童年時候的悽慘生活，父親並不是不知道，所以，當他在許昌第八方面反抗軍供職的時候，常常把我單獨帶在身邊，但也造成嚴重的傷害。我一生在求學上所遭遇到的困難，使我終生沒有在一個學校畢過業，從小學到大學，每一個學校如果不是被迫離開，就是被學校開除。假定我在人生旅途創造了一些奇蹟，這個終生不斷被開除、從沒有畢過業的現象，應是一項奇蹟。回憶求學歷程的艱難和坎坷，懷着無限的惆悵。

我沒有讀過幼稚園，一九二〇年代開封似乎還沒有幼稚園。在我記憶中，有一天忽然被父親送到省立第四小學讀二年級，那一年正是一九三一年，入學不久，就發生九一八事變。什麼是九一八，什麼是東三省，什麼是日本軍閥，什麼是瀋陽，什麼是北大營，對一個十歲的孩子來說，沒有一樣知道。我最深刻的記憶是，當老師在課堂上告訴大家，日本軍隊侵略中國國土、屠殺中國人民時，全班小孩隨着老師的嘶啞聲音，哭成一團。當時老師用「千鈞一髮」這個成語，形容中國命運，解釋說中國的命運就像一根頭髮，下面懸掛着千斤重量的鋼板，我和小朋友們緊張得小身體都渾身淌汗，第一次爲國家付出重重憂心。「千鈞一髮」是我第一個學會的成語，也是使我爲愛國付出生命的起步。

朋友們都知道我的算術非常之差（我到七十歲，對九九乘法表還不太熟悉），但我並不是壓根沒有算術才能。讀小學二年級時，發生平生第一件最光榮的事。有一天，老師在黑板上出了一道乘法算術題，徵求同學解答，全班都不會，沒有一個人敢舉手，只有我舉手，走到黑板前把它答對了，那位女老師十分高興，就把手中用的粉筆（尖端在出題目時已經磨損了一點）送給我當作獎品。我小心翼翼的把那粉筆帶回了家，可惜不能向家裡任何人炫耀，使他們分享我的喜悅。再小心翼翼的保存那支粉筆，直到遺失的那一天。

然而，我的算術天才就到此爲止，再也不能提升。不久，被父親帶到許昌，有一天，當我從許昌被送回開封要讀三年級的時候，發現第四小學已開學幾個月了，拒絕接受我入學。父親就運用人事關係把我送到省立第六小學，而且插入四年級。

這樣一個跳躍式的竄升，對大人講起來沒有什麼，可是對一個孩子來說，算術這一門，首先就跟不上，而且除了自己苦惱外，我無處傾訴。假使在一個正常家庭，父母可能爲我請家庭教師。但對我來說，繼母不打我，已經是幸福的生活了，沒有人關心我的學業和我的學校生活，嚴格的說，只是像一個野生動物，讓我住在那間幽暗、寒冷，又骯髒的房子裡，自生自滅。偏偏那一年，第六小學施行新式的「道爾敦」制。什麼是「道爾敦」制，到現在也弄不清楚，依稀的記得「道爾敦」制是依據小學生的興趣，有時合班上課，有時分班上課。算術差的同學，彷彿可以分開獨立上另外一種課，於是我的算術就永遠的更無法長進。這種算術的惡魔利爪，從我小學四年級的時候就抓住我，深入心肺，幾乎把我撕成碎片。我在第六小學讀了幾個月後，又發生變化。不知道什麼樣的原因，激起了繼母的暴怒，她用一柄切西瓜刀（北方人專用來切西瓜的一種特製的刀，像前臂那樣長，半月形的彎曲，刀口並不十分鋒利，刀背比較厚）追殺我，我大哭着逃走。在逃出門檻的時候，被絆翻在地，繼母用西瓜刀砍下來，砍在地磚上，地磚都被砍出灰末。家人上去把她攔住，我只有蹲在街頭牆角大哭。

父親得到消息，從許昌趕回開封，發現他的後妻和他前妻所生的孩子，已不能併存，就把我交給正在河南大學讀書、他的堂弟郭學澐，把我帶回老家輝縣。輝縣距開封三百公里，位於開封的西北方，在太行山的東麓之下。在此之前，我從不知道世界上還有一個輝縣，更不知道還有一個老家。這是一個使人膽怯的遷徙，可是我大概天生遲鈍的關係，並沒有特別的恐慌感覺。反而覺得能到一個沒有繼母的地方，那太好了，簡直是天堂，所以高高興興的隨着堂叔上路。輝縣對我來說，果然是一個自由自在的世界。今天，朋友都知道我是一個語言的低能兒，可是那次遷徙，却用不到一年的時間，就把開封話完全忘記，而改說一口輝縣話。我認爲輝縣話是全世界最難聽的語言之一，不過，我學習語言的能力，跟學習算術的能力一樣，就到此爲止。

我的老家，在輝縣縣城東北約六公里的地方，名叫常村，再兩公里之後又有一村，名叫沿村，這兩個村莊約有五百戶人家，就是本書開始時所敍述的從「山西省，洪洞縣，槐樹下，摔鍋片」逃難出來，在此安家落戶的郭姓一支家族。對這個龐大的郭姓族群，我所知道的，也僅是如此。

所知道的另一件事，就是我們家務農爲業，祖父以上的名字，全都不知道。荒涼窮困的鄉村文化就是如此的簡陋，只知道曾祖父共有九個孫子（但不知道曾祖父有幾個兒子）。在這九個孫子中，父親郭學忠排行老大，同一個母親的弟弟郭學慈排行老五，攜帶我回輝縣的郭學澐，是最末的弟弟老九。父親是「學」字輩，我這一代是「立」字輩，下一代是「本」字輩，再下一代是「迺」字輩。這種用字來排輩份的文化，可能始於大分裂的南北朝時代，是一種凝聚家族向心力的方法。在這一點可以看出東西文化最大的不同，西方人稱呼爸爸的弟弟爲約翰叔叔或強生叔叔，顯示出來他們個體的獨立存在。中國則稱爲二叔、三叔、四叔、五叔，表示他們親密無間的團結，個體完全消失了，以致很多中國人只知道他有二叔、三叔、四叔、五叔，而不知道他們叫什麼名字，向朋友介紹時，也不知道怎麼介紹，因爲朋友總不能跟着他叫三叔、四叔。輩份或排行，事實上是一種脆弱的形式，《資治通鑑》上可以看到，當一個家族內鬨互相屠殺時，僅僅靠一個字相同，或排行順序，沒有一點作用。

我家裡也是如此，雖然有「學」字輩、「立」字輩，看起來血濃於水，實際上，親情的冷淡，使我在小小的年紀時，都深爲吃驚。以致不久就產生一個具體印象：

「家族不如親戚，親戚不如朋友！」

父親和五叔學慈，是一母同胞兄弟，當時還沒有分割遺產，所以常村有一座祖屋，由五叔居住，而在輝縣縣城裡，父親另有一座四、五個院子的巨宅。這座巨宅空空盪盪，父親就請一位表嬸，專責照顧我——給我煮飯和洗衣服。這位表嬸姓什麼，是怎麼一個親戚關係，我全不記得。但是她爲人慈祥、寬厚，十分健談。我從繼母手中，逃到這個小小的自由天地，已經躊躇滿志了。而且，不久就暴露出野性的一面，喜歡頂嘴，喜歡逃學。繼母那種嚴苛的管敎雖然沒有了，却又跌進一個毫無管敎的陷阱。

一到輝縣，就被送到縣立小學，仍讀四年級。就在四年級上，遇到影響我最大的恩師，名叫克非，他可能是猶太裔的中國人，命我們這些小學生叫他克非老師，教我們國語和作文。他大約二、三十歲，瘦瘦的，精神奕奕。記憶最深的一件事是，克非老師爲我們講解一本新文藝小說《渺茫的西南風》，事隔六十多年，內容已經模糊，但仍記得他上課時的情形。有時坐在講台上，有時坐在學生的課桌上，態度很自然很和氣，臉上一直掛着笑容，在說到哀傷的時候，一臉悲痛。

在一九三〇年代，一個小學老師竟在課堂上講解課本外的小說，實是一種創舉。輝縣是一個荒僻的縣城，會請到這樣的老師，是輝縣人的福氣。就因爲他的講解，引發了我內心潛在的閱讀興趣。

除了像《渺茫的西南風》這樣的新文藝小說，我開始偷偷的看《三國演義》、《水滸傳》、《七俠五義》、《小五義》、《續小五義》等等，以及新式的武俠小說：《江湖奇俠傳》、《荒江女俠》等等，看得如醉如癡。

四年級結束後，克非老師不知去向，從此再也沒有見過他，而他也根本不知道我，即令知道，也不會曉得我是對他心懷感激的學生之一。

5 惡師和初中

這個短暫的少年黃金時代，不到一年就結束了。小學五年級是我另一個苦難的歲月，再沒有克非這樣的老師了，級任老師是一個名叫侯萬尊的年輕人，那一年他從初級師範學校畢業不久，相當於初中程度，算術特別好，什麼四則題、雞兔同籠、繁分數、假分數，無不精通。那時候，他大概只有二十幾歲，聰明能幹，可是性情暴躁。我的算術程度恰好跟他相反，什麼四則題、什麼雞兔同籠、什麼繁分數、假分數，一個也不會。僅這一點，就足以使他怒不可遏，認爲我既愚笨而又不肯用功。他對於既愚笨又不肯用功的學生，唯一的辦法就是打，每錯一道題，就打五手板。每天算術課時，我總要挨十手板或二十手板，每一板下去，手都痛得像火燒一樣。我想到如果父親在的話就好了，他可以到學校向老師講情，少打我幾板。但是不知道父親身在何方，而且我也不敢寫信，恐怕落到繼母之手。回家面對鄉下人的表婿，又無從傾訴。所以每天上學是我最痛苦的時刻，既不敢不去，去，又害怕那不可避免的無情手板。當一個孤兒，我沒有第二個選擇。

侯萬尊不是只打我一個孩子，他打所有算術不好的孩子，一個叫秦鼐的同學，也經常被打得哭哭啼啼。有一天，秦鼐那位身爲郵政局局長的父親，到學校找校長抗議，立刻引起轟動。抗議的結果如何不知道，但經常挨打的同學，尤其是我，渴望着這項強大的外力，能阻嚇侯萬尊的板子。

第二天上課的時候，侯萬尊站在台上，宣佈說：

「我不在乎任何家長抗議，只要學生功課不好，或者是犯錯，我還是要責罰。」

聽了之後，心都涼了。不過，這項秦鼐事件，使聰明的侯萬尊發現，有家長呵護的孩子不要打，沒有家長呵護的孩子仍是他的出氣筒。出氣筒，是的，由管教學生變成拿學生當出氣筒，是一個脾氣暴躁的教師的自然傾向。

我的算術從此惡性循環，一輩子都無法提升，對我的升學，造成致命的殺傷。這是我平生中最痛恨的一位老師，我不能原諒他的暴行。有一次，大概一個星期天，我在校園裡打籃球，侯萬尊也來參加，他連投兩個球都進籃了，我撿起球來又傳給他，並故意討好的叫一聲

：

「侯老師，再投一個！」

不知道這句話有什麼不對，侯萬尊突然臉色大變，喝問道：

「你怎麼敢對老師這種態度？跟我來！」

我雖不知道闖了什麼禍，但我知道我闖了禍，而且是大禍，雙腿幾乎重得抬不起來，低着頭像囚犯一樣的跟在他的背後，一直走到他的宿舍。宿舍門上釘着一個牌子，上寫「仰民室」，仰民，是侯萬尊的別號。

侯萬尊一進他的房間，就抽出手板，向我獰笑說：

「伸出手來！我不打你的右手，好讓你寫字，我打你左手。」

侯萬尊端詳着我恐懼的面孔，冷冷的問：

「你說，叫我打你幾板？」

我完全變呆了，我想說幾句乞求討饒的話，但我的性格使我開不了口。主要的是我想認錯，又不知道錯在那裡，又恐怕認了錯，使侯萬尊更為發怒。我只一心想到怎麼逃過這一場毒打，一股被羞辱的恨意從心中升起，我的心靈向侯萬尊咆哮說：

「你為什麼問我？板子在你手裡，你要打多少就多少，你怎麼會聽我的？你欺負一個孤兒罷了。」

但我忍耐着儘量把語氣放緩放軟，忽然間脫口而出，說：

「隨便。」

「我就打你這個『隨便』。」

侯萬尊暴跳起來，大聲叫罵，一面用手板雨點般打上伸出來的我的小手，我痛得大叫，每一板子下去，小手都被打得摔向背後。侯萬尊並不痛惜，仍大叫：

「伸出來，伸出來。」

在這一生中，我就後悔我當時不敢拔腿逃走，痛恨自己畏縮，沒有膽量。尤其是我必須自動伸出手挨打，是我一生中最早的一次重大侮辱，我不能忘懷。我把侯萬尊恨入骨髓，心裡想：

「我長大了一定要報復。」

幾十年後我終於長大了，甚至於長老了，我雖然沒有報復，但却轉化成一種強烈的訴求，那就是我反對任何體罰，認爲凡是體罰學生的教師，都應受到嚴厲的譴責。

這是我最後一次被打，大概挨了十幾板後，侯萬尊才讓我捧着滲出鮮血的小手出門。我害怕學校，又逃不出學校，天地之大，我看來只是一個牢籠。

有一天，在我住的「老司院」空地一口水井裡，人們打撈出一具跳井自殺的屍體。我望見那光着上背的男性屍體，腳上頭下的從井裡吊出來。隱約聽說，那是縣政府的一位職員，因爲家庭過度貧窮，無法贍養家小，才投井自殺。就在那剎那之間，十二歲孩子的我興起投井自殺的念頭。可是我沒有付諸實施，因爲我一轉臉就遇到一個同班同學，大聲告訴我一條生路，那是一份招生簡章，同學高高舉在手上，喊叫着跑着。他也是挨打族群的一員，所以我立刻就會悟到是一個天大的消息。果然，那份簡章上說：在輝縣縣城北方約三公里的百泉鎮上，新成立的私立百泉初中，招考一年級新生，除了高級小學畢業生可以報名外，高級小學五年級肄業生也可以用同等學歷報名。我正在就讀高級小學五年級，這消息使我高興得發瘋，沒有告訴任何一個人（事實上是全世界沒有一個人肯垂聽我的諮詢，包括表嬸在內），就悄悄的帶上毛筆盒，前去投考。

這是一生中唯一的一次充滿自信的考試，半個月以後，學校發榜，我被錄取。輝縣是一個荒僻的縣份，教育並不發達，百泉初中雖然是當時該縣唯一的最高學府，但因全縣沒有幾個高級小學的緣故，唯恐怕招收不到學生，所以包括我這種菜鳥在內，才勉強招足了兩班。

百泉初中的環境十分優美，天下沒有幾個學校像百泉初中那樣的緊傍着小河小橋，百泉這兩個字，當稱「百泉鄉」的時候，它只是一個普通的村莊，而在百泉鄉的中央，蘇門山下，有一個「百泉湖」，那是一個美麗而巨大的池塘，湖水清澈得可以看出從底部冒出的泉水水泡。像星宿海是黃河的發源地一樣，百泉湖是衛河的發源地，百泉初中就在百泉湖下方不到半公里的地方。可是這麼好的環境，學校却設在一座破廟裡邊，包括學生宿舍在內，全是用借來的廟宇和民宅，因爲距縣城有三公里之遙，所以我也成了住宿生。

一般小孩第一次離家到學校住宿的那種依戀或畏懼的感覺，我一點都沒有。在開封時，我一個人住一間房子，回到輝縣，也是一個人住一間房子，而宿舍裡，小朋友擁擁擠擠反而覺得熱鬧有趣。不過那些小朋友都來自四面八方的荒村僻壤，尤其是來自山地的學生，講得一口比輝縣話還奇怪的盤上話（「盤上」是輝縣北部山區地帶，海拔約一千公尺）。他們是當時典型的山地居民，呆頭呆腦，言語粗魯。最初，我們十幾個人一個寢室，木板床緊緊相連。有一天晚上，和隔床來自盤上的一位名叫尙均的同學，一言不合，他閃電拳頭已擊中我的胸膛，我看他個子既大而又蠻不講理，不敢還手，吃了悶虧，但以後我們成了好朋友。十年後，尙均當輜重兵團駕駛兵，還載着當時已是蘭州大學學生的我，西出玉門（甘肅省玉門縣，不是玉門關），飽覽西疆的景色。

我以輝縣平地人的身份看盤上山地人，縣城距盤上大約二十公里，認爲盤上人言語奇怪，沒有教養。而開封人看輝縣人，也認爲輝縣人言語奇怪，沒有教養。北京人看開封人，同樣認爲開封人言語奇怪，沒有教養。南方人看整個的北方人，也認爲北方人言語奇怪，沒有教養。後來更發現，外國人認爲中國人也都言語奇怪，沒有教養。這種觀察和感慨，雖累積了四十年才得到，但它確是源於尙均那猛烈的一拳。

我考取初中，對自己而言，是一件驚天動地的大事。第一，我終於徹底擺脫了惡師侯萬尊；第二，我開始學習英文，用不了兩個禮拜，就把二十六個字母既會寫又會背，可惜我的英文程度就到此爲止，以後再也不能提升。好比說，那個 the 字的發音，我幾乎念了一年多，幾千萬遍，還是不會。因爲我念英文，完全是用中文注音的，而 the 字的發音是沒有恰當的中文可以注的音。然而，使我對英文完全絕望的一件事，發生在第一學年，學校開課後不久，英文課本上有下列的一句話：

「I have a pen.」

我就注音「愛」「海夫」「恩」「盆」。智者千慮，必有一失，萬萬想不到，書被磨來磨去，字跡有點模糊，「恩」變成「思」，「盆」變成「盒」。我就讀說：

「愛海夫思盒。」

英文老師是梁錫山先生，河南大學畢業，他眼睛瞪得像一對銅鈴，問我說：

「思盒？思盒？思什麼盒？那裡來的思盒？你怎麼讀成思盒？」

他慢慢走到我面前，把我嚇壞了，趕緊低頭找書再看，因爲驚慌過度，連「思盒」也不見了。可是梁老師却耳聰目明，他把英文課本奪過去，一眼就看到了毛病出在那裡，順手拿起了硯台，敲打我的腦袋，重複說：

「思盒，思盒，看你還敢不敢再思盒？」

這一次是我上初中第一次挨打，以後雖沒有像小學五年級時那樣打不離身，但也喚回了我自以爲從此完全擺脫了挨打的惡夢。我的英文程度是這樣的低落，算術程度更在水準以下，雪上加霜的是，初中課程除了算術一門課以外，又加上代數，除了代數以外，又加上物理和化學，每一門課都是一個苦難，使我無法應付。我眞不明白，世界上竟然有這麼多學問，學也學不完。尤其學校的師資，一個不如一個，像英文老師梁錫山，他是一個非常和睦的年輕人，擁有一個痔瘡和一個胖太太。他的英文程度到底怎麼樣，沒有人知道。但是我發現英國人的名字中經常有威廉第三、查理第五，感覺到非常奇怪，心裡想，這是不是和中國的三叔、五叔一樣。而且，我讀了兩年初中，最大的困惑是，不知道英國人有沒有姓？假定沒有姓的話，他們家族怎麼區別？假定有姓的話，那姓應該是什麼樣子？尤其使人大惑不解的，好比說詹姆士第三，生了一個兒子，應該叫詹姆士第四才對啊！想不到他會叫約翰第二，這使十二歲的我，想了兩年都沒有想通。有一次，我鼓起膽量，向梁老師提出這個問題。

梁老師回答說：

「英國人沒有姓，他們都是依照第五、第六順序排下去的。」

「可是也不對啊！」我說，「那麼，詹姆士第三，生了一個兒子應該叫詹姆士第四才對，為什麼却叫約翰第二呢？」

梁老師被問住了，他倒沒有翻臉，只搔搔頭，站起身子，說：

「有時候他會將兒子過繼給他哥哥弟弟的，所以連名字和輩份都改了。」

我還要再繼續問下去，梁老師已經走開，手搖着一把摺扇，用力的搧風。

我心裡雖不服氣，但並不敢追上去再問，以後也不敢再提出來。我心裡有一種反抗意識，我相信英國人一定有姓。

最致命的老師，還是算術與代數的老師，我已經無法記得這兩門功課是怎麼讀的，根本不曉得代數是什麼東西。很多同學以及一部份老師，總誇獎我聰明，我確實聰明，但一個人一旦聰明到認為不用學習就什麼都會的時候，就已經走到盡頭了。就在百泉初中，十二歲的我，揭起了「橫行」革命，仇視所有橫排的書籍，包括英文、算術、代數、物理、化學，決心對它們連一眼都不看，上課也只打瞌睡。大家不是都說我聰明嗎？聰明不能使我學會功課，却使我交了不少狐群狗黨的好朋友，考試的時候，專門傳小抄給我。所以，我的功課雖然天下最爛，但考試成績總是漂漂亮亮的。同樣的，我考試成績雖然漂漂亮亮的，但是我的功課却是天下最爛。舉個例子，我一直讀完了上下兩册化學，可是「原子價」是什麼，直到二十世紀要過完了，仍然不知道。

至於物理學一位朱姓的老師，是一個長鬍子的小白臉，扭扭捏捏像個大姑娘。他也是大學畢業生，不過他的程度跟我同樣差勁。朱老師一上課，就把書本上的課文一字不漏的抄到黑板上，再由學生抄到練習簿上。在記憶中，朱老師從沒有和學生說過一句話，學生從來也不敢問他問題。無論是物理或化學，百泉初中沒有做過一次實驗。這樣的一個鄉村草莽學校，能夠持續下去，也是一個奇蹟。

可是，也有使我懷念的老師，第一位是國文老師劉月槎先生，他是河南省陳留縣人，也是英文老師又兼校長的梁錫山讀私塾時候的老師，他已經很老了（可憐，那個時候他不過六十歲，以現代眼光看起來，離老還差大大的一截），他臉上堆滿了像核桃一樣的那麼深刻的皺紋，頑皮的學生就給他取了一個綽號叫「老核桃」。劉老師非常欣賞我的作文，每一次都批上一個「甲上」，使得我在學校裡聲名大噪，也使我飄飄然自命不凡，忘了我是誰。雖然我對「橫行」功課一無所知，但仍然昂首闊步，好像是一個功課最好的學生一樣。實際上，我的國文程度，並不如劉老師所嘉許的那麼好，因為他也是一個半調子。我記得當時作文，開頭常用的一句話是「滿天星斗，月明如畫」，劉老師總是在旁邊加上雙圈。直到五十年後，同樣教國文的妻子香華，告訴我那不是月明如畫，而是月明如晝；而且，當滿天星斗時，月光不但不可能「如晝」，也不可能「如畫」。半世紀榮耀，一下子破滅。

另外一個可愛的老師，確確實實是一位可愛的老師，是一位音樂女老師，已記不得她的姓名。她大概最多不過二十三、四歲，面頰紅得可以擠出蘋果汁來，教百泉初中的時候，已挺着五、六個月大的肚子。有一次音樂課，學生隔着窗子看到她丈夫護送她從鄰近的鄉村師範學校，走向百泉初中。她丈夫可能在百泉師範教書，他的右手拉着她雪白的左手，另一隻手提着一個小提琴，小心翼翼的扶着她跨過水溝。我們這一群野孩子，從來沒有見過這種場面，和這麼漂亮的女人和這麼親密的夫妻關係，我們就在教室裡大聲呼叫，用腳跺地，雙手握拳，拚命的擂動書桌，一直把訓導主任引過來，幸好，沒有人挨打。但這位女老師好像只見過一次，却終生難忘。

我考上初中後不久，繼母從開封也回到輝縣。她昭彰的惡名使大家害怕，和我家一牆之隔的二叔郭學濤的妻子，立刻把兩家往來的唯一小門，用磚堵死（四十年後，當東德共產政權興建起柏林圍牆的時候，我第一個想起的就是家裡這個圍牆），以免受到繼母的牽連或影響。這項強烈反目的措施，我並不知道它的原因。後來才發現，就在我回到輝縣這兩年間，父親跟繼母，統統吸上了鴉片，房地產幾乎全部賣光，在開封不能立足。又過了不久，父親也跟着回來，他們才發現我已就讀百泉初中。父親表示說，本來計畫把我送到開封省立初中的，大城市學校的學生跟鄉下學校的學生會有很大的差別，但是既然已經念了鄉下的初中，也就算了。

6 背影和呼喊

繼母突然在輝縣出現，一開始的時候，使我嚇呆了。但是，因爲第一、輝縣到底是郭家的老宅，來往的都是郭家的親友，第二、她剛剛回來，一切還很陌生，所以我所恐懼的挨打，竟然沒有發生，也許是新環境的新鮮感，使繼母暫時收斂起她的兇性，甚至還面帶笑容。我從沒有享受過這樣的待遇，於是，立刻就忘記過去所受的種種凌虐，而且還感覺到有一種驕傲，覺得晚娘跟親娘一樣，第一次嚐到父母雙全的溫暖，在這一段時光中，我無比的快樂。輝縣家宅共有四、五個一連串相連的院落，大門在一個街道上，後門在一個廣場上，那就是當時很有名、現在已蓋滿了房子、早被人遺忘的「老司院」。從「老司院」的後門進來，就是一個菜園，表嬸就在那個菜園裡種些黃瓜、絲瓜、茄子。我對這個很有興趣，尤其我非常喜歡搭黃瓜架，也會用井水灌溉，有時候摘下來最嫩最脆的黃瓜，一面走，一面吃，是我最大的樂趣。

可惜，好景只維持了很短一段日子。有一天，當我玩耍回家的時候，沒有進門就聽到繼母跟父親吵鬧的聲音，最熟悉的開封家裡那種扯破尊嚴、下流的嘶喊和辱罵，突然間重現眼前。繼母那種厲聲尖叫和不停的跳腳，輝縣人雖然原始落後，沒有見過世面，但是也沒有見過女人這樣發威的場景。大家所受的驚嚇，遠超過習慣這種叫罵的我。

我躲在牆角，臉色發白，看到父親憤怒的衝進房子，披上大衣，拿起皮包，一直走出後門。那是很明顯的，他要離開輝縣這個家，擺脫這個失敗的婚姻所帶給他的折磨。而從繼母的詬罵中，知道他要再回開封。我忽然驚恐起來，很想撲上去攔住爸爸的去路，但是我不敢，於是身不由主的遠遠跟在父親背後，一路追蹤，從家的後門，穿過空盪盪的「老司院」，穿過東大街，穿過南大街，一直望着父親的背影。在大衣的包裝下，看不出來他的身材，但我知道父親非常瘦弱，年紀很老了（那一年，父親不過四十幾歲，可是在一個十幾歲的孩子看來，確實是很老了），而且一直咳嗽。每一聲咳嗽，都使他提着手提包的右手抽動，我爲可憐的爸爸流下眼淚。靜靜的追下去，爸爸就在前面人群中忽隱忽現，最後出了南門。南門外，就是一條通向新鄉的二十公里長的馬車大道，我發現父親會一直步行走到新鄉（那時候還沒有任何代步的工具），而到新鄉後再坐火車前往開封。

我原來並不知道爲什麼追趕父親，也不知道追到父親後，又要做什麼。現在我忽然興起一種強烈的慾望，希望如果追到父親的話，盼望他能把我帶在身邊，一塊回開封。而就在出了南關後，行人逐漸稀少，我沒有辦法隱藏，父親突然轉回頭來，看到了我。我也看到了父親，又驚又喜，我在心裡喊：

「說不定爸爸會帶我走！」

正當我要跑到爸爸身邊的時候，爸爸忽然大喝一聲：

「你幹什麼？馬上給我回去！」

我稍微一呆。

「快回去！快回去！」父親厲聲說，「你要挨揍？」

我立刻轉身飛奔，再也沒有回頭看父親一眼，而就在我踏進家門的時候，已聽到繼母冷冷的尖叫聲：

「叫炮頭，你仗勢你爸爸在家，橫衝直撞，現在，你爸爸走了，我看你還仗勢誰？」

罵聲還沒有結束，一個父親平常用的書桌上檀香木做的大約拳頭大的紙鎮飛了出來，擊中我的胸脯，我往後踉蹌了幾步，栽倒在地。繼母隨而衝上來，用一個小板凳砸下去，我抱住頭部，哀號着逃開，一面哭一面跑，一直跑了兩三公里，跑回學校。

在這種環境下，我的功課注定低落。當我在百泉初中升二年級的時候，二年級共兩班，一班成績較好，一班成績較差，同學們就把較好的那一班稱爲白菜班，較差的一班稱爲蘿蔔班。我當然被分到蘿蔔班，有時，我去問劉月槎老師功課，他總是和和氣氣的對我說：

「你好好用功，我提升你到白菜班。」

可是，不幸，我這一輩子都讀不上白菜班。

我雖然功課出奇的低落，可是，那個時候，正是發育的年齡，却是非常能吃。全校小朋友的伙食，也跟我們的班級一樣，分成兩團，一個伙食團被稱爲「白菜團」，可以吃白麵饅頭，而且有肉，另外一個伙食團被稱爲「蘿蔔團」，只能吃玉米麵做的窩窩頭、一碗稀湯和幾粒鹹菜，稀湯裡根本沒有一滴油。「蘿蔔團」一個月只繳一塊銀圓，「白菜團」則需兩塊銀圓。表嬸每月給我的伙食費是一塊銀圓，所以只好參加「蘿蔔團」。

玉米麵窩窩頭絕對可以餵飽肚子，但是，一個像我這樣年齡的孩子，需要吃三、四個才會飽，而玉米麵粗糙又沒有味道，難以下嚥。最殘忍的是，這兩個伙食團門靠着門，相鄰並立，每次吃飯，對我來說，都是艱難的考驗。我們所謂的飯廳，就是廚房前面的院子，沒有桌子，沒有椅子，也沒有小板凳，各人端着各人的碗，圍繞着院子，蹲下進食。白菜團的同學們手裡的白麵饅頭發出一種清香，熱騰騰的燉肉，更刺激轆轆的飢腸。我一輩子都不會忘記那種貧富差距帶來的創傷，渴望吃一口肉，一口就好，按理來說，我家那時的情況，依弟弟妹妹每天早餐可以喝牛奶吃荷包蛋的標準來看，我還是有資格參加「白菜團」的，我吃不到，因爲誰叫我是沒有親娘的孩子？我的眼睛不斷望着那白饅頭和肥肉，當有人望過來的時候，我會立刻把頭轉到別的地方，表示自己並不在乎吃什麼。很多年後，有人向我宣傳人類天生是素食動物的時候，我完全不能接受，我認爲人類天生的是肉食動物，拒絕吃肉是違反上帝的意思，不准別人吃肉是一種對別人的懲罰。因爲正餐使我一直有一種飢餓的感覺，所以就向校門外那些賣零食的攤販買零食，當然我沒有錢買，於是乎，我又犯了開封時代的老毛病，請求攤販老闆准我賒賬。那時候能夠讀初中的學生多少還受人尊重，於是老闆答應記賬。連三歲的孩子都可以猜得出來賒賬的結果是什麼，我欠了根本無法償還的一筆巨款，大概有三、四元之多，雪上加霜的是，有一次我管伙食團，把錢挪用了吃零食，竟欠下麵粉攤也有三、四元之多，債主就堵在學校門口，我連校門都不敢出。

可是不敢出校門並不能解決問題，學生總是要出校門的，逼得我快要發瘋，窮極計生，我帶着債主回到輝縣縣城的家，溜進倉庫，讓那些債主用臉盆當作斗，把麥子裝到口袋裡還債。那時候，表嬸恰好不在家，家裡另外一個老人就是姥姥。姥姥默記臉盆倒麥子的次數，估計約有兩石之譜（一石十斗），她告訴了表嬸，表嬸寫信告訴了在開封的父親，父親寫信叫表嬸揍我，表嬸當然不敢動手，因爲她到底只是郭家的傭人。

在這裡要說明的，繼母在父親奔回開封後不久，也回開封，却把她的婆母送回輝縣與我們同住。在正廳的兩端，各有一間臥房，表嬸住另一端，我跟姥姥住一端。我對姥姥洩漏我偷賣麥子的秘密十分不滿，不過我只有心裡不滿，沒有表現出來。但我一生都爲曾對姥姥不滿這件事十分懊悔，姥姥是一個忠厚的老實人，也是一個最可憐的老人。年輕的時候，她當一位「道台」（郡長）金屋藏嬌的姨太太，她當年的美麗，和享受的榮華富貴，恐怕屬於天上人間。可是惡運向她下手，民國成立，身爲滿洲人的「道台」下台，兒子也不久死亡。她則隨着媳婦以娘親的身份到我家，她的財富和顯赫的「道台夫人」地位，最初還相當受人尊敬。可是，財富不久就被耗光，她在家中就逐漸的沒有地位了，在我的記憶中，只有過兩三次，繼母叫她一聲媽，其他時間都是呼來喝去。我一向認爲姥姥就是繼母的親娘，一直到有一天知道這項複雜的關係時，才對姥姥十分憐惜，爲姥姥難過，有時聽到繼母刻薄的責罵她，更感覺到她老來孤苦，內心的絕望。

姥姥出生官宦家庭，文化水準較高，雖然她不識字，但她的言談行爲、一舉一動都顯示出她的文明素養。這和我們純粹草根性格格不入，有時文明的語言反而挑起父親的自卑感。而姥姥和大多數年紀大的老人一樣，經常的想起當年，她常常用「當年我們大人……」作爲開端，更使得父親大不高興。

在開封的時候，我幾乎對這位姥姥沒有什麼特殊的記憶。姥姥到了輝縣，和我對床而眠，使我貧乏的童年生命中，多了一個人物，姥姥不久就得了一種非常奇怪的病——腳痛，我常在半夜被她呼痛的聲音驚醒，後來不僅僅半夜呼痛，簡直是日夜呼痛，她說那像是把腳放到火炭上一樣的痛，最初她把腳泡在冷水裡，還可以止住，後來冷水已經失去效用。有一次，我好奇的蹲下來察看姥姥已經纏過的小腳，研究那種致命的痛，發現她的腳背隆起，腳趾蜷縮，完全變了形狀，非常可怖。這是我第一次面對女人的三寸金蓮，既想嘔吐，又感到毛骨悚然。多少年後，我想這可能是一種痛風，但當時沒有一個人說得出她害的是什麼病。事實上，表孀也從沒有給她請過醫師，每當安靜的午夜，萬籟俱寂的時候，姥姥一聲聲的哀喚：「痛死我了！痛死我了！」穿過窗戶，向外飄盪，使我想到她那個做「道台」的丈夫，和她那已死去的兒子，甚至還使我想到當初把妙齡的她賣給道台的她的父母，是不是聽到這種聲聲哭號？那是多少年、多少年前的往事了。

姥姥去世前，又被送回開封。她臨去之前，並沒有祖孫話別的場面，只是有一天，我放學回家，別人告訴我的。她這一去，從此沒有再見。

7 逐出學校

我自認小時候是一個壞孩子，因爲我沒有受過什麼家庭教育，沒有累積下教養，個性又十分頑劣，使我無法成爲一個馴服的乖乖牌小白兔。我喜歡看的武俠小說，恰好和我潛意識中的反抗性格結合。現實生活中，除了挨打外，沒有享受到多少溫暖，只有一次，是在開封，當我十歲的時候，一位同班女同學，送給我一個用泥捏的風箱玩具，大概有一個大人的大姆指大，用墨塗得黑黑的。那是我一生中第一次擁有的玩具，放在口袋，放在床頭，想着那位女同學，可是我的膽量忽然小起來，不敢和她講話，直到回輝縣前夕，却把它弄丟掉了。但那個女孩子的印象並沒有丟掉，一直留到現在。

後來，到了輝縣小學五年級，那時候的女生幾乎都比我大，而且沒有開封的女生那麼清秀，我自然和她們玩不在一起，不但玩不在一起，反而幾乎天天發生衝突，隨時都在吵架。前面坐的是一位女生，我總是把毛筆放在桌邊，使毛筆頭露出半截，那女生往後一靠，一定沾一背墨，她總是大叫：

「我非告你不可！」

「非者，不也，」我說，「非告就是不告！」

結果當然是告了，告給侯老師，每一次都挨一頓手板。

只有一位女同學，個子小小的，纖巧玲瓏，坐在第一排，和秦鼐同桌，秦鼐就是前述那位父親向侯萬尊抗訴的同學。這個可愛的小女生，名叫鄧克保，却是一個男生的名字，我一直想找機會和她講話，但她從來不理我這個野男生。

秦鼐和鄧克保兩位同桌的小朋友，命運似乎都不太好，聽說秦鼐在考取大學後過世，鄧克保小學畢業後也過世了，不知道害什麼病。四十年後，我在台北《自立晚報》連載報導文學《異域》時，就用鄧克保做筆名，並成爲小說中以及電影中男主角的名字。這本書使我和鄧克保一直結合在一起，她是我唯一記得的童年女伴，不，是童年女同學，僅僅是女同學，因爲我們從來沒有講過一句話。假設這是一場美麗的戀愛的話，大概就是我的初戀吧！

輝縣雖然是我的故鄉（老家），可是我却像是一個流浪天涯的孤兒，繼母在父親離家出走後，也跟着回到開封，輝縣偌大的庭院中，只剩下同樣孤苦的三個人，一個是我自己，一個是跟僕人沒有什麼分別的貧寒表嬸，另一個就是日夜呼痛、哭訴無門、六親無靠的姥姥。事後回想，發現我的家道就在這個時候迅速中落，距鴉片戰爭約五十年，鴉片的劇毒開始侵入我們這個小康之家，使我們這個剛脫離農村、躍昇到都市、新興的小資產階級，從吸第一口鴉片開始，不到四年（我在輝縣縣立第一小學和百泉初中那段日子），迅速的接近赤貧。我並不知道這個經過，但在輝縣一連幾進的深宅大院，除了我住的那一進院子和靠後門的那個菜園以外，全都被父親賣掉，而後門也就成了大門。我當時的年齡還不能直接感覺到家庭的衰敗，但從表嬸給我的伙食錢，只能夠參加蘿蔔團，不能參加白菜團，才有貧寒的感覺。凡是參加蘿蔔團的同學，多少都會受白菜團同學的輕視或欺侮，不知道這是一個文化現象，或是個別的氣質，有錢的大人固然看不起他的窮朋友，有錢人家的小孩似乎也同樣看不起他貧苦的小朋友。不知道學校為什麼設立這樣強烈對比的伙食團（故事總是重演，十年以後，我在四川省三台縣的東北大學念書，學校裡，也設立了兩個伙食團，一個是四川同學的吃肉伙食團，一天三頓全是白米飯而且有肉，另一個是外省同學設立的靠教育部貸金為生的吃菜伙食團，早上吃稀飯，一個月吃不到兩次肉），這對窮孩子的自尊是一個很大的傷害，我們於是乎經常採用暴力——打架、罵粗話、跟老師對抗等等手段，來平服自己內心的自卑，我是這個族群中最出名的一員。

我的功課之糟，是「天下」皆知的事，但最初行為還有一些大城市文明的痕跡，後來，這些文明的痕跡一點都沒有了，我想到的，除了玩，還是玩。第一個最大的志願就是想當一個籃球健將，可是我籃球却打得不好，得不到體育老師的賞識。雖然我非常努力地練習，但班隊、校隊，全沒有我，我就省吃儉用，自己買了一件背心，到裁縫店，前邊縫上「泉中」二字，背後縫上一個「2」字（本來想縫上「1」字的，但我很謙虛，所以只縫上「2」字，表示校隊的二號人物）。平常不敢穿，只星期天或星期六下午才敢穿。而那個時候，却沒有籃球可玩，籃球都鎖在訓導處的櫃子裡。無可奈何，只好去偷，偷到了後，就在球場上，投一次籃又投一次籃，然後回到城裡冷清的家，當然順便也把籃球帶到家裡玩。

四十年後，在北京遇到同班同學——後來當了中共高幹、而又退休了的朱光弼。朱光弼詢問我偷球的技巧爲什麼那麼高竿，因爲我偷了幾次球都順利的得手，有一次，朱光弼跟我一塊去偷，忽然門鎖響動，我飛快逃掉，朱光弼却被捉住，挨了一頓揍。

騎腳踏車是那個時候學會的，游泳也是那個時候學會的，當然是狗爬式。狗爬式的一個最大特點，就是非常消耗體力。有一天，一群同學到百泉湖去玩，有人提議游泳。那時候輝縣還沒有「游泳」這個名詞，所謂游泳，當時稱爲「洗澡」或「浮水」。一個年長的同學問我：

「你會不會？」

我逞能說：「當然會！」

當我隨大家撲通撲通像鴨子一樣亂七八糟從岸上跳下去之後，一股刺骨的冷冽，使我覺得不妙，游不了一分鐘，就渾身癱軟了，身子忽然下沉，而腳却接觸不到湖底，心裡更加驚慌，喝了一口水，叫不出來呼救的聲音，被旁邊一個同學發現，抓住我的頭髮拉到岸邊。這是我一生中遇到的第一次自找的「天災」。如果那一次淹死了，天下最歡喜的，恐怕就是繼母。

我在百泉初中橫衝直撞，就在二年級末期，校長梁錫山老師，爲了提升學生們的程度，規定星期六下午和星期天照常上課，全體學生都要留校而由老師們義務爲大家補習。這種循循善誘的情誼，在以後多少年的日子裡，一想起來就深爲感動，可是那個時候年齡還小，不能領會善良老師的苦心，而且，我的基本性格也在成長中逐漸顯現出來。星期天本來是應該玩的，爲什麼不准玩？而且我爭的也不一定是玩，而是對這種無理的壓力有強烈的反彈意識。

這時候一個叫馮立勳的同學，比我大八、九歲之多，已經結了婚，遇到星期六，當然強烈的渴望回家和他的小妻子相聚，可是他一個人又不敢逃走，就誘惑我和他一起行動，這正符合我的願望，於是兩個人步行三公里，興興頭頭，半跳半走的回到縣城。馮立勳一頭栽到他那個溫柔鄉裡，不肯出來，把我一個人孤苦伶仃的丟在大門外。我也不知道他們在家裡搞什麼，或有什麼奇怪的東西，使他這麼着迷（我的年齡還不知道什麼是閨房之樂）。我等了又等後，只好跑回自己冷淸的家。第二天就是星期天，一覺醒來，走投無路，又沒有其他地方好去，只好再走三公里回到學校。就這樣的，事情爆發了。

走進學校大門時，全體同學正在上課，大院子非常的寂靜，滿地都是炙熱的陽光。全校師生的眼光，從各個窗子望出來，注視着我這個小小的身影，孤獨的走向蘿蔔班教室。偏偏梁錫山老師正在班上補習英文，默默的看着我入座，然後走到我的面前問說：

「你到什麼地方去了？」

「回家。」

「你不曉得學校不放假？」

「不曉得。」

梁錫山臉色變青，我心裡也在沸騰，我想喊：

「你明知道是星期天，爲什麼不放假？這是應該放假的，你剝奪了我們的權利。」

當然，我還不懂得「權利」二字的意義，但心裡確有反抗的衝動。結果我沒有喊出來，因爲我還是有點害怕。梁錫山老師從我手中奪過來英文課本，挑出一段，叫我背誦，用不着算卦就可以知道結果。我連唸都唸不出來，更不要說背，支支吾吾了一陣，全班同學都看着我，一點聲音也沒有。梁老師把課本摔到桌上，因爲用力太猛，課本在桌上跳一下，滑落到地面。梁老師接着用手想打我，我不知道那裡來的膽量（大概是大家注目的眼光，逼着我不得不表演英雄行徑），一舉手就把梁老師的手掌擋住，這是一個天大的反抗事件，梁老師也楞住了，喝道：

「你敢動手？」

我也喝道：

「你敢動手？」

梁老師已經被逼到牆角，無法結束這項師生面對面的衝突，於是他大怒說：

「學校不要你這種壞學生，給我滾出去。」

我也被自己的行動嚇住，但是已經下不了台，除非討饒，可是我又不肯討饒，因爲我害怕罰跪！跪，是繼母給我一種最輕微、最平常的刑罰。於是，我也叫喊說：

「走就走，你摔壞了我的英文課本，賠我的書。」

梁老師扭轉身子，氣沖沖的走出教室，叫說：

「找一本英文書給他！」

被嚇壞了的小朋友，以及別的班聞聲而停課的小朋友，都跑出來，跑到廣場上，遠遠的圍繞着佈告欄。我也跑出來，張惶失措的站在人群裡，不知道如何是好。一會兒功夫，一個工友拿着一張佈告，貼在佈告欄裡，大家慢慢地圍攏上來，一個一個瞪大眼睛，張大嘴巴，注視着那張佈告。那是一張開除我的學籍的佈告，上面寫着：

「郭定生冒犯師長，開除學籍。」

這是一項滔天大禍，超過我所能承受的，我不知道下一步做什麼，又不知道父親知道後有什麼反應，免不了要挨揍。英雄氣概霎時間沒有了，但仍做最後掙扎，我衝上去，把那個佈告撕下來，然後大聲說：

「梁錫山，你賠書！」

梁老師派一個工友把書塞到我手中，幾個身旁同學向我小聲警告：

「你還不快逃，他們叫警察去了。」

我這才覺得眞正不對勁，我本還想逞英雄，站在那裡，表示毫不動搖，但我實在是害怕到極點，於是就像一隻土撥鼠一樣，狼狽的順着小徑，跑得無影無蹤。

這是我錯誤的第一步，一生中第一件使我後悔終生的事。假定人生能重來一遍，我絕不會冒犯梁錫山老師，因爲梁老師性情溫和，對學生十分愛護，很負責任的教學。可惜，那時候的我，完全不能領會；等到能領會的時候，聽說梁老師已經逝世。

至於另外一位教國文的劉月槎老師，雖然他總是給我的作文九十分，又不斷宣稱：「把郭定生從蘿蔔班擢升到白菜班。」但我對他的印象並不好，他只是一個沒落的上一代的老秀才，放着「國文」正式課本不教（上面有魯迅等當時名家的文章），却印一些他自已寫的被稱爲「範文」的大作。

8 劇毒海洛因

逃出學校後，只有一條路，就是回三公里外的縣城。家裡僅有的兩個老人，表嬸根本不知道什麼叫開除，姥姥更是不知。我天天睡大覺，有時到城外「三閘」抓螃蟹，幸好，那時候的荒僻小城，還沒有青少年幫派，否則的話，不可避免的我會陷進另外一個世界。我逛蕩着，沒有人跟我玩，也沒有朋友，同年齡的孩子都在上學。我把爆竹拆成一個個紙炮，裝在口袋裡，一手拿着燃着的香，爬到闃無一人的城牆上，掏出一個紙炮，在香頭上把它點燃，扔到城外，聽它們的爆炸聲，心中大爲愉快。事後回想，不知道愉快什麼。

被開除的消息終於從表嬸的信中讓父親知道了，父親來了一封三、四張紙密密麻麻的信，沉痛的責備我的惡劣行跡。最重的幾句話，我到老年的時候還記得，父親要我跪求校長收回成命。如果在父親的押解之下，我可能跪求校長，但靠一封嚴厲的信，我根本理都不理，連信都不肯看完，拔腿去玩自己的了。父親對這個遠在天邊的無法無天的兒子，也無可奈何。姐姐從鄉下趕到城裡，除了哭泣以外，也沒有其他辦法挽救這個僵局。父親的信件雖然沒有產生力量，但姐姐的眼淚使我有一種罪惡感，既慚愧又厭煩。最後，還是父親讓步，寫信叫我前往開封。我在輝縣四個年頭，悄悄而來，狼狽而去。

到了開封，本來預期父親會揍我一頓，結果沒有。父親老了許多，而且臥在病床上。那年父親不過五十多歲，却顯得那麼憔悴。而且，最吃驚的，我回到的已不是四年前離開時的東銅板街三進院子的巨宅，而是位於八府倉後街的一個大雜院。大雜院的三面都屬於同一家花生行，我們家只佔着東廂的三間。就在這三間屋子裡，住着父親、繼母、妹妹、弟弟，再加上我，那種擁擠的情況，可以想像。而廚房就設在屋簷底下，上面搭一個遮雨的蓬子，下面僅可容身。當年那種有奶媽，早上喝牛奶、吃荷包蛋，以及跑到街上喝江米甜酒的日子，都成爲過眼煙雲。現在的情況幾乎接近赤貧，父親靠着新組成的花生業同業公會過日子，輝縣還有若干畝田地，就在這個時候陸陸續續賣掉，來維持這個殘破的家。其實，父親仍可以回輝縣老家過一種足可以維持最低生活水準的日子，不知道爲什麼不回去，却在開封和赤貧搏鬥。人們都以爲他過不慣鄉村的平淡生活，其實，父親所以不回去的原因，比這個嚴重得多，那就是繼母由吸鴉片煙，已淪落到吸海洛因。那是一九三〇年代初期，鴉片橫掃中國，幾乎深入每一個角落。有些有錢的人家，尤其是大地主，甚至鼓勵自己的子弟抽鴉片煙，那是一個只有簡單而又自以爲聰明的腦筋，才做得出來的評估。他們把每年抽鴉片所開支的費用，折換成田地，認爲一個人抽鴉片七十年，只要消耗九十畝田就夠了。如果他們家有五百畝田的話，吸五輩子都吸不完，却可以使兒子沉湎在煙榻之上，免得他出門上學，一去不回，或者是吃喝嫖賭，把家產敗光。這項評估太單純了，却不知道吸毒是會升級的，繼母在吸了四、五年鴉片以後，改吸海洛因。

海洛因是人類有史以來最美的劇毒，像太白粉一樣的細末，吸食的時候，只需要一張錫箔紙（香煙盒裡那張防潮紙），把雪白色粉狀的海洛因用小指的指甲（這可能是中國男人喜歡把小指指甲留長的原因之一）挑起一點點，放在錫箔紙上，畫燃火柴，在錫箔紙下邊輕微一烤，那一小撮海洛因粉末，立刻化成一縷似有似無的青煙，冉冉上升，這時候，癮君子立刻把鼻子湊到青煙上，深深吸一口氣，毒品立刻進入全身，前後只要幾秒鐘。一個煙癮來襲的人本來全身癱瘓，無氣無力，眼睛發直，毫無克制能力的流着口水，那種狼狽的情況，使人震驚。千萬記住，吸毒的人沒有羞恥心，絕對沒有羞恥心，女人就在這個時候賣淫，男人就在這個時候偷竊，只要能得到一包白粉（僅僅一小包白粉而已，大概爲普通藥房配藥那種藥包的十分之一）。藥包到手之後，眼睛立刻發出貪婪的兇光，用發抖的雙手把它小心翼翼地打開，吸過之後，你才發現，海洛因眞是神奇，他可以完全變成另外一個人，眼中兇光立刻變化亮光，智商頓時會超過普通人若干倍，而且行動俐落得像一隻猿猴。

這就是繼母毒品生涯的寫照，父親一度也參與吸食，在傾家盪產之後才被迫停止。但繼母却在賣了兒子、賣了女兒以後仍然吸食，這當然是以後的話。父執輩不斷向繼母規勸，不斷發出警告，要求繼母戒掉。我眞是幸運，在還是少年的時候，就發現一位言足以拒諫、智足以飾非的典型人物！每當父執輩規勸繼母時，不用等到開口，繼母立刻就分析毒品的可怕性，甚至於連海洛因的製造過程，和經銷過程，中盤、小盤的剝削情況，以及毒品對身體的嚴重傷害，都十分精闢，說到最後，她提到海洛因價格的昂貴，並舉出實例，某家某家都是良田千頃的富戶，現在全都賣光，女兒在街頭任人玩弄，講到痛心的地方，繼母會流下眼淚，泣不成聲，發誓她一定要戒斷。如果她不戒斷，她就是沒有心肝的禽獸。客人所知道的吸毒的壞處，繼母全知道，而繼母從深層挖掘出來的深一層的害處，連來說服她戒煙的客人都震驚得無話可說。我和弟弟妹妹們，在一旁親眼看到聽到，每一次都深深感動，認爲家庭的災難終於過去了。然而，繼母照樣吸她的毒。

這就是家庭破敗的原因，好在青少年對家庭貧富的感覺並不十分的敏銳，何況我睡在房子的牆角，比起當年家未敗時，一個人睡在牆角，沒有什麼差別，同時，無論什麼時候，我身上總是沒有一分零用錢。

9 奇蹟—平面幾何

回開封後，走投無路，手中沒有初中畢業文憑，又沒有可以報考同等學歷初中二年級肄業期滿的證明，開始承受沒有證件的熬煎，證件的威力是如此的強大，使我無法抵抗。眞不明白，既然學校有入學考試，爲什麼還要證件？既然允許同等學歷，爲什麼一定要初中二年肄業期滿證書？我找不到答案，即使找到答案也沒有用，而且即令取消所有投考資格也同樣沒有用，因爲我根本考不取。主要的是數學，初中的數學科目共有三項，一是算術，二是小代數，三是平面幾何。算術不用說了，我根本不會，小代數只學了半年多，連方程式是什麼都弄不清楚，至於平面幾何，從沒有聽說過，因爲三年級才教平面幾何，我在二年級末期就被開除。

這個時候，開封龍亭一條街上，開了一家「開明英數補習班」。我看到招貼，要求父親准許我去補習，父親給了我三塊銀元，叫我報名。那是一家野雞補習班，只有一個擺着七、八張桌椅的破舊教室，學生也只有我一人。教師一條腿微跛，我早已忘記他的姓名，但我認爲他是一個偉大的教師。這一輩子歷次考試的血戰中，就靠這位老師教給我的一點點本領，打遍天下。不能想像，如果沒有遇到這位老師，我更會淪落何方，狼狽到什麼程度。

就在補習班，我學習從沒有聽說過的平面幾何，而且在短短的兩三個月中，竟把那平面幾何，弄得滾瓜爛熟。這是一個很特別的現象，一個對算術和小代數白癡的學生，竟然對平面幾何如此的熟練，說明我確實有數學的潛能。我對平面幾何迅速進入情況，是因爲剛剛來到開封，一切都很陌生，既沒有狐群狗黨的朋友糾纏，又不知道到什麼地方遊蕩。更重要的是，也沒有一個人再誇獎我天縱英明。而且考試逼在眼前，不用功不行，死心塌地的下了眞正的苦功。回憶這段往事，發現要算術好並不是天下最難的事，只要每一個練習題都把它做出來，不跨越一題，不明白的地方絕不含糊，一定要把它弄明白。等到平面幾何補習完，要開始再補習小代數的時候，暑假到了，各高中紛紛招生，就補習不下去了。如果遲招生三個月的話，說不定我的小代數和算術，也能起死回生。

那時候最使青年學子崇拜的是省立開封高級中學，它的入學資格非常嚴格，非初中畢業不可，不收同等學歷。而我什麼文件都沒有，結果父親的朋友，在開封高中當訓導員的王倫青先生，不知道用了什麼方法，准許我報名。

考試的時候，數學共出十題，包括算術四題、小代數四題、平面幾何兩題，我兩道幾何全答對了，得了二十分（我到現在還認爲，發明只要有一門功課零分，就不能錄取的人，簡直是「整人爲快樂之本」，他們的目的是要考倒學生，而不是要考取學生）。至於英文，我有個傳統的戰法，那就是請英文好的長輩，寫一篇一、二百字的英文作文，裡邊包括自傳、小時候的生活、父母的愛護，與自己將來的希望，以及如果考上學校，對國家的抱負，表現出自己是一位上進、愛國、愛鄉土、愛父母、兄友弟恭的好學生。這一年，我十七歲，就發明了這樣一個百戰百勝的考試法寶。不管出什麼題目，我只要把這一篇文章背熟，一字不改的抄上就對。至於物理、化學，我一籌莫展，已忘記用什麼奇妙方法解決這兩門功課的困難。最後，終於發榜了，在強烈的太陽照射下，人頭鑽動，校門口水瀉不通，我從第一名開始，找到備取的最後一名，再從備取的最後一名，找到正取的第一名。然後橫着找，從第一排的右邊，找到第一排的左邊，再從第二排的左邊，找到第二排的右邊，這樣一排一排翻來覆去的找。然後再換一個方法，從左到右找姓名的第一個字，然後再找姓名的第二個字，再找姓名的第三個字，反正是找了一個多小時，就是看不到自己的名字，我知道完了，臉上是汗水或淚水，已分不清楚，眼前一片模糊，胸口猛烈地跳動，我不知道怎麼回去面對父親。所花的巨額補習費全都落空，以後怎麼辦呢？這時候，聽到旁邊有人在哭泣，我也想哭泣，可是仍咬着牙，沒有出聲。正當我低下頭，撥開人群要走的時候，聽到兩個同學在遠處談話，一個說：

「咦！郭立邦那小子怎麼會考取？眞是出了鬼！」

我簡直是像聽到一聲霹靂，一個箭步跳上去，抓住他們中一位的右臂，大聲問：

「我在那裡？我在那裡？」

這個時候，假設那同學說：「只是一個玩笑！」我眞的會心碎，幸好那同學指出我名字的位置。原來，這才是眞正可以用上那個「忘了自己是誰」的成語。我原來是叫郭定生的，這次報名不敢用郭定生，因爲已被開除了，百泉初中準把開除的事報到教育廳，所以父親把我改名郭立邦。對我來說，這個名字非常陌生，我本能的在榜上找郭定生，怪不得怎麼找都找不到。

對我而言，這眞是人類有史以來最大的驕傲，只讀了初中兩年（還不到兩年），就被開除的壞學生，功課又是那麼爛，竟然考取全世界最好的高級中學，高興得簡直要發癲，我本來不會吹口哨的，現在也會吹了，看到那些開封女子師範學校的女學生，理都不理（當然，她們對我也理都不理）。

父親對我考取高中，當然很高興。可是父親好像不知道省立開封高中是這麼的值得誇耀。尤其是有些人，包括父執輩或同院花生行那些伙計，問我說：

「你在哪個學校讀書？」

我驕傲的回答：

「高中。」

對方往往追問說：

「哪個高中？」

我最不能忍受這種愚蠢的反問，因爲天下只有省立開封高級中學才是値得一提的高中，只要提「高中」兩個字那就夠了，不需要提它的校名。可是，我雖然因考取了而沾沾自喜，功課程度却不能相配，不但不能相配，簡直比在百泉初中時代所受的壓力更大。因爲百泉的時候我在蘿蔔班，所有的孩子都來自荒村僻壤，就是高明也高明不到那裡去。現在開封高中的同學，來自全省各縣精英，口音不一樣，儀容不一樣，功課超出一般水準很多。當我發現有一位同學，可以用英文講故事的時候，簡直嚇得要死，我一輩子都趕不上他們。而數學裡面，取消了算術當然很高興，可是又改教了大代數跟三角，更是要命。尤其想到，二、三年級還要學立體幾何跟微積分時，恨不得立刻瘋掉。我終於悲哀的發現：讀書眞苦！那時候，還沒有招兵買馬的行動，如果有的話，我早就逃走從軍報國去了，實在受不了那些「橫行」

的英文、數學的折磨。

10 轟轟烈烈的戀愛

我除了上學被功課搞得苦不堪言、奄奄一息外，另外還有一項煩惱，就是找不到女朋友。那時候，政府正在嚴厲的禁止婦女纏足，一個小學或初中畢業的女學生，經常被縣政府聘爲「放腳委員」，到鄉下各地去宣傳纏足的害處和天足的好處，還挨家視察，發現有五、六歲小女孩纏足的，就要求立刻停止。這是中國自從有政府以來，大概五千年吧，唯一的一項確確實實爲人民謀福利的善政。而我們這個自稱爲優秀民族的中國人的回報，却是把那位放腳委員的女孩暴打一頓，在鄰居們叫好吆喝聲中，奪門而逃。這就是二十世紀初葉，中國鄉村中最精彩的景觀。

在這種社會基礎上，識字的男人，也就是讀過書的知識份子，爲數不多，絕大多數的中國人都是文盲。設在輝縣沿村的郭家祠堂，在二〇年代曾經有過賞格：本族青年小學畢業的獎賞二十銀圓，中學畢業的獎賞五十銀圓，大學畢業的獎賞一百銀圓。那時候農村的僱工，一年工資才二十銀圓。一百銀圓能夠購買年輕人五年的勞力，這在鄉下是一個令人吃驚的數目。從此我就發誓要拿這項獎學金，來減輕日漸衰老的父親的負擔。可是終告失敗，因為我一輩子什麼學校都沒有畢過業。

男性的知識份子已經如此稀少，女性的知識份子，更稀少得可憐。不要說識字的女性，就是從沒有纏過足、一直是天足的女性，在三〇年代仍是罕見的稀有動物。我有一位堂兄郭立生，省立汲縣師範學校畢業，曾經拿到祠堂五十銀圓的獎賞，被鄉人尊敬為最有前途、將來可到縣城跟縣長平起平坐的年輕紳士。他師範學校畢業的那天，媒人就不斷到他家說媒，把她們手中的姑娘美化得貌如天仙：柳葉眉啦，瓜子臉啦，面若銀盆啦，三寸金蓮端正正啦。只要「三寸金蓮端正正」一出口，堂兄就會像爆竹一樣的跳起來，把媒人趕走。以致畢業了兩三年，還沒有娶妻成親。父母心焦憤怒之餘，決定用強制手段，堂兄才被逼說出他的最低條件，第一，女方必須上過學堂，第二，女方必須是天足，從沒有纏過足。這在九〇年代絕不值一提的條件，在三〇年代却是天大的難題。最後堂兄終於屈服，不識字沒有關係，但必須沒有纏過腳。即令屈服到這種地步，仍然無法達成願望。他父母央求了好幾個媒婆，到全縣各鄉去探聽消息，結果發現，全縣天足的女子倒是不少，可是都在十一、二歲以下（她們都是中華民國成立以後，父母冒着家族或鄰居的嘲笑，而拒絕給她們纏足的）。天足的適婚女子全縣裡幾乎找不到一個，這造成了堂兄家裡一個重大風波。他的父母怎麼也不瞭解，他們的兒子竟然不喜歡小腳，鬧得堂兄幾乎離家出走。

五十年後，我重返家園，才得到這件公案的結局，郭立生後來終於在新鄉縣物色到一位沒有受過教育的天足女孩（她在她的故鄉幾乎嫁不出去），迎娶到家。現在，她早已去世，立生堂兄住在他嫁到獲加縣的女兒家裡，常往返獲加縣與輝縣之間，從他臉上似乎還可隱約的讀出青年時代這段奮鬥史。在這個古老的傳統社會，僅僅是使人明白纏足是不人道的，天足是美的，就這麼的不容易。因之，我從小就懷疑中國人對美和醜的鑑賞能力。

女性知識份子竟然少得如同沙漠裡邊的小百合花，家裡如果出現一個高級師範或高級中學的女學生，那簡直能轟動全縣。我一直到十八歲，從沒有見過一個高師或高中的女學生。其實，倒是眞的見過一個，那是輝縣老宅鄰居張老太太的女兒張少璵。當我讀初中的時候，少璵已經讀省立開封藝術師範學校，我們這一群孩子都叫她五姐（她家有五個女兒），每次她從開封放假回來，那種城市女學生的打扮，眞叫我們這群野孩子們暈頭轉向，天天圍繞着她轉，又不知道該說什麼。她比我們這群孩子其實也不過大三、四歲，我有時候做成人狀，彷佛大人的口氣，不叫她五姐，直接叫她的名字少璵，她也順口答應，我就高興得不得了，可是也僅止高興而已。那位都市小姐根本就沒有把鄉下小蘿蔔頭看在眼裡，有事的時候就差遣我們跑腿辦事，沒有事的時候，想跟她多說一句話，她都不理。其實，即使叫我說話，我也不知道該說些什麼。

而現在，我到了開封，而且讀的是「世界第一名校」——高中（全世界人都應該知道它是開封高中），氣勢非凡，勇氣大增，自信心也大增。雖然那時候，高中學生還沒有聽說有誰在談戀愛，但是我自認為有頂尖的資格去交女朋友。那時候的戀愛，都發生在表親之間，一旦雙方面關係是表兄妹，那簡直是天造地設，鐵定的一對，非戀愛不可，這由一〇、二〇年代，民國初年暢銷的小說書上，描寫的都是表兄妹戀情，可以得到證明。在這種情況下，我束手無策。我已經不想成為籃球健將了，而急於成為進入開封高中後、才學習了幾天的網球健將，因為我在練習打網球時，能把網球打到牆外，我必須從門口飛奔出去，到馬路上揀球，常使那些路過牆下正在讀師範的女學生，嘰嘰喳喳的捂着嘴笑，這時候我就大為得意。

有一天，我在揀球抬起頭來的時候，看到一個書包上的名字：何玉倩，那個書包的主人是一個什麼樣的女學生，是胖？是瘦？是高？是矮？統統不知道，而只知道她的名字。回到學校，就在腦筋裡構思，怎麼樣寫一封信給她。

過了好幾天難捱的日子，信終於寫出了，密密麻麻五張信紙，這是我平生第一封情書，可惜已不記得詳細的內容。但只是堅信這篇文章如果正式的寫在作文簿上，老師一定會批一個甲上。反正是，小心翼翼地貼上郵票，投入郵筒。從此，天天到學校信箱那裡觀望。爲了避免同學對我的行動起疑，我就宣稱並不是來看信的，因之也不在乎有沒有信。這眞是一段難熬的日子，上課幾乎全聽不進去（其實沒有這封信，也聽不進去），只好逃課去打網球，沒有對手的時候，就一個人面對着牆打。有一天，那一個偉大的日子終於到來，像當初看榜時候一樣，從一排信中忽然發現我的名字。我跳上去把它拿下來，不錯，是我的名字，而且字跡寫得那麼秀麗，信封又是開封女子師範學校。我的心幾乎跳出胸腔，我想：我的心臟病大概就是那個時候種下的！

不過，奇怪的是，信竟然沒有封口，只有一張信紙，上邊寫的大意是：

「你年紀輕輕，不用功讀書，却給女生寫信，我們已把它公佈到我們學校佈告欄裡。看你以後還敢不敢？」

這是一個無情打擊，對一個十八歲的青年來說，更羞愧難當。尤其是把我的信公佈在女子學校的佈告欄裡。我完全被打敗了，當場把信揉成一團，塞在口袋裡，坐在一個牆角，很久很久都站不起來。我不僅後悔寫這封信，而且還非常的害怕公佈在女師牆上那封自己寫的信流落出校門，落到父親之手，或落在開封高中同學之手。同時我也非常痛恨這一位叫何玉倩的女生，竟用這種置人於死地的手段，而只不過爲了炫耀她自己曾經被男生追過。

這件事終於悄悄消失，我也漸漸的恢復正常，但不會忘記這次打擊。使我一輩子堅持一項做人的原則：絕不利用朋友的眞情善意，來達到自私的目的，因爲我曾受其害。

不管怎麼說，這第一次轟轟烈烈的戀愛就這麼灰頭土臉的結束。

11 西安事變

就在被第一次戀愛搞得昏頭轉向的時候，這個擁有五千年歷史的古老中國，正遍地沸騰——貧民飢餓沸騰，日本侵略沸騰，共產黨武裝革命沸騰，全國人民抗日情緒沸騰，而且，都到了臨界點。當時的我所知不多，只知道一件事，就是一年以前讀百泉初中的時候，有一天，發現很多人擠在佈告欄前，仰頭觀看全校唯一的一份報紙，頭條的標題是：

政治會議通過根絶赤禍案

政治會議是什麼？誰也不知道，但是却知道赤禍就是共產黨，共產黨就是共匪，共產黨怎麼會稱爲共匪？也沒有一個同學瞭解。只知道共產黨的軍隊在江西省組織了中國人看都看不懂的「蘇維埃共和國政府」，突破中央軍的重重包圍，翻山越嶺，向西穿過湖南省、四川省，越過秦嶺，進入荒涼的陝北，另組陝、甘、寧邊區政府，雖然這是一場又一場的血戰，但距河南却遙遠得很，對於一個十七、八歲的孩子來說，尤其遙遠。可是就在我考取高中那一年，國民政府實行全國高中學生暑期軍事訓練，這是一個大規模而非常有功效的思想統一運動。義大利首相墨索里尼先生送了一架飛機給中國軍事委員會委員長蔣中正先生，做爲座機，蔣中正把墨索里尼當作學習對象。學生集中訓練，於一九三六年暑假開始，爲期三個月，嚴格的德、日式教育下，學生們除了軍事操練外，主要的是接受法西斯教育，像稱蔣中正爲「領袖」，不再稱呼他爲「蔣委員長」。而一提起來「領袖」，站着的人都要立正，坐着的人都要起立。站着的人立正比較簡單，雙手雙腳靠攏就行了，坐着的人起立，可是像旱地拔葱一樣的，桌子往前推，椅子和板凳向後倒，一陣混亂。尤其是「領袖」二字，不像「立正」二字那麼明確，大家行動不可能一致，有的先站起來，有的後站起來，一不小心很可能跌倒。笑聲噓聲和驚恐聲，會同時爆出，這種法西斯動作，一直維持到撤退到台灣後的六〇年代，把起立改爲原地挺胸，鬧劇才算停止。我的雜文《立正集》，靈感就是從這裡產生。

然而，這並不是說，這項軍事訓練沒有效果，恰恰相反，它的效果十分明顯。那些可塑性最強的青年，包括我在內，入伍不久就馴服的接受了這項思想，我們眞的相信，蔣中正是英明的領袖，和民族的救星。三個月軍事訓練結束後，這批集訓的全省高中一年級學生，大約有五、六千人，愛國心像火焰一樣的強烈，全心全意崇拜蔣中正。我當然也是如此，除了我非常不喜歡「立正」那個動作。

這時候國民政府正在全力執行安內攘外政策，高中軍事訓練是安內的一部分工作，而另一部分工作，與年輕學生無關的，就是政府的中央軍，跟共產黨的紅軍，在陝北對峙。蔣中正計劃先行剷除共產黨，然後再團結全國力量，對抗日本侵略。安內攘外是一個有爭議性的行動原則，既然有爭議，就不必去爭議，我們可以說，某種情形之下，這個原則是正確的，然而蔣中正却在這個政策上失敗。

江西省的紅區戰場，蔣中正投下去的是中央嫡系精銳部隊。可是在陝北邊區戰場，他却用九一八事變後從東北撤出的東北地方軍作為主力，他自任剿匪總司令，而命東北地方軍統帥張學良先生當副總司令。這眞是一個自以爲得計的大政略和大戰略，他保存了他所控制的中央軍部隊的完整，如果共產黨紅軍被東北地方軍消滅，蔣中正當然大喜若狂。如果東北地方軍被共產黨紅軍消滅，蔣中正也會同樣的高興。因爲當時中國各省地方軍的所謂雜牌部隊，到處都是，假如能夠借共產黨紅軍之手，消滅其中最頑強的東北地方軍，當是借刀殺人的第一等奇計。

但是蔣中正高估了自己，因爲這項陰謀是如此的明顯，連十歲小娃都看得出來。中央政府更明目張膽的，對東北軍人員的補充，嚴加限制，使東北軍死一人，少一人，死一連，少一連，於是當我正在爲戀愛所苦的時候，一九三六年十二月十二日，西安事變爆發，蔣中正被張學良扣押。就在事變的第二天，《河南民報》上的頭條還登出來：

蔣委員長飛抵洛陽

這眞是瞞天大謊，不久，廣播才傳出「西安發生兵變，蔣委員長被扣」的消息。全國立刻陷於驚恐，平常人對蔣中正的認識，只知道他是中央政府的靈魂，擁有最高權力，雖然國民黨已開始把他推向神的地位，但是不過剛剛開始，並沒有深入民心，西安事變使這個運動迅速成爲事實。蔣中正被扣押，全國好像失去了重心，我那時剛剛接受軍訓，正對他熱烈崇拜，對這項巨變，感到心痛如絞。回家告訴父親的路上，一面走一面哭，覺得天地就要崩塌，中國就要亡了。路上很多行人都停下腳步看我，並轉頭盯着我的背影，驚訝的凝視。我聽到有人喊一聲：

「這孩子怎麼了！他病了嗎？」

我是病了，生了愛國病，這是愛國病第一次發作，第二天開封報紙上，就有一個學生在街上邊走邊哭的報導。正是這類的愛國激情，使蔣中正眞正躍升為全國最高領袖，民心士氣，於一夜間形成，沒有人可以競爭。這件事在歷史運轉法則上，使我有很多醒悟，人生，挫折不可避免的，如果處理得不好，它就變成災難；如果處理得好，它反而是更上一層樓的階梯。

西安事變兩個禮拜後和平解決，叛軍領袖張學良親自護送蔣中正乘專機飛返南京。張學良被判十年有期徒刑，蔣中正痛恨張學良入骨，因為這場事變使他神經質的懦弱，完全暴露，所以他對張學良雖然無法判處死刑，却嫌十年時間太短，十年刑期期滿以後，蔣中正仍下令繼續囚禁，三十年後，蔣中正、蔣經國父子相繼逝世，張學良才被釋放。

蔣中正於飛返南京後，和他的妻子宋美齡女士各寫了一本薄薄的小册子，合訂成一書，書名是《西安半月記》（蔣中正著），和《西安事變回憶錄》（蔣宋美齡著），敍述他們在西安事變中的英勇事蹟，重要的包括兩項，一是張學良在看了蔣中正的日記，發現蔣中正確實愛國，受他感召，才幡然改圖。另一件事是蔣中正把張學良和另外一支叛軍的首領楊虎城一起喚到面前，向他們致詞訓話。

但是這並不表示張學良純潔無辜得像個小白兔（東北地方軍暱稱他為少帥），陝北戰場上，共軍和中央軍流血廝殺，張學良以中央軍副統帥的身份，不僅暗中把中央軍的彈藥武器金錢輸送給敵人，還把中央軍的行動通知敵人，使敵人得以設下埋伏，這顯然是陣前叛變，而更扣押統帥，幾乎使全國陷於混戰，更是一種絕對不可以原諒的叛徒行為。可是，到了後來，幾乎全世界的人都同情張學良，並不是否認他是叛徒，而是對蔣中正軟禁他三十年之久，所作的強烈反感。

12 犯上作亂

明王朝時代，一位高級官員鄭鄤，他的文名震動公卿。母親去世後，繼母對他百般虐待，有一次他忍無可忍，假傳他父親的命令，教婢女下手把他繼母打了幾棍，結果被判凌遲處死（凌遲就是一刀一刀把身上的肌肉割盡），這是傳統禮教中野蠻的酷刑之一。

我不是介紹鄭鄤的案件，而是指出一點，毆打繼母在中國是一個多麼嚴重的惡行，它被全民、尤其是被儒家知識份子所譴責，也被政府當作殘酷的鎮壓目標。

我在開封的家，雖然敗落到只剩下租來的三間破屋，可是繼母的聲勢却因吸海洛因更爲急躁。她弄不到錢，就把煤塊裝到麻袋裡偷運出去。父親身體更形衰弱，靠販賣老宅剩下的一點積蓄過日子。繼母要錢，父親不給，繼母又恢復東桐板街時代的咆哮咒罵，照樣的辱及郭家祖宗三代。我的憤怒從小累積，累積了十幾年，現在已是高中學生，忽然感覺到自己已經是一個大人了，不能忍受年老多病的父親繼續受辱。那一天，父親躺在屋內病榻上，繼母在院子裡，不知道爲了哪樁事情，她暴跳如雷，詬罵父親，那副猙獰和潑辣，同院花生行的伙計從來沒有見過一個女人不要臉時的發潑場面。有的傻笑着，有的呆呆地看着，紛紛從屋子裡出來圍觀。我一股衝動，衝到繼母面前，但仍然有點膽怯，只是用較平常微粗的聲音阻止她：

「不要罵了！」

繼母楞了一下，十八年的積威使她毫不把我放到眼裡，叫罵的聲音反而更大，並挑戰的說：

「你這個叫炮頭，你們滿門都是叫炮頭的郭家，男盜女娼，你站到我面前，敢怎麼樣？你敢打我？」

一個「打」字，爲我指出了一條明路。我幾乎渾身顫抖地（那是過度的害怕，也是過度的憤怒）在地下劃一條線，大聲叫：

「妳敢過這一條線，我就打！」

繼母的眼睛冒出火焰，她不相信在她鞭子下不斷哀號、匍匐、乞求饒命的那個男孩，竟敢如此兇悍。於是她毫不在意的直衝過來，想衝進房門。就在這一剎那，我擊出重重的一拳，這是向「二十四孝」挑戰的一拳，也是向幾千年傳統禮教挑戰的一拳。繼母應聲倒地，開始在地下打滾哀號：

「你敢打我呀！」

我跳上去，又是一拳。繼母這時才發現十八年來她所用的那一套魔術，已經完全失效，她面對一個她從沒有想到過的叛逆局面。於是改口大喊：

「郭學忠，你叫你兒子打我是不是？我跟你兒子拚了！」

父親在房裡發出微弱但十分焦急的吼聲：

「小獅兒（我的乳名），你幹什麼？還不住手！」

我撲上前去，在繼母身上又施一拳（我對自己笨拙得不敢用腳去踢她，十分自恨）。繼母在眾目睽睽之下受到繼子的毆打，突然害怕起來，唯恐我拿起就在手邊廚具上的菜刀，於是她改詬罵爲哀號，大叫：

「救命啊！救命啊！」

父親在屋裡，上氣不接下氣的大叫：

「小獅兒！你要氣死我！」

我聽到父親掙扎着起床的聲音，有點驚慌，看到躺在地下哀號的繼母，不知道如何善後。於是，就一溜煙的拔腿跑回學校。回到學校後，心情定下來，才發現我又一次的闖大禍。過了好幾天，我才畏畏怯怯的回家。一面走一面幻想面對的景觀，像繼母撲上來和我對打，或者父親拿個棍子對我一頓臭揍，或者繼母已經逃走——那是最好的結局了！我躡手躡腳進到三間破房，坐在父親床前，一個傳奇的場面發生了，父親不但沒有揍我、罵我，更沒有任何追究，只衰弱的說：

「你看，你媽正在房間給你做棉襖，去向她陪個罪！」

我心戰膽驚的站到繼母面前，並沒有陪罪，因爲我不知道怎麼陪罪，只是站在繼母的身邊，等待着繼母一旦動手，我就還擊。繼母的表現，也是一個奇蹟，她微微的笑着，十分溫暖的說：

「來，比一比，穿上合適不合適，合適的話，媽再給你做。」

這是我自從有記憶以來，聽到繼母口中吐出的最甜蜜的聲音，我感動得幾乎要跪下來求她寬恕。但我沒有這樣做，因爲我覺得不對勁，我並沒有解開自己心中的結，不過，事情終於這樣過去了。

兩三個禮拜之後，我又回家，繼母在院子裡，聽到我的腳步聲，回頭說：

「你等一下，媽正在給你煮江米甜酒！」

院子裡正好站着花生行帳房蔡掌櫃，我也站過去，蔡先生說：

「你媽待你不錯！」

我尷尬的點點頭。

「傻小子，」蔡先生說，「你可小心點你媽給你煮的東西！」

我呆了一下。蔡先生低聲說：

「你看你媽的嘴角！」

我看到繼母的半個側面，發現她的嘴角向上撩起，一種邪惡的心情，使我打了一個寒顫，但自己也陷於困境，我沒有理由不吃繼母煮給我吃的東西，唯一的方法就是不常回家。

多少年後，甚至到今天，我垂垂已老，仍不後悔對繼母的這次反抗行動，而且恰恰相反，如果我不把繼母毆打那一頓，我這一輩子都不會原諒自己的懦弱。

13 蛇山一帶紅點多

做爲一個侵略者，日本眞是世界上最拙笨的一國。美國四出侵略，在世界上反而落個美名。人們都相信中國跟美國之間，從來沒有發生過戰爭，其實錯了，中法戰爭時，天津附近的法國軍隊戰敗，美國軍艦立刻偷偷的向中國開炮，支援法軍，清政府無可奈何，忍氣吞聲，只好假裝不知道。英國的侵略，建立了世界性的殖民地，這些殖民地後來都成爲擁護英國的友邦。只有日本，皇軍所到之處，除了種下仇恨的種子外，其他沒有任何收穫。

中國的腐敗、落後，與內部嚴重的分裂，把日本誘惑得如癡如狂，認爲如不把這個鄰居一口下肚，簡直天理不容。一九三七年七月七日，日本軍隊在河北省宛平縣蘆溝橋，假裝一個士兵失蹤，向中國展開大規模滅國絕種性的瘋狂攻擊，在算盤上（算盤是中國最古老的計算機），他們明白的計算出中國必亡的結論。

當七七事變的消息傳出時，中國全國再度陷入瘋狂，一種要求抵抗到底的民心，沒有人可以阻擋，於是，共產黨紅軍向國民黨中央軍投降，被改編爲第八路軍。我在年輕時候像每一個男孩子一樣，想在戰場上成爲英雄，以致連做夢都夢見到前線上揮動大刀殺敵。於是，就在七七事變後不久，高中二年級的我，投筆從戎。所謂投筆從戎，就是去投考河南省軍事政治幹部訓練班。除了火熾的愛國心驅使我投入這個大洪爐、大時代外，還有兩個並不十分光明，但却十分重要的秘密動機。第一是我渴望早日離開繼母，免得遭受毒手。第二是我無法弄到初中畢業證書，開封高中一再催促繳驗。父親也找過訓導員王倫青先生，王先生只有辦法使我報名考試，沒有辦法使我通過證件關卡，開除學籍的大禍隨時都會發生，這種壓力足以使我精神失常，我希望（一輩子都這樣希望）跑到一個用不到文憑的地方，老死在那裡！

軍事政治幹部訓練班，設在南陽縣，訓練三個月，畢業之後，省政府負責派任工作，最高可當聯保主任。讀過王安石變法的人，都會瞭解，「保」是中國政府最基層的單位，大體上等於現在台灣的「里」，若干「保」可以組成「聯保」，也就是九〇年代的「鄉」，聯保主任就是鄉長。這對一群十八、九歲的青年來說，簡直是天大的誘惑。而就在這三個月集訓中，我第一次受到共產黨那種神秘的和溫暖的觸摸。

一天晚上，同是來自開封高中、比我高一班、功課好得人人尊敬的同學張純亮，把我叫到一個灰暗的角落，摟着我的肩膀，低聲的告訴我，共產黨在陝北有一個高尙的革命聖地，全國優秀青年從四面八方的湧向那裡，參加眞正的抗日工作，問我願不願意也去參加！那時候我正崇拜蔣委員長，自然不相信還有其他革命聖地。但張純亮提醒我說：

「共產黨也是擁護蔣委員長的，你沒有看報嗎？」

張純亮把陝北描繪成一個美麗樂土，大家像兄弟一樣的互相照顧，那是一種革命感情。不過生活很苦，平庸的年輕人總是尋找藉口不敢參加。我不認爲自己平庸，就這樣的，我成了張純亮精挑細選出他所認爲的優秀青年。不久，一次聚會時，我們決定某一天晚飯以後，各人分別向隊上請事假、病假，或返鄉探親假，在東門裡集合，由張純亮充當班長，好像出操一樣，把我們帶出城門，這樣可以避開崗哨的檢查。共產黨自有他們的地下交通網，把我們送到陝北。南陽、延安之間，直線距離一千公里，當中隔着高聳雲天的秦嶺山脈，沿途還有國民政府的軍警和地方政府的崗哨，段段阻截，可能隨時受到逮捕，遭到槍殺。但我們這一批人，熱血澎湃，準備接受任何挑戰，可是，最後並沒有出發。因爲就在約定出發的前一天晚上，張純亮被捕，我遙遠的聽到嘈雜的人聲和凌亂的腳步聲，以後就再也沒有消息了。張純亮所聚集的那些同學，互相都不認識，也不知道對方的面貌，張純亮本人也沒有招供出他所集結的同學名單，因爲我們沒有聽到繼續逮捕的風聲。

偉大的陝北革命聖地沒有去成（這是我一生中唯一可能加入共產黨的機會），結業的時候，聯保主任的高位也沒有派到我頭上，而是隨着大多數同學，被保送到設於武昌左旗營房的軍事委員會戰時工作幹部訓練團——簡稱「戰幹團」。我們從河南去的同學，約有五百人左右，編成一個大隊，番號是第五大隊。我被編到第十三中隊，中隊長是中央軍官學校十二期工兵科畢業生吳文義先生，這位東北籍的長官，在我一生中三個最大關鍵時刻出現，是我生命史上重要的一位恩師。

這是我第一次離開本土，進入中國中部第一流的都市，武昌和漢口，隊伍穿過英租界的時候，也第一次看到眞正的英國國旗，以及滾滾的長江和熱鬧烘烘的碼頭渡口。一切都是陌生的、新鮮的，使我大開眼界。

「戰幹團」訓練時間是六個月，前三個月是普通訓練，後三個月是分科訓練。我的好奇和好動使我報考了諜報隊，豐富的幻想中，我希望當一個神出鬼沒的間諜，像「〇〇七」一樣（那時候當然還沒有〇〇七）殺敵立功。然後以一個平凡人的姿態在街上閒蕩，沒有人知道我對國家有過偉大貢獻，可是却在一個秘密組織中受到尊敬。這個願望沒有能夠實現，因爲諜報隊（第九隊）的隊長是一個南方人，好像是浙江人，他那種像鳥叫樣的國語和傲慢的態度，與吳文義比較起來，簡直是兩種人類。間諜生涯遂到此爲止，我又返回吳文義那個中隊——第十三隊政工隊。

可是，中隊長雖然很好，相當於排長的區隊長李齡，卻是一個毒瘡——我生命中第二個侯萬尊。天下所有的錯誤從此完全發生在我身上，打掃廁所、禁足、禁閉、挑水，李齡一不高興或一高興，我都會被罰。雙手舉槍，兩腿半分彎，伏地挺身，二十個是起碼數，有時候挺到六十才命令我停止，有時候挺到趴倒在地。但是，同班的另一位名叫葉子忠的同學，命運卻好得像活在九霄雲端，我常抨擊他小白臉，從這項抨擊，可看出我的長相，實在夠不上什麼水準。每次打野外或行軍的時候，我本是第一班的排頭，葉子忠是排二，但李齡卻認爲我頭腦不清，而命令葉子忠當排頭，這對我眞是一個最大剋星。三十年後，葉子忠當了台灣省電影製片廠廠長，而我卻正在火燒島坐牢，又一次證明人生確實有不相同的命運。

六個月的訓練使我另有感受的是：我結識了許多外省籍的同學，像葉子忠，他就是南京人，這些外省籍的同學，對從河南來的青年，幾乎不約而同的有一個最大的驚訝，即令是中學生或大學生，也都是滿口髒話。髒話是一個野蠻族群感情上最粗糙、最原始的發洩，河南處於中原地帶，將近一千年以來，水力被破壞，居民被屠殺，終於成爲一片荒蕪，小民除了窮困，還是窮困，僅比陝北、甘肅、貴州稍好一些，沒有多餘的錢或多餘的知識，使孩子接受教育，所以髒話成爲每個人的口頭禪。使我們在那些文明程度較高的他省同學——像來自安徽、浙江、湖北、四川的同學面前，抬不起頭來。一個安徽同學曾經向我質疑說：

「你們河南人這麼樣粗野，怎麼交女朋友？」

「女朋友？什麼是女朋友？」

我自從第一次轟轟烈烈戀愛之後，再沒想過這個名詞，但是，現在開始想到了。於是，我就儘量的使自己變得文明，不過進步很慢，因爲沒有人敎我。

「戰幹團」是國民政府爲阻截風起雲湧奔向陝北的青年潮，所設立的收容機構，思想教育是它最主要的課程。其中有一個課目爲「領袖言行」，一個教官在講起領袖的英明時，聲稱：

「全國軍隊，以團爲單位的動向，什麼時候在什麼地方行軍、駐紮，什麼時候在那個地方作戰，領袖都瞭如指掌。」

從同學們臉上的表情，可以讀出來那種對領袖的忠心尊敬。我最光榮的一次任務是，蔣中正到「戰幹團」訓話，眞是震天動地。十三隊被派出當儀隊，而我以第一排（區隊）第一班（分隊）排頭的資格，昂然的站在營房大門的內側，使我第一次看到最高領袖的威嚴。整個左旗營房，鴉雀無聲，兩千多人的學生總隊，像豆腐干一樣的排在演講台前，即令一根針掉在地上，也可以聽得見。正當大家緊張得要崩潰的時候，營門傳來三番接官號，一兩位少將級的官員輕輕的從營門跑進，站在儀隊旁邊。剎那間，三番接官號停止，閱兵號起奏，更是一種令人沸騰的軍樂，一個平常只能看到相片的大人物突然出現，後邊跟着一群隨從。蔣中正穿着全副軍服，緩緩的走到儀隊面前，儀隊向他敬禮，他舉起戴白手套的手，向舉槍致敬的儀隊還禮。我既興奮又緊張，第一個想到的是，有一天回到輝縣，可以向鄉親們誇口：我見過領袖。大概是興奮緊張得過了頭，我竟忘了舉槍。蔣中正當然不可能發現這種錯誤，但專門發現別人錯誤的人可太多了，李齡就是其中一個，檢閱結束後，李齡認為我故意的侮辱最高領袖，要把我送軍法審判。沒人相信那時候的青年子弟兵會侮辱領袖，所以李齡的苦心沒有實現，而我在關了三天禁閉後，憔悴不堪的被釋放出來。大家對我那種鄉巴佬的緊張，引為笑柄。

這時候，日本已開始轟炸武漢，空襲警報後，「戰幹團」同學每次都疏散到左旗營房正對面、只有一條馬路之隔的蛇山。我們聽到謠言說，從日本被擊落的飛行員屍體上，搜出作戰地圖，發現蛇山一帶紅點最多。可是看不到團部有什麼新的指示，不但沒有新的指示，反而仍命我們一大早就起來爬上蛇山，躲避預期的空襲。

一天上午，空襲警報響起，大家奔向蛇山，不久即聽到緊急警報，我和幾位同學趴在地上，抬頭望向天空，隱約的聽到飛機逼近的聲音，就在半空中，「呼！呼！呼！」穩定而沉重，從南向北移動，霎時間，大地如死。我看到九架轟炸機，在我頭頂正前面的上方出現，那是最危險的角度，可是當時我並不知道。忽然，幾乎像是從地面拔起東西一樣，原來高射砲開始反擊，日本飛機附近佈滿片片砲彈爆炸的白煙。那九架飛機，像一個整體一樣，稍微向上一揚，仍繼續前飛，就在飛機的機腹下，突然出現幾十個黑點，順着飛行方向的帶動，蛇山正是它的目標。一種「沙——沙——」，炸彈磨擦空氣發出的嘯聲，把整個蛇山罩住。接着是眼前一黑，大地再度震動。我用標準的伏地姿勢，雙手抱着後腦，恨不得把自己的頭壓進地球。然而我的身子反被彈起來，跌下去，彈起來，再跌下去，只聽到一片號叫。大概只有十秒鐘，日本飛機從頭上飛過去，可是蛇山已過了好幾個世紀。我們上山時是排隊而來，下山時則零零落落，像一群潰敗的散兵游勇。我抓住水壺，正要喝水的時候，忽然發現我抓的是一個人的右手，我大叫：

「隊長！隊長！」

接着是扔下那隻被炸掉的手，就往下爬，被一個滿是血的屍體撞倒，我站起來再跑，看到一條腿就掛在左旗營房的電線上。從此，學生們都嚇破了膽。

不久後，有一天，天色陰森，不知道是那一個大官蒞臨，全體學生集中廣場，聽候訓話。訓話還沒有開始，大官還沒露面，警報已發出淒厲的長號，聲音令人發抖。全體同學竟然一哄而散，跑上街頭，跑向田野。隊長的吆喝怒罵，甚至恐嚇要把我們槍斃，都阻擋不住。我和幾個人一直跑到一個矮堤的旁邊趴下來，我害怕得不得了，我害怕死，其實我真正害怕的是殘廢。這個時候，我最大的希望是有一個鋼盔。我對我的害怕不覺得慚愧，但我對於自己像大家一般的四下逃命，却非常慚愧，責備自己不配作一個革命軍人。

14 珞珈歌聲

六個月在警報聲中結束，大部份同學被派到部隊當政工官員，而我則和少數同學被送去參加三民主義青年團工作人員訓練班考試。

三民主義青年團是蔣中正以國民黨總裁的身份，在國民黨內建立的私人小組織，它有一個和國民黨同等龐大的系統。中央設中央團部，省設支團部，專員區設區團部，縣設分團部。工作人員訓練班——人們稱它爲「青幹班」，設在武昌珞珈山武漢大學，受訓的時間只有短短的一個月，但卻是一個陪伴我終生的一段時光。「青幹班」一共有四個中隊，三、四百人，大家都是那麼年輕，我尤其年輕，才十九歲。而有些同學已經將近三十歲了，又有相當的社會經驗和地位，看我不過是個頑童。在那一種自認受領袖寵愛、受國家重視、身負救亡圖存重責大任的雄心勃勃氣氛裡，豪氣萬丈，認爲乾坤就在我們手裡，可以扭轉。最使大家感動的，是蔣中正幾乎每隔幾天都要來作一次訓話，使我感覺到和最高領袖是那麼樣的接近。

在「戰幹團」的時候，集體宣誓加入國民黨。一個來自鄉下才十九歲的青年，簡直弄不明白自己的位置，在一夕之間，長官告訴我：

「你是英明領袖的子弟兵！」

我是既興奮又驚訝，不敢相信會有這麼大的榮耀。我下定決心效忠領袖，願爲領袖活，願爲領袖死。從我當儀隊的那時候起，就單方面的這樣赤膽忠心，假使這時有人行刺蔣中正，我會用我的血肉之軀，保護領袖，跳起來擋住子彈，或趴在即行要爆炸的炸彈上。

武漢大學建築在珞珈山半腰，是我見到過最美麗的大學之一。校園的一側是一望無際的東湖，我和一批同學幾乎每天都去游泳，我的游泳技術突飛猛進，脫離了狗爬式，學會了自由式、蛙式、仰游，而且學會了跳水。有時大雨傾盆，雷聲隆隆，還有耀眼的閃電，整個東湖被籠罩在雨網之中，湖邊的游泳池上，只剩下我一個人在那裡反覆的跳水。我根本不知道有任何危險，所以沒有懼怕。在那段日子裡，「青幹班」的訓練非常鬆懈，永遠記得那時學會的一首歌，李叔同的「長亭外，古道邊，芳草碧連天……」這首歌。今天，五十年後，我仍然會唱。每當歌聲起時，我就回到那一去不返的青春年齡，三四百位年輕小伙子，在武漢大學的體育場上，席地而坐，由那些年輕的女同學領導着教唱，草綠色的裙子，隨風飄盪。其中有一位女生，名叫錢純，不過二十二、三歲年紀，她唱得那麼好，而她主持小組會議時，那麼有條有理。她好像是南方人，那麼漂亮，那麼大方，簡直把她當成天人，不要說跟她講一句話，連走近她都不敢。可惜後來，她被派到二百師，在衡陽火車站上被日本飛機炸死。

就在訓練快結束的時候，日軍接近武漢，「青幹班」同學被送上火車，向南方開拔。記不得是那一天，我們坐在敞篷的車廂上，毫無憂慮的歌唱歡笑。走到汀四橋（那是國民革命北伐時最激烈的戰場），突然之間，大家一起發出恐怖的尖叫，一架日本軍用偵察機，飛得那麼低，兩個巨大的日本國旗的太陽標幟，在我們頭上擦過，呼嘯着一掠而去。火車立刻停下來，隊長叫大家四處疏散。我們立刻躲進北伐時北洋軍閥所留下來的戰壕，亂草密佈，幾乎看不到太陽。而就在這時候，日本的兩架戰鬥機，開始掃射，大家趴在戰壕的角落，連呼吸都不敢，唯恐怕飛機上的日本駕駛員聽見。低空掃射和高空轟炸那種恐怖是不同的，有一種無處可逃的感覺。奇怪的是，將近二十幾分鐘的密集掃射，竟沒有一個同學受傷。可是當我們想再坐火車的時候，發現火車頭已被炸爛，於是我們全體只好一起徒步前往長沙。我一直認爲蒸氣式的火車頭，像家裡燒水用的鐵鍋一樣，裡面裝的全是滾燙的水，想不到日本炸彈解開了這個謎，原來裡邊裝的全是我所無法瞭解、像人小腸一樣彎彎曲曲的鋼管，不禁大爲懷疑，水都到那裡去了？

到長沙後，被安頓在一家空盪盪的民宅住下。雖然公家還供給伙食，但是，一個最大的困難，我這一輩子都無法克服，這時更爲嚴重的，就是我一直窮得一文不名。如果出去遊玩，沒有趕上吃飯，就必須餓到下一頓。尤其是九月以後，天氣漸冷，我穿的還是單薄的短褲軍裝，已經不能抵抗寒意，每一天坐在寢室地板上，雙手抱膝，一言不發。一位名叫趙蓉的女同學，年齡和我差不多，那一天，她忽然拿了一件黑色的上衣（好像是男女不分的學生上衣），悄悄走到我跟前，把它塞到我手中，微笑着說：

「穿上吧！」

我是一個還沒有開化的北方野孩子，已經忘記對她說謝了沒有，我只是立刻穿上，感到一股溫暖，但我沒有膽量再去找她講第二句話，可是對她終生不忘。和趙蓉感情最好的另一位女同學，名叫周倫，她以舞劍受到大家的注目。我到了台灣後，她也到了台灣，和一位軍官結婚，住在台北縣五股鄉。我曾經到她家裡看她，問她趙蓉的消息。趙蓉在大陸沒有出來，周倫也不知道她的下落。等我重回大陸，仍懷念這段往事，可是，人海茫茫，不知道向誰問起。

我在長沙住了不到一個月，發現氣氛越來越緊，家家戶戶都關門閉窗。我們這一批年輕學生每天逛長沙市中心名勝天心閣，天心閣下有一個動物園，遊人也越來越少，動物開始挨餓，已經沒有人餵牠們了，不斷發出淒涼的哀號。第二天，同學們忽然發現，有些大廈的柱子上，出現耀眼斗大的日文標語，我們雖然不認識日本字，但是知道不是漢奸幹的，而是中國人向日本軍人所作的心戰喊話。這是一個不祥之兆，長沙顯然要放棄了。就在那一天的黃昏，一輛吉普車把我、范功勤、李淼和劉浥塵四位同學，載到一棟房子裡，中央團部臨時辦公室就設在那裡，當時已凌亂不堪。組織處長康澤先生最親信的秘書湯如炎先生，派我當三民主義青年團中央直屬豫北分團主任，其他三人都是幹事。每個人又發了一筆錢，命我們立刻動身，從長沙南下，然後繞道回到已經被日本佔領的豫北地區，展開工作。有趣的是，三十年後的六〇年代，湯如炎在台北當立法委員，和另兩位廖姓、王姓立法委員，竭力反對節育，竟主張把支持節育的我閹掉。我則在雜文中稱他們爲「廖王湯」，以與專治婦科的「中將湯」媲美。

到今天都不知道選中我當主任是什麼原因，另三位同學年齡都比我大，不過從此我就成了國民黨幹部。多少年後追思，這麼潦草輕率的派遣，事實上並沒有把我們當成什麼幹部，只是臨時搭配，既沒有教給我們求生的本領，也沒有教給我們任何組織宣傳的訓練，就把我們送到日本佔領軍地區，像驅逐一群羔羊到狼群裡一樣，任憑我們自生自滅。

當時的戰場情況，已經發生很大變化，國民政府爲了阻撓長驅南下的日軍，炸燬黃河堤岸，一個人工的黃河決口，造成空前悲劇。就在鄭州與開封之間的花園口，堤防破裂，像一個大壩的崩塌，幾十層樓高的水勢，奔騰而下，二十公里以外，都會聽到吼聲。洪水像千萬條翻騰滾動的恐龍，沿着低窪地區，直奔東南方兩百公里外的淮河。鄉民被吼聲從夢中驚起，大水已當頭灌入，呑沒一個村莊像呑沒一個蟻穴一樣，無數中國人（沒有人知道確實人數）被自己政府一個輕率的決策埋葬，開封城本來在黃河之南，竟一下子到了黃河以北（抗戰勝利後，黃河再度改道，開封才再回到黃河以南）。我們四個人一行，冒冒然登程出發，當我們徒步離開長沙，沿着鐵路南下時，看到國軍的增援部隊正沿着鐵路北上。到了易家灣，忽然間背後紅光衝天，歷史上最有名的長沙大火，就在這時候衝入天際。可是，等到長沙變成一片焦土之後，日軍距長沙至少還有二十公里。我們繞道新化、益陽、沙市、襄樊、南陽到第一戰區長官司令部所在的洛陽。就在洛陽，我們脫下軍服，換上便衣，四個人分別先行潛回各人的家鄉，約定一個月後，再到當時唯一尚在國軍手中的林縣集合。

輾轉跋涉，我回到自從被百泉初中開除便再也沒有回去過的輝縣，投奔常村五叔郭學慈，這雖然是日軍的佔領區，但日軍僅只集中駐紮縣城，中國龐大得像一個大海，日本軍事力量無法徹底控制，只靠一些願意當外國走狗的漢奸——皇協軍，維持治安。

15 結婚與父喪

我突然歸來，使五叔和兩位堂兄、堂嫂，大爲歡喜和驚奇。他們第一天就把決定告訴我，父親曾經依據傳統禮俗，在若干年前，爲我定下親事。她是縣城南關的女兒，名叫艾紹荷，比我大三歲。我從來不知道有這門親事，也從來沒有人告訴過我，包括父親。最初我有一種被侮辱的心情，提出反對，可是，五叔和整個家族（從二叔到九叔）堅決支持五叔的立場。唯一的姐姐也從她寡居的婆家山屯村，帶着孤女趕到常村，哭哭啼啼的規勸，認爲郭家是一個大家族，不能夠做出這種喪盡天良的退婚行爲。因爲被退婚的女人被人嘲笑，一輩子都嫁不出去。我要求先到開封探望父親，再到林縣跟同學們會合，然後再回來結婚。大家仍然反對，姐姐尤其堅決。一般人認爲我是一個非常堅強、頑固、永不順服的人，實際上，有時候，我却不是這樣的性格。我這一生有太多的時候，都是放棄堅持己見，接受別人的支配，這一次的婚姻，就是一個例證。我一直慚愧這次對禮教的順從，假設人生能夠重來一遍的話，我絕不會犯同樣的錯誤。有幾回，我衝動得想趁半夜逃走，但因爲抵不住姐姐的眼淚，沒有逃成。於是在十九歲那一年，我結婚了，這是我第一次的婚姻，這次婚姻帶給我終身歉疚，紹荷有舊式女子所有的美德，如果我能安於種田生活，我們會白頭偕老。

但是，父親在開封病危，我倉促趕到開封，看到的却只是一具棺木。父親，這個鄉下出生的知識份子，身跨兩個王朝——大清帝國和中華民國，不能夠抗拒當時官場文化的主流——鴉片和海洛因，終於家破人亡。他去世時五十七歲，因什麼病致死，沒有人告訴我。父親以一個農家子弟，闖入複雜的城市世界，一久就被腐化，仍不得不被淘汰出局，潦倒以終，把兒女們留給一個吸毒的妻子，那比留到虎口還可怕，虎還不吃子。臨危時沒有一句話囑咐兒女，繼母說，爸爸在死前只叫了一聲「大爺」。「大爺」，是輝縣本地人對父親的稱呼。就在棺木旁邊，繼母用香煙盒裡的錫箔紙吸食海洛因。日本在它的佔領區內，執行毒化政策，所以中國人吸毒是公開而合法的。我暗中盤算，一塊錢銀元的代價，不過只能化作一縷青煙，那個消耗量，像惡魔的無底深洞，任何人都塡不滿。在把父親靈柩運回輝縣祖墳安葬前，繼母特別爲父親舉行一項「點主」大典，這是我又一次硬碰硬的向儒家的傳統禮教屈服。

五十年後，直到九〇年代，我才發現：中國人並不信神，而只信鬼。這項發現就是在三〇年代這次點主大典上播下的種子。因爲在中國社會，我從沒有看到任何一項祭神大典有這樣的隆重，也從沒有看到任何一個比祖先更偉大、更尊嚴、更有權威的神。

「點主」大典是儒家學派如山如海的喪禮中，一個小得微不足道的儀式，但已使我興起無法遏止的憤怒。「點主」是這樣的，喪家用木板製成一個牌位，牌位上用毛筆寫一行字，大概是「郭學忠之靈位」之類的文字。在郭字上端用毛筆寫一個「王」字，而請一位地方上有名聲有勢力的紳士當點主官。請點主官並不容易，往往要送一筆可觀的聘禮。於是我這個長子，就被搞得頭昏腦脹。僅只跪的次數和跪的詭異，就萬世不得其解。大概是這樣的：

司儀官喊：「跪！」

我就跪下。

司儀官喊：「起！」

我就站起來。

司儀官又喊：「跪！」

我再跪下。

司儀官再喊：「一叩首！」

我就向靈柩叩一個頭。

司儀官又叫：「起！」

我又站起來。

司儀官又叫：「跪！」

我再跪下。

司儀官又叫：「起！」

我又站起來。

司儀官又喊：「跪！」

我又跪下。

司儀官叫：「二叩首！」

我就叩頭。

司儀官叫：「三叩首！」

我就再叩頭。

司儀官叫：「起！」

我再起來。

司儀官又叫：「跪！」

我再跪。

司儀官又叫：「起！」

我又起來。

司儀官又叫：「跪！」

我再跪下。

司儀官再叫：「一叩首！」

我就叩一個頭。

司儀官再叫：「二叩首！」

我再叩第二個頭。

司儀官再叫：「三叩首！」

我再叩第三個頭。

這時候，我已渾身是汗，簡直站不穩了。認爲三叩首之後，總應該結束了吧！哪知道這才是第一波跪起循環的開始。

司儀官接着又喊：「起！」

我站起來。

司儀官又叫：「跪！」

我又跪下。

我除了跪跪起起外，無法阻止禮儀之邦這項傳統的古老禮儀，對父親的哀痛和尊敬，使我對這項禮儀不敢有任何的反抗，只敢暗自在那裡置疑，而且隨着年齡增長。「跪」「起」了大概一個多小時以後，終於進入點主的高潮，點主官穿着長袍馬褂，手拿一支新購買的毛筆，在盤子中沾滿了猩紅的朱砂，往牌位上「王」字上面，點上一點，成為一個「主」字。樂聲與鞭炮聲同時大作，擁擠不堪的「弔者」，也就跟着十分「大悅」。

點主大典不過是一個煩惱的焦點，使我驚恐的還是繼母。她不會忘記我毆打她的羞辱，從我到開封，直到祭典那一天，我常在她臉上看到微微翹起的左唇角。這時，父親的一位好友于香圃先生救了我，于伯父是東北人，很多年前入關，一直追隨我父親做事。日軍佔領開封後，以東北人（也就是滿洲國人）為主的佔領軍特務機關，也在開封建立。人不親地親，經過東北同鄉的介紹，他也進了那個單位，而且因住開封太久，得地利人和之便，官位很高。就在點主大典的前二天，于伯父頭戴日軍瓜皮帽，腳穿長筒馬靴，腰掛東洋刀，帶着兩個同樣裝束、但從態度上可看出是比他的地位低的軍官，大踏腳步，走到靈堂，從口袋掏出一封信，雙手捧着，放在父親棺材前的供桌上，脫下軍帽，深深一鞠躬，手扶軍刀，大聲喝道：

「大哥，小獅子（我的乳名）是你前妻唯一的兒子，今天竟然有人陷害，揭發他是中央探馬，要不是落在小弟之手，小獅子今天無命可逃。大哥！你對我恩重如山，有小弟就有小獅子，不許有人害他一根毫毛，這封信是誰寫的？大嫂？」他橫眉怒目的轉向繼母，「是不是妳寫的？」

繼母驚恐的回答：

「我不識字，怎麼能寫信？」

于伯父轉向我：

「從今天開始，你晚上住在我家，日本人那裡有我擔當。」

突然間，他拍着我的肩膀，流下眼淚，說：

「小獅子，你的命眞苦！」

于伯父在大家尊敬、震驚的眼光中，大踏步跨出大門，我一直送他到十字路口。

「你快點離開開封，」于伯父叮嚀我說，「靈柩後天就啓程，我會派人送你到黃河沿。」

點主大典後的第三天，我護送父親的靈柩，匆匆上路，返回祖籍輝縣，于伯父親自送出城門，這是我最後一次看到他。後來，我在書上常看到有人引用一句話：

「鐵肩擔道義，辣手著文章。」

每一次，只要看到這十個字，我就想到于伯父。而且，再想到六年之後，抗戰勝利，于伯父的下場，深深感到椎心悲痛，此生已無以爲報。

父親的靈柩放在兩輛前後相連、人力挽動的架子車上，穿過乾枯而滿是細砂的黃河故道，再穿過京廣鐵路，歷時三天兩夜，終於運到祖墳。繼母則跟其他弟妹，另坐火車回鄉。就在父親的棺柩冉冉垂下墓穴的時候，我才感到父親眞的是死了，永遠不再回來。而自己是那麼樣的孤單，於是跪下來，用頭撞地，放聲大哭，呼喚：

「爸爸！」

這一聲爸爸，突破了儒家禮教給我的另一種禁制，原來家中長輩一直警告我，當哭父的時候，不可以哭出聲音，這是禮教上對一個君子人物最低的要求；只能喚「爹」，不可以叫「爸爸」，因爲爸爸是洋式稱呼，違背傳統，正在幽冥路上前進的父親幽魂，將聽不到你的聲音。我被嚇壞了，不願父親一個人寂寞的走向幽冥，於是乎我聲聲哭爹，問題是這一輩子從來沒有叫過一聲爹。「爹」這個字引不起我一點父子親情。

直到我忽然叫了一聲爸爸，使我回復到眞實的位置，於是，大雨傾盆般的傷心淚水，使我匍匐在墓穴旁，攔住父親的棺木，不准放下。全族人從沒有見過一個成年男子這麼哭父母的，認爲我顯然的違反了禮教。

安葬父親之後的第二天早上，一個東北口音的男子，進門拜訪，把我拉到一旁，低聲說：

「你快點逃走，于伯父擋不住，你媽不斷在告，而且今天就走，一分鐘也不要停。」

那人留下一疊儲備券，倉促告辭，連一杯茶也不肯喝，而且不肯講他的姓名和他的去處。我倉皇進屋和紹荷道別，她一面爲我整理包袱，一面哭泣，我又一次嚐到生離死別，於是離開了輝縣，一離開就是四十年。

四十年後，重返家園，紹荷早已再嫁，而且不久逝世。重拜父墳，往事歷歷。

16 荒山逃亡

我連夜北上，進入被稱爲「盤上」的山區，兩天後趕到林縣河澗鎮，和范功勤、李淼、劉浥塵會合，加速成立早就應該成立的三民主義青年團。豫北二十五縣，這時只有林縣仍由新五軍據守，西邊是太行山，那是共產黨的大本營，北面則是共產黨游擊隊。我找到一家民宅，掛起招牌，佈置起了辦公室，我們的頂頭上司遠在萬里外的天邊——重慶，我們沒有經過任何專業訓練，只是在珞珈山詩情畫意的度過了一個美麗的夏令營生活。除了願爲英明的領袖而死以外，不知道要做什麼，而我們的年齡如此之輕，我不過二十歲，其他人不過二十二、三歲，現在却把組訓青年、對抗日本和共產黨的沉重任務，交在我們手上。我們不知道如何去辦，中央團部也沒有告訴我們如何去辦，只是把一些油印的文件，千辛萬苦的頒發下來，可憐我們這群年輕人，連公文都不會寫。我們不過是被犧牲的棋子，中央團部潦草塞責、隨隨便便的派遣，表示又成了一個分團，如此而已。

要想混日子也不容易，那是瞬息之間千變萬化的淪陷區後方，不知道明天會發生什麼事情。果然，一天下午，河澗鎮上的軍隊突然增加，馬嘶聲、人叫聲，顯出氣氛有異尋常。一個消息說：

「八路軍已攻下林縣縣城。」

抗戰開始的時候，共產黨紅軍向政府投降，誓言擁護最高領袖蔣中正，對日作戰。蔣中正爲這件事還發表了一篇談話，並且把共產黨紅軍改編爲第八路軍，任命朱德當第八路軍總司令（從此「八路」就是共產黨紅軍的代名詞，而且成爲使國民黨驚恐的代號。直到台灣光復，五〇年代初期，台北市公共汽車，各路都有，獨獨沒有八路）。抗戰開始後，政府軍在各戰區紛紛潰敗，幸虧祖先們留下來一個廣袤的土地，使日本的皇軍筋疲力盡。八路軍在抗戰時候，也曾經抵抗過日本皇軍，而且，最有名的一次是平型關的百團大戰，雖然沒有百團，但確實是硬碰硬打了一仗，那些使國民黨部隊頭痛的游擊戰士，當然敵不過訓練有素的日本皇軍，在意料中的犧牲慘重。中共從此開始保存實力，不再和日軍直接接觸。日軍也不認爲八路軍是主要的敵人，很少在戰場上採取攻勢。於是，八路軍的主要任務就是不斷的擴充地盤，攻擊正在和日軍作戰的政府軍的後背。把這些被攻擊的國軍將領，加上一個綽號，像他們對河北民軍總司令張蔭梧，就封為「磨擦將軍」。共產黨把人鬥臭的手法，當時是天下無雙的，全國左傾的文化人，對磨擦將軍紛紛指控，國民黨宣傳人員一向其笨如豬，對這種一面倒的叫鬧，無力招架。

我這樣分析當時的國共關係，並不是說共產黨是一個惡人，國民黨對共產黨的態度，也不比共產黨對國民黨好到那裡。他們最初把共產黨稱為「異黨」，後來轉變成為「匪黨」，只要狹路相逢，同樣暗下毒手。很多青年被槍斃、被活埋、被丟入黃河，到死都不知道他們觸犯的是哪一方？和他們愛國到底犯了什麼罪？

黃昏以後，河澗鎮一片寂靜，家家閉門，不見燈光。國軍開始向東撤退，林縣距河澗大概十五公里，我們一行四人倉促的撿起行李，隨着零零星星的殘兵敗將，也向東撤退，沒有目標，不明情況，沒有一個有關係的人可以探聽消息，只知道隨着大眾，一步一步，摸索前進。

不久，我們就進入另外一個山區，天上沒有月亮（有月亮的話，也是被烏雲遮住），萬山叢中也沒有燈火，也沒有狗。山徑是那樣的狹窄而崎嶇，有時候，旁邊就是懸崖，栽下去是不可避免的粉身碎骨。大概午夜過後，我們走到一塊狹小的梯田，在上面疲倦不堪的睡去。第二天繼續逃亡，飢餓乾渴交集，站在山頭，看到前面山麓有一個村落，而且聽到雞鳴，我們興奮的順着山徑而下，結果，近在眼前的村落，足足走了十四個小時，天黑了以後才狼狽的走到。村頭一個農家全部財產只有一隻雞，但是他們不肯賣，多少錢都不肯賣，最後才勉強用高價賣給我們四個窩窩頭。窩窩頭有拳頭那麼大，我餓火中燒，抓過來，張開大口，一下子幾乎咬掉一半，正要咀嚼的時候，只聽見一種微小的奇異響聲，口中忽然間塞滿了細砂，一粒一粒的細砂，像當時跳遠坑裡用的那種細砂，過度用力的牙齒，使細砂發出怪響。我大叫一聲，噴了出來。那不是眞正的細砂，而是窩窩頭被咬碎了的顆粒，無論是味道和硬度，都和眞砂沒有分別。其他三個人沒敢張口，而乾癟的山民夫婦被我的動作嚇住了，我最初是憤怒，大叫一聲：

「這怎麼能吃？這不是人吃的！」

剎那間，我萬分羞愧，爲自己這種身不由主的反射動作羞愧，「那不是人吃的」，難道山民夫婦不是人嗎？我這一生做了很多冒犯別人尊嚴的事，這是其中之一。多少年之後，讀到元曲趙五娘的悲慘歌聲：

「這糠哦，與米一處飛！」

我那一次吃的，就是使趙五娘流下眼淚的糠。北方農家窮苦，連黍米（小米）的殼都不敢拋棄，碾成粉末後，就叫做糠，蒸成中空的饅頭模樣，就叫窩窩頭。我幼年雖然吃盡了苦，也僅是沒有肉吃、沒有白麵吃而已，在這次逃亡途中，才第一次吃到絕對難以下嚥的糠，這件事情使我終生難忘。

「中國人竟這麼徹底貧窮！」

我開始懷疑：中華民族是不是一個優秀的民族？如果是一個優秀的民族，爲什麼到了二十世紀，農民還在吃糠？我們一直逃到一個不知名的村落，忽然間遇到流亡的安陽縣政府，才知道我們已經離開了林縣，進入安陽縣境。就在安陽縣政府，見到主任秘書韓彬如先生，他拿出中央團部的電報，要他接管豫北分團，並命我們四個人前往洛陽報到。這又是一個突變，但也使我們如釋重負，因爲我們自知年紀太輕了，不足以擔負這項重任。

「你看，」韓彬如說，「做團務工作，要社會關係，像我接管之後，到什麼地方去，想要幾匹馬，縣政府就會撥給我幾匹馬。你們怎麼能行？」

——就在第二年，我在洛陽參加三民主義青年團爲韓彬如舉行的追悼會。共產黨在一次成功的突襲中，把他生擒槍殺。他如果不兼青年團職務，可能不會喪生。而中央團部如果沒有把我們免職，四個人勢必繼續留在安陽縣境，會首當其衝。

就在這不知名的安陽縣萬山叢中，我們一行四人，摸向洛陽。再往東走就進入日本皇軍佔領區，剛走到安陽縣第一大鎮鶴壁鎮南方五、六公里的地方，就遇上了麻煩，四、五個手提長槍、農民裝扮的壯漢，攔住去路。

「站住！我們是八路軍，你們是什麼單位？」

我們四人操外地的口音，無法拒絕回答這個問題，只好說：

「我們做小生意。」

他們開始搜身，在口袋中掏出僅剩下的幾張鈔票。

「我知道你們不是做生意的，一看就知道你們四個是壞蛋，」其中一個人大笑說，「看你們的票子，就知道你們是中央軍。」

我們支支吾吾分辯不是中央軍，只是賣布的小販。

「你身上用中央銀行的鈔票，當然是中央軍。對你們實話實講，俺可是鶴壁鎮的皇協軍，現在有兩條路由你們選。」

我表示願意選。

「一是跟我們一塊到鶴壁鎮去見日本人，二是把中央軍的鈔票留下，放你們一條生路。」

我們一行當然願意接受放一條生路的條件。

我們選擇了第二項，終於渡過黃河，到了洛陽。

17 大隧道慘案

到洛陽後，我被派到偃師縣分團當幹事，「主任」的官銜沒有了，對有些人而言，這或許是一個打擊，但我在官場上有遲鈍的一面，對於這項貶職，無動於衷，眞的認爲，一個革命青年不應該計較任何名份。不過，不久我從內心裡開始改變，這改變雖不能使我重視官位，但却發現上進的重要，人生最大最新的誘惑，在引導着我跟蹌邁步。

那時候，戰時陪都重慶，有一個中央訓練團。這是國民黨培養幹部的基地，分別從全國各地選拔黨、政、軍優秀幹部，到重慶參加有時是一個月、有時是三個月的中央訓練團，使他們能和中央高級官員親近，產生一種敬畏的向心力，我不久就被保送受訓。坐火車到寶雞（就是秦穆公發現神雞的地方），在寶雞轉乘四天路程的長途汽車，到達重慶。

重慶這個戰時首都，是抗戰時中國人的聖地，街道像舊金山一樣，高高低低，一年之中，約有六個月的漫長時間，大霧迷漫，對健康非常不利。可是，抗戰初期，用雷達投擲炸彈的設備還沒有發明，全靠飛行員的目擊，所以霧季反而成了這個山城的保護網，至少六個月內，不會發生空襲。而另外六個月的晴朗天氣，則是「跑警報」季節。家家戶戶都有一個防空袋，裡面裝着一天的民生必要用品，機關職員甚至於還帶着必須處理的公文。每天早上都先仰望山頭掛的警報風球，當出現一個球時，表示日本飛機已從武漢機場起飛；當出現二個球時，表示日機已進入四川省境；當出現三個球時，表示日機已接近重慶，或已在重慶上空。往往，太陽還沒有出山，一個球已行升起，空襲警報發出像受傷的野狼一樣的那種哀號，然後，全城的人都逃出家門，奔向附近的防空壕洞。重慶建築在山脊兩側，所以防空壕洞既普遍而又堅硬，從來沒有發生被炸塌的事情。

可是，就在我去的那年六月，碰上大隧道慘案。大隧道是指重慶山脊唯一的一條防空洞，幾乎是把山掏空，從西方的入口到東方的出口，長度大約有好幾公里，每隔一段距離，開一個洞門，供民眾進出。慘案發生的那天，日本飛機從上午即行轟炸，全城在隆隆巨響之下發抖，那時候的中國，已經沒有空防的能力，日軍有時候只保持一架轟炸機或戰鬥機在上空盤旋，就足以使山城變成死城。大隧道中既潮溼，空氣又不流通，避難的人又擁擠不堪，乾渴飢餓，空氣不足，每一個洞口都放下柵欄，加上鐵鎖，防止市民在空襲期間到街上亂跑，引起日機的投彈和掃射。到了下午時分，隧道裡的男女發出呼號，要求出來。可是，把守洞口的士兵沒有一個人動心。等到晚上，日機離去時，已經沒有幾個人能活着出來了。這是中國防空史上一個最大的恥辱，事後好像只把衛戍司令劉峙免職。劉峙是國民政府中有名的飯桶將軍，他除了拍馬逢迎外，什麼都不會。慘案雖然使他去職，但依照傳統官場文化，他不久就另外發表新職，而且是升了官。

最感榮耀的一件事，是和蔣中正曾躲在同一個防空洞。那次空襲，發生在上午十時，中央訓練團在重慶浮圖關下，警報響時，我們被帶進一個龐大無比的半隧道之中，那就是說，三面都是天然岩石，側面開向山谷，面積足有幾十個足球場那麼大。當我們在所攜帶的小凳子上坐定以後，看到蔣中正在護衛之下也走進來，洞的深處擺了張大桌子，桌子旁有一張籐椅，他就在那籐椅上坐下，衛士們四周站立。不久，轟炸開始，大家可以聽到遠遠的重慶市區的爆炸聲。我仔細的觀察領袖，發現他鎮定如恆。我忽然想起了一件事，如果這次把他炸死，歷史上不知道怎麼樣描述這一幕，又怎麼描述我們這些陪死的無名小卒。

中央訓練團使學員產生向心力，蔣中正把他的照片送給每一個學員，而且親自一一點名。送給學員的照片，確實使人動容，最高領袖權勢大到沒有極限的時代，家裡如果掛一張蔣中正簽名蓋章的照片（當然是別人代簽代蓋），不但是一種光榮，也多少有一點保護作用，使一些小頭小臉的牛鬼蛇神有所顧忌。至於點名，那就跟普通軍隊裡、學校裡的點名一樣，蔣中正拿着十行紙寫出的名册，然後一一呼叫。

「張三同志！」

「李四同志！」

張三、李四就立正、舉起右手，高聲答應：

「有！」

然後，蔣中正就往張三、李四臉上、身上，打量一兩秒鐘，在名册上用紅筆點上一點，或打一個勾。那些來自低層的幹部，沒有比這時候跟英明領袖更親近了，這種點名方法比贈送照片，更能使人產生預期的效果。有一次，一個在陝西工作的同學，在吃飯的時候還在喜不自勝的呢喃着說：

「點名之後，領袖對我有了印象。」

突然之間，我反應說：

「放心吧，領袖對你不會有印象，點名是叫你對領袖有印象。」

一句話說完，全桌同學都呆住了。有的人急忙把筷子放下，好像大禍就要臨頭，我也察覺到自己的失言。這時候同桌上一位官階上校的分隊長，用筷子做個手勢，叫大家繼續吃飯。然後，莞爾一笑，對我說：

「你的嘴太快了，已快到足可以斷送自己的地步。」

我只是想一語點破那位同學的冥頑，全沒有想到它的危險性。我趕緊低下頭，以這位分隊長的話作爲勉勵，立志不再多嘴。可惜，我是一個沒有福氣的人，個性使我不吐不快。後來，遇事不但仍然說出來，更糟糕的是，甚至還用筆寫出來。

18 開始用假證件

在重慶一個月的期間，思想發生急劇變化，使我回憶到長沙大火之夜，在我之前，有一個年紀比我大將近十歲的同學，他是一個大學畢業生，當中央團部秘書湯如炎詢問他願不願意到淪陷區工作時，他堅決表示希望留在中央團部工作，我暗中譏笑他是一個懦夫和老奸巨猾。這次，我到了中央，才發現世界之大，不是我這個地方性的小幹部所可以想像的。那位自請留在中央團部工作的同學，因爲有好的資歷，已經當了組織處的一個組的副組長，手握全國工作幹部的升遷調補，趾高氣揚，已沒有一點同學的情誼。而其他珞珈山的同學中，也有六、七位被中央團部保送到復旦大學（重慶）、四川大學（成都）、武漢大學（樂山）。他們一個個神采奕奕，一旦大學畢業，就跟八〇年代一旦取得博士學位一樣，前途如錦。而我不過是一個高中二年級肄業的地方性土包子小幹部，我發現當初長官們勉勵我們獻身革命、不必繼續讀書的訓話（因爲革命就是大學），是一種詐欺。這使我改變志向，一定要上大學，即令是上一天大學，只要履歷表上學歷欄可以寫上「大學肄業」，也比「高中肄業」體面。

在沒有離開重慶前的那幾天，我瘋狂的尋覓上大學的路徑，終於發現根本不可能，因爲我沒有高中畢業或高中二年級肄業期滿的證件，而且，即令有，中央團部也不可能無緣無故保送千里外的一個低級地方幹部。

絕望的回到偃師，覺得眼前一片漆黑，不甘心這樣被低學歷所吞沒，所以我繼續不斷的解決我的困難，決定參加明年「西北區大專院校聯合招考」。於是，我重新收拾起我那殘破不堪的功課，故技重施，再演習一遍幾何，再背一篇英文作文。我刻苦到連晚上睡覺，都不停的自言自語。其次，我要找一個假證件報名。一個朋友把我輾轉介紹到洛陽城南五公里，一個村子裡的朋友，可以給我一張證件，只要花五塊錢銀元就可以了。我千難萬難的湊了五塊銀元，到了月底取件的那一天，拿着銀元徒步前往，一路上心跳不斷加速，這是決定我一生前途的一張紙。我不知道是哪個學校，也不知道能不能買到手，萬一對方沒有呢？那我怎麼辦？我從來沒有這樣焦慮過。原野上行人很少，小徑旁邊就有一座小小的土地神廟，我站在廟前，用最虔敬的心情祈禱：

「請你保佑，給我一張證件吧！」

我買到的證件是一張甘肅省立天水中學二年級肄業期滿證書。甘肅在那裡？天水在那裡？都遠在西疆天邊，已經管不了那麼多，我就用這個證件，參加西北區大專聯考。

考過之後，靜等着放榜，這是人生最難度的一刻。我坐臥不安，吃不下飯，而且一想到不被錄取後的日子，就一陣陣的暈眩。

就在發榜的前一天，信步走到一個市場，看見一間小屋裡有一位算命先生，我不安的走進去，問說：

「先生，考學校事可以問嗎？」

那位盲卜師聲如宏鐘的說：

「可以。」

我繳過錢，搖過六爻課。盲卜師根據我正面（字）、反面（悶）的口述，仔細推敲，然後說：

「考什麼學校？」

「我參加西北區大專聯考，不知道能不能考取？」

「可以考取，」盲卜師用扇子敲着桌面說，「不過，很靠後了！」

我狂喜的跳出來，又回頭問一聲：

「你的卦準嗎？」

「當然準！」盲卜師嚴肅的說，「不準，砸我的攤子。」

我從盲卜師的自信，也感染到了自信。可是，出門走了幾步，又恢復了茫然。算卦到底是算卦，萬一考不取，砸了攤子又有什麼用？又像個洩氣的皮球，站也不是，坐也不是。

第二天，我前去看榜，發現我被分發到省立甘肅學院（若干年後改為國立蘭州大學）法律系。我當然高興，但也若有所失，再想不到盲卜師的「很靠後面」指的是學校名次，不是指個人名次。西北共有九個院校，國立西北大學、國立河南大學、國立西北農學院……，而甘肅學院是所有院校中最末尾的一個。蘭州在西部一千多公里以外，那時候還沒有鐵路可通，坐長途汽車要整整四天。但我沒有選擇的餘地，決定拋棄一切，西奔前程。

我到了甘肅學院，就在辦理註册登記時，註册組一位組員翻看我的文件，露出濃厚的困惑眼神，問我說：

「你在天水中學唸過書嗎？」

「唸過！」但我心跳起來。

「民國二十八年有二年級嗎？」他沉吟說。

「有。」我開始渾身發毛。

那組員繼續沉吟說：

「我是天水中學畢業的學生，彷彿那一年還沒有二年級。」

「有。」我舌頭都硬了。

「好吧！等我查查看。」

很明顯的，假證件已露出破綻，我把行李提到宿舍，坐在那裡發怔。這挫折是我不能克服的，只有被開除的份。但同時我也在安慰自己那事最快也要到一年以後才能查出來，一年時間，又該有多少的變化？我爲讀書受了很多折磨，開封高中的往事，又重現面前，我無心聽課，也無心遊玩，日坐愁城。

19 開除

第二年的夏天，同學們紛紛離開，各返家鄉。我假證件被拆穿的時間，一天一天的逼近。有一天在街上閒蕩，忽然遇到幾位百泉初中的同學：袁鳳鳴、朱好仁、尙均（就是揍我一拳的傢伙），他們這時候都在輜重兵團當駕駛兵。袁鳳鳴高高在上當連長，每人開一輛大卡車，好不威風。他們運送新兵到新疆，歸途再到玉門油礦運汽油回來，要我一塊兜風。我連宿舍都沒有回就跟他們出發了，我希望深入新疆，永遠不再回來，永遠不再受證件的壓迫。

這是我第一次進入河西走廊，這個在唐王朝時還是一個黃金地帶，宋王朝以後，却一直殘破到今天。「大西北！建設大西北！」多麼偉大的號召，可是這個西北却一片貧窮。山丹縣一帶，我發現中國人最最貧窮的一面，比河南省安陽縣山區吃糠的山民更要貧窮。白天時候，全家人（包括十七、八歲的大姑娘），幾乎赤身裸體的蹲在土坑上，身上披着已變成黑漆漆、全部打結的老羊皮，全家只有一條褲子，誰出門誰穿，回來後折疊好放在床頭，這就是世界上五大強國之一的中國農民生活。有些司機看到這種情形，大笑大叫。我心中感到的却是絞痛，和無限羞愧。

我最後沒有去成新疆，因為新兵到了酒泉就另外有車運送，輜重兵團的車隊直接前往玉門油礦去裝載汽油，我當然隨着前往，目睹到當時中國唯一的油礦。我不能用科學術語介紹這個油礦，我是一個科學白癡。似乎是紀元前八世紀時候，在那萬座荒山之中，有一座老君廟（祭祀太上老君，也就是中國歷史上第一位哲學家李耳先生），老君廟背後有一個小小的水潭，比一口井大不了多少，水色烏黑，水質黏得像稀稀的漿糊，居民們常跋涉幾十里路之遙，帶一桶回去，家有病人或晚上孩子拉屎時，就用破布沾一點桶中的潭水，用「取燈」（窮苦人家用的土製的火柴）把它點燃，火光可以支持半個小時以上，當地人視為神明。

這座水潭就是冒出地面的原油，就在玉門縣西南二十公里的萬山叢中。原油隨時都會從地面滲透出來，中國人忙於做官和內戰，沒有人理會這個天然資源。直到抗戰前不久，經濟部資源委員會才成立玉門油礦局，正式開採。在輕輕一動，原油就大量流出的情況下，油礦局沒有那麼多煉油設備，只好把它們輸導到山谷，兩頭堵住，經過一兩個月，原油就蒸發得所剩無幾了。

不過，我不久就不為國家大量損失原油憂心，而為自己憂心了。油礦裡連一個飯舖都沒有，只好靠從新疆進口的青色葡萄干度日，結果大量嘔吐酸水，餓得奄奄一息。等到隨車隊回到蘭州，一走進校門，就被一個同學抓住，附在我耳朵上悄悄說：

「你被開除了！」

該來的終於來了，是那個天水中學假證件害了我。

「學校可能已通知了警察局，」那位同學說，「你要小心！」

我溜進學校，回到寢室，甘肅學院位於淸王朝「貢院」舊址，每一個學生都有一間宿舍，所以沒有驚動任何人，悄悄地背起行李，溜出大門。千辛萬苦遠奔邊陲，讀大學的夢，就這樣的破滅。大學！你的大門怎這麼難進！我慶幸有這一趟玉門之行，得以悄悄的脫身，否則的話，可能會被叫到教務處，指控僞造文書。我找一個小客棧住下，躺在床上，仰望着天花板，不明白洛陽南莊那位朋友，為什麼賣給我一個這麼容易辨識的假證件，我想哭，但哭不出來，一生，有很多次這樣的遭遇，想哭一場的時候却沒有眼淚。

感謝蒼天，正當我想要投奔輜重兵車隊、去當司機的時候（這是當時唯一的一條活路，不然我會餓死蘭州），忽然想起來，我在飛機場檢查站有位相識不久的朋友，於是我去找他，哭喪着臉問他能不能給一個工作。他盤問詳情，然後忽然說：

「你拿我批的單子去買飛機票，我送你到重慶。」

這句話，我聽了兩遍之後，才相信不是拿我開心。抗戰時期，飛機的班次和座位都有限，能不能搭上飛機，全看機場安全人員能不能批准搭機申請。所以，一個沒有人事關係的官員，即令你是部長，候機十天半月也是非常平常的事，而我一個窮學生，居然可以順利的買票飛到重慶，簡直是人類有史以來最不可思議的事。我就把準備應變的錢，買了一張機票，直到上了飛機，我才相信這是眞的。

這位朋友，名叫張辛伍，江西人。十年之後，國軍完全崩潰，我在上海遇到了落魄的他，請他隨我一同上登陸艇，一起到了台灣。

我飛到重慶，舉目無親，在中央團部做事的「青幹班」同學，又都陌生，無人可以投奔，就在兩路口上淸寺一帶徘徊又徘徊。兩路口有一個中央團部消費合作社，就在合作社門前，遇到了正下班出門的女職員崔秀英。她聽我問路的口音，曉得是她同鄉，就把我帶進合作社，介紹給她那些同事，住了一晚。第二天，我坐驛馬車到沙坪壩，找到百泉初中同學買樞運（買，是一個奇怪的姓，他信回教，可能是阿拉伯人的後裔），那時讀中央大學地質系。在百泉初中讀書時，我因買樞運的功課太好而揍過他，但並不能把他的功課揍壞。現在，買樞運上了中央大學，我却是一個被開除的流浪漢。

那時候，中央大學擠滿了來自全國各省各大都市的考生，眞可稱之爲滿山滿谷，買樞運就把我安置在一間破教室裡，睡在一塊黑板上。教室裡另外還擠着五、六個本省同學，一口四川話，我似懂非懂。

在甘肅學院時，我就跟遷到河南省內鄉縣的母校——開封高中——當初允許我不拿證件就投考的王倫青老師，取得聯絡。王老師天大的恩典，給我寄了一份開封高中二年級肄業期滿證件（嚴格的說，這是一個僞造的眞證件，因爲我只在二年級讀了幾個月）。我本準備一旦天水中學案件爆發，就拿這個證件接替，這當然是個白癡的想法。可是，現在用得着了，我用同等學歷報考中央大學。

如果我能考取中央大學，整個人生會完全改變，因爲這次證件是眞的。可是，我當然考不取，就憑我那兩道幾何，和一篇英文作文，以及臨時加工的生物學，竟想考取當時全國第一流的最高學府，簡直連自己都笑出聲音，不過我確實全力以赴。

考試那一天，幾何沒有問題，兩道全答對了。英文作文題目是University，看了之後，心口涼成一團，什麼是University？University是什麼？我根本不認識這個字，猜都無法猜，那一次，我背了三篇英文，不知道用那一篇才好，就只好硬着頭皮隨便找一篇抄上。下課後，遇到也是百泉初中同學前來投考的朱光弼，而下一節是生物，我問他：

「你可知道孟德爾三定律？」

「什麼是孟德爾三定律？」朱光弼瞪大眼睛問。

「你連孟德爾定律都不知道，還考什麼大學？」

「混蛋，快教給我！」

就在短短的幾分鐘之內，我告訴朱光弼孟德爾三定律。結果下一節生物課考試時，果然出孟德爾三定律。朱光弼並不靠這孟德爾三定律而考取，但是，他稍後確實考取了當時全國最好的、設於昆明的西南聯大，我却名落孫山。垂頭喪氣的搬出中央大學，大夢又醒了一個。我在這萬般落寞中，和崔秀英發生了感情，仿效當時最流行的辦法，我們在兩路口租了一個房子同居。

20 再做假證件

俗話說：「不到黃河心不死。」我上大學的心，早已到了黃河，但我的心仍然不死。一面找工作，一面準備明年再參加西南各院校大專聯考。人生有很多難以預料的際遇，神差鬼使，我的一個長輩在設於青木關的教育部戰區學生招致委員會當主任委員，我去找他，他把我安置在設於重慶市兩路口川東師範舊址的該會「重慶登記處」，當一名小職員。那一年，我已二十五歲，既看不到未來，也不敢回想過去。然而，一個機會像閃電一樣的出現。

青木關距重慶大概五十公里，從四面八方淪陷區逃到重慶的流亡學生，早已筋疲力盡，所以招致委員會特地在川東師範舊址設立登記處，由岑文華先生當主任，另外有兩個幹事做爲助理，我就是其中之一。淪陷區學生前來登記時要塡具表格，寫明他原來的學校、科系、年級等等。根據帶來的證件，由登記處主任在調查表上簽註意見，轉報也設在青木關的教育部高等教育司，再分發到各大學繼續就讀。有時候，沒有證件或證件不全的學生，由岑主任口試盤問後，略微可信，就在調查表上加簽「考核屬實」。有時候，岑主任不在，我就代他簽註意見，而且簽出自己的大名，教育部也不問究竟，一律分發。這樣持續了幾個月後，一個奇異的靈感突然進入我的腦海。我跳起來說：

「我爲什麼不能夠分發自己？」

不過，有一個難題，我不能用郭立邦的名字登記，這麼一個小小的困難，竟困擾了我兩、三個月之久。最後，一個從南京逃出的學生前來登記，他是汪精衛政府中央大學政治系肄業三年期滿的學生，具有全部的成績單，貨眞價實的證件，我如獲至寶。尤其，那個學生的名字幾乎使我跳起來，他叫郭大同，我去照相館把郭大同的證件翻照下來，再把原件改成郭衣洞（也只能改成郭衣洞，沒有第二種改法），再拍下照片。先把郭大同照相的文件簽註意見報上去，過了兩三個月，估計教育部高等教育司已經分發，然後請朋友用郭衣洞的名字塡寫一份登記表，再由我簽註這樣的考核：

「經嚴格盤問考察，該生確係僞中央大學政治系三年級肄業期滿學生，建議分發同級學校。郭立邦。」

至於照片，我簽上「後補」，以後當然也沒有補，這種例子太多，教育部從不追查。寄往青木關教育部後，每天數着日子。普通情形下，不到兩個月，學生本人就可以接到分發令，可是兩個半月後，仍沒有消息。於是，那一天，我向同事借了一套整齊的中山裝，把釘有補釘的皮鞋（這是抗戰時最常見的裝束），擦得發亮，搭巴士前往青木關。我到教育部高等教育司，代表岑文華主任，前去查詢淪陷區學生郭衣洞的分發事宜。高等教育司一位官員接見，對我的辛苦及負責精神，十分嘉許。查卷後，告訴我，郭衣洞已被分發到國立東北大學，要我回去安慰那位從南京流亡到重慶的可憐大學生，通知書日內即行寄出。

這眞是一個叫人難以置信的好消息，我喜孜孜的回到重慶。屈指計算，距我上次參加聯考，已經一年了。這一年中，日本對重慶的大轟炸，已跡近停止，生活的平靜，尤其是我與崔秀英同居，又結交了很多朋友。那時，每個人都覺得自己的前途輝煌，我感覺到比他們任何一位都更好。我還不敢宣佈我又成爲大學生了，唯恐怕是一場空歡喜，但經旁敲側擊的打聽，才發現，本設立在萬里之外、遼寧省瀋陽市的東北大學，於九一八事變後（我那時候正讀小學二年級），輾轉遷移，現在設在四川省的三台縣，在重慶北方三百公里，從重慶如果沿着涪江而上，可以抵達三台城下。不久，教育部的分發令寄到，我向岑主任辭職，說了一大堆謊言之後，岑主任臉上露出慈祥和關切的笑容，說：

「你搞的鬼我全知道，快上學去吧！」

我身子忽然發抖，我這個無母的孤兒，到了後來，有人誇獎說我無所畏懼，其實不然，我最畏懼的是：加到我身上的恩惠或溫暖。岑主任像父兄一樣的恩情，使我永記。三十年後，我們在台北重逢，岑主任經營一家水泥公司，他那稍後結婚的夫人，在巴西駐華大使館當主任秘書，那個時候前往巴西的移民，有很多都由我擔保。

我這一生一直不遺餘力的鼓勵和幫助年輕人在國內或出國讀書升學，一方面知道求學的艱難，一方面也是深受岑文華的感召。

崔秀英和朋友們送我在兩路口搭巴士，前往三台。東北大學設在三台縣文廟，我這時候第一次使用郭衣洞的名字，謹記着當初從郭定生改成郭立邦時，幾乎忘記自己是誰的往事，一路上，就一直念着這個新名字，而且很懊惱把「同」字改成「洞」字，而沒有改成「桐」字，可是已無法挽救了。東北大學是一個以收容東北流亡學生爲主的大學，我到教務處報到時，教務長親自向我問話，一面拿出我的照相證件，翻來覆去看，我開始流汗，害怕他提出問題，包括：「中央大學在南京什麼地方？」「政治系主任是誰？」幸好，教務長沒有問這些，但却問了另外一個致命問題，使我幾乎立刻被驅出大門。教務長說：

「你已經學了三年，日文怎麼樣？」

猶如五雷轟頂，我呆了一呆，小聰明救了命，我說：

「我在南京加入三民主義青年團，整天作地下工作，誰去學鬼日本話？」

教務長莞爾笑了笑，揮揮手叫我出去說：

「快去宿舍報到吧！我們還要編級考試。」

我心裡在唱歌，找到宿舍，大概等待了一個多星期，教育部分發的插班生，以及其他學校自動轉來的插班生，大約有二十幾人，在一間教室裡，舉行甄別考試，這是我第一次面對着沒有英文及算術的考試，膽量大了很多。雖然政治系一、二、三年級所有的功課，我都沒有讀過，我也不怕。我對「政治系」下了一個定義：那是一個識字不識字都可以讀的系！而且，我是從南京來的淪陷區流亡學生，深受政府關注，只能使我降級，不能把我開除，因而有恃無恐。又是一個星期，佈告欄裡貼出甄試結果，我被編到政治系三年級就讀。人生眞是奇妙，我這個在大學只讀過一年級的學生，現在合法的成爲三年級的學生，二年級是一個空白，我對不能夠進四年級，一絲一毫沒有抱怨，三年級對我而言，已是一個大號的驚喜。

教育部那個科員，怎麼會把我分發東北大學，而沒有分發設在重慶的中央大學、重慶大學，或設在成都的四川大學、華西大學，以及設在樂山的武漢大學，而分發設在三台的東北大學，根據什麼理由？沒有人知道。但是，有一件事非常明顯，辦公桌上一個無心的作業，往往使人的命運產生基本變化，假定我不讀東北大學，以後發展的軌道，可能不會走向台灣。

就在三台，我幸福而滿足的過着大學生生活，天漸漸入冬，四川的冬天絕不是沒有棉衣就可以度過的，而流亡學生却沒有棉衣。那時候，基督教會在三台設立一個學生公社，準備了很多灰色粗布棉大衣，借給最貧苦的學生，我在窮的程度上是有目共睹的，所以我也借到了一件。但我却吸上了煙，成了難以負荷的最大開支。那時候買煙，不是一包一包的買，而是一支一支的買，有一個景象常在學校對面小舖出現，我幾乎每天都要去一趟，把一張揉着的鈔票放在桌上，舉起食指，大言不慚的說：

「司令牌，一支。」

然後帶着一支司令牌紙煙，回到學校，在大庭廣眾中吸起來，十分得意。

入學不久之後，學校突然發生罷課，到底爲什麼罷課？眞正主要的原因，當時並不知道，現在也不知道，只記得其中有一條標語是：「力爭糞費」。以我的性格，應該非常贊成罷課才對，而且罷得越久越好，最好一罷兩年，當罷課結束之日，也就是畢業之時。不過，我是千辛萬苦才進大學之門的，瞭解到讀大學之不易，和大學生涯的可貴，認爲能讀大學是一種福份，不應糟蹋，而應珍惜，所以我並不支持罷課。每天到大街上遊蕩，只在心中暗暗希望罷課早日結束。

罷課終於結束，對我沒有任何影響。但我却從「力爭糞費」這項活動，發現一個戰亂不斷、而又落後貧困的社會眾生的深層現象。東北大學全校男學生只有一個廁所（女生宿舍當然另有女生廁所），男生宿舍走到男生廁所，最快要五分鐘，這是一個漫長的距離，白天還好，每一個人都有憋尿的能力，可是到了夜晚，寒風襲骨，爬出了被窩，要走五分鐘，才能摸到（那時候還沒有電燈），簡直是一種苦刑。同學們於是索性來個不顧一切的大解放，出了寢室門，就在院子裡小便。冬天結冰時，院子裡冰塊高高的堆起，全是尿液凍成，夏天則是一片腥騷，簡直不像是一個大學，而像一個龐大的雞窩。遠在男廁所的糞便，因爲有那麼多生產者，所以每隔幾天，就要被掏一空，賣給當地農民作爲堆肥。

教育部每個月都發給學生代金，註明是國家借給學生的學費，將來畢業後要分期償還。代金數目已不記得了，每月都在增加，可是物價飛漲，代金不夠伙食費。那時候就流行一種「見飯愁」症候，八人一桌，四菜一湯，湯只是一碗鹹水，四個菜沒有一個可以下嚥，偶爾有一盤花生米，立刻被搶一空，以致大家不得不立出來一個互相遵守的公約，就是：「只可騎馬，不可坐轎。」騎馬是用筷子夾一粒花生米，坐轎是把筷子橫下來，可以一次剷起兩粒、三粒。在這種情形下，同學們唯一的希望，寄託在出賣糞便的堆肥費上。伙食是半個月一期，每月十五日和每月三十日，中午和晚上都可以吃到一頓肉（最豐富的是晚飯，大概每人可以吃到一大塊），所以，力爭糞費成爲罷課運動的動力。然而，淪陷區學生飢腸轆轆，平常沒有一點脂肪，突然一次吃下大量的肥肉和豬油，腸胃不能適應，往往瀉肚。我上舖就有一位同學（那時候十個人一個房間，五張床，都是上下舖），每一次都逃不過此劫，而且一晚上拉兩、三次之多，我勸他以後加菜時少吃點吧！

「不，」他正色說，「拉死也得吃！」

東北大學學生分爲兩大族群，一是本省同學，來自四川全省；二是外省同學，來自全國其他各省。外省同學差不多都是流亡學生，本省同學都是有家有室，生活富裕，他們不會跟着外省同學吃相同的飯菜，於是另組伙食團，最大的不同有兩點：一是早上吃乾飯（外省同學早上吃稀飯），二是每頓都有肉，這使我回到百泉初中時那種白菜團和蘿蔔團的時代。不過我已沒有初中時候那種哀怨，只有一種驚訝，就是無論本省與外省同學，對於這種明顯的貧富差別待遇，竟然都無動於衷，認爲是天經地義。

21 大學生活

食色性也，男女同學間最容易戀愛。不過，那時候男同學有女同學的八倍之多（其他各大學大概也是這個樣子），一直使女同學的身價，居高不下，外省同學因爲窮得出奇，也就先天的屈於下風。那時候三台沒有其他娛樂，東北大學學生唯一可做的一件事，就是晚飯後，到縣城狹窄的街道上壓馬路。偶爾有男同學邀得女同學併肩而行，立刻成爲天大的新聞。本省同學衣服穿着比較華麗，而且出手闊綽，和女同學壓馬路之餘，還可以請她到小館吃一碗豬肝麵，而外省同學則攢錢攢上一個月也不見得能請得起，所以，外省同學紛紛大敗。不過也有一些東北籍的女生，寧願跟同族群的同鄉男生搞在一起。

戀愛事件都很平常，沒有造成特別風浪，只有一件事，發生在我入學的次年。一對平常形影不離、幾乎已被肯定成爲夫婦的一對畢業班同學，那一年發生變化。因爲他們高一班，我入學的時間又太短，並不知道內情。直到事情發生的時候，我被一個同學叫住，用驚恐的聲音吩咐說：

「快去車站，找到張素娥，告訴她韋眞翰自殺了，要她無論如何回來。」

我向南門外跑去，看到張素娥正提着行李在那裡等車。我把話告訴她，認爲她一定會跟着我回校。出乎意料之外的是，她並沒有，最初一臉驚愕，接着變成不耐煩的神色，說：

「車子馬上就到了，這班車不走，今天就再沒有到成都的班車了。」

這回答大出我意外，我有點冒火，幾乎要把她拖回來，但仍勉強忍住，大聲說：

「你們是情人啊！」

張素娥猶豫了一下，把行李交給我，隨我走回學校，一路上，沒有說一句話，我把她送到韋眞翰的寢室，裡面擠滿了人。有人開始歡呼，安慰病人說：

「你發什麼傻，張素娥不是回來了嗎？你們自己面對面談談吧！」

大家陸續散去，我看到張素娥進入宿舍，用手把門關上。我也回到宿舍，覺得自己是個俠義之士，做對了一件事。

可是，到了第二天中午吃飯時，聽到消息，張素娥和韋眞翰過了一個晚上之後，第二天仍悄悄的走了，一些男生開始咒罵那個女生是賤貨、不要臉。我最初也跟着咒罵，可是我覺得很不對勁，忽然想起來，張素娥這樣做定有她的原因，男女兩人發生肉體關係並不等於跟對方寫下了保證書，她爲什麼不能離開他？只要她想離開，她就有權離開。女人和男人睡一覺，就等於是簽下賣身契，萬世不能翻身，這是古老的男人壓制女人的手段，在二十世紀大學生腦筋裡居然存在，使我大爲驚惶。可是當有一天，我在飯桌上提出這個看法的時候，大家攻擊我是個異端，傷風敗俗。但我發現我的思想，從文化到政治，在不斷蛻變。

這種備受攻擊的情形，使我想起中央大學的買樞運。那年暑假，我和三、四個四川籍的應考生，擠在一個破敎室裡，買樞運告訴我，那三、四個應考生是他的家教學生，對他十分厚待，每天都給他買兩瓶牛奶和兩塊麵包，買樞運也用心的敎。三、四位應考生十分感動，發誓說，即令他們考不取，也要繼續供應老師牛奶和麵包，直到老師畢業。我聽了後，忍不住譏笑說：

「做你的春夢！」

「爲什麼？」買樞運說。

「這話連孩子都騙不了，」我說，「不過是目前有求於你，一時甜言蜜語。你跟他們非親非故，不要說他們考不取大學，即令考取大學，也不會再理你。」

賈樞運臉色大變。

「你眞笨！」我繼續說，「竟看不出只是利用你！」

賈樞運的眼睛射出一種洞燭其奸的光芒，鄙夷地說：

「郭定生，你到社會上做了幾年事，什麼都沒有學會，只學會了老奸巨猾。你知道他們待人是多麼樣的眞誠，怎麼用小人之心度君子之腹。」

看了賈樞運認眞的態度，我感覺慚愧，我只是就人之常情來判斷，對那幾個應考生並沒有特別的惡意。相形之下，賈樞運像個天使（事實上，他眞是一個善良正直的好友），而我却像一個瘟三。賈樞運那種鄙夷的眼光，像火焰一樣的燒得我在教室裡住不下去，只好搬到另外一個教室。不過，不久，還沒有等到發榜，就在聯考結束的第二天，那幾個應考生就不見了，牛奶、麵包也不見了。賈樞運找到我嘆氣說：

「你怎麼知道的？」

「我並不知道，我只是有那種感覺。」

多少年來，「感覺」常使我洞燭機先，但也常使我備受傷害。

對我來說，讀政治系簡直是易如反掌，什麼國際公法、國際私法，以及那些當時已記不清楚的功課，對我都不是問題，只需要考試前兩天，買包四川特產的油米子花生（那是世界上最好吃的花生），請一位書呆子同學，做一次重點複習，就完全解決了。其實回想起來，當時的考試確是猶如兒戲。像三民主義這門功課，我從來沒有上過，而上過課的同學，爲數實在不多，老師也樂得你愛上不上，他說：

「十個人上課，我給十個人講；五個人上課，我給五個人講；一個人上課，我給一個人講；沒有人上課，我給錢講。」

考試的時候，有些和教務長比較親近的同學，曾幽默的提出建議：

「三民主義用不着考，學校可以請三民主義老師和其他兩位老師站在台上，叫學生魚貫而入，指認誰是三民主義老師，如果指對了，三民主義就算及格。」

教務長罵他們胡說八道，把他們趕走。

當時日本敗相已逐漸顯露，同學們看報的風氣十分濃厚（雖然常是昨天的報），閱報室常擠得水洩不通，太平洋戰爭打得天翻地覆，但我記憶最深的一場戰爭，是由於一個有趣的報導。當日本大本營宣佈把美國第七艦隊摧毀，已全部沉入海底時，美國太平洋海軍司令部發表一份公報，證實日本大本營公報的眞實性，但却加一句說：

「美國已將第七艦隊撈起，以每小時四十海浬的速度，向日本海岸敗退。」

義大利和德國的無條件投降，是天大震盪。希特勒先生在戰爭開始的時候，向德國人保證說，一九一四年永不會再現（這一年德國向英美投降，第一次世界大戰結束）。而現在，希特勒和他的情婦躲在防空洞裡，一方面自己結婚上床，一方面聲嘶力竭呼籲德國人民爲他戰死。喧騰國際十二年之久的希特勒的感性誓言：他一輩子都不結婚，因爲他愛德國，已和德國結婚，現在却硬生生的跟一個活女人海誓山盟，這一些對我而言，都是嚴肅的教育：相信政治人物的承諾和誓言的人，不是轉用它欺騙別人，就是已成爲無可救藥的白癡。墨索里尼先生是蔣中正先生的老友，他的能力有限，作惡也不多，他最大的錯誤是站錯了邊，西班牙元首佛朗哥先生就比他高明，墨索里尼的下場最爲悲慘。他和他的情婦被游擊隊生擒活捉，槍斃後，頭上脚下地吊起來示眾。據說：全世界只有英國首相邱吉爾佩服墨索里尼。墨索里尼在被德軍救出，第二次掌權後，處決了叛變他的女婿，以致和女兒反目。而邱吉爾對他的女婿，却無可奈何。有一次，女婿拍邱吉爾的馬屁說：

「墨索里尼不過是一個混混，無膽無識。」

邱吉爾反駁說：

「不然，我不如他。」

當女婿的大爲驚訝。邱吉爾說：

「至少他槍斃了他的女婿。」

德國和義大利投降，軸心國只剩下日本，任何一個人，包括東北大學門口賣紙煙的那位不友善的伙計（他從不肯賒煙給我），都知道日本已窮途末路，問題是能不能再戰，全世界說了都沒有用，日本大本營說了才有用，而日本大本營竟宣佈說：

「日本還要再戰，直到帝國人民全部戰死，三島化爲一片焦土。」

耍狠的話是嚇不住人的，大家有一種懷疑，不知道日本人怎麼收拾攤子？這時候國防部開始在各大專院校招募遠征軍。盟國有個計畫，要從印度出發，向東方反攻，穿過緬甸、泰國，直到越南，中國遠征軍就負擔這個任務。種種優待的條件，使正在學校讀書的學生非常動心，主要的是可以到印度去玩一下，這一點已經夠了。當時報上就曾經嘲笑說，如果遠征軍從埃及出發，報名的會更多。

很多人勸我從軍，很明顯的，從軍就等於畢業。可是我沒有任何時候比現在的意志更爲堅定，打死我，我也不會離開好不容易才擠進來的大學，我一定要貨眞價實的讀到畢業，而大學畢業是我一生奮鬥的唯一目標。

可是，當我剛升上四年級的那個暑假，時局發生巨變。

一九四五年八月十日，天氣晴朗，學校正放暑假，校園顯得清靜寂寞。刺耳的蟬聲把人聒噪得發呆，街上幾乎沒有什麼行人，同學們除了睡覺，還是睡覺。睡覺後鬼混一陣（青年時代好像有用不完的光陰），晚飯時候，懶洋洋去餐廳，重複一次「見飯愁」，接着就半飢半餓到街上壓馬路，有幾個零錢的同學，甚至還到茶館泡茶，或者到茶館後院打麻將。可是，那天傍晚時分，氣氛有點異樣。大概六、七點鐘左右，由縣政府收音室（全城大概只有縣政府有個收音機，據我所知，東北大學師生，從來沒有想到買一架，因爲那貴得可怕）收聽、抄寫、油印，並分送有關機關的新聞簡報，只有十六開那麼大的一小張，這時候，在東北大學走廊的佈告欄上出現，第一條消息是這樣的：

「美國投下原子彈，日本宣佈投降。」

先看到的同學，像瘋子一樣，跑到街上，招呼大家快回去慶祝，全校一片歡騰。日本投降，簡直不可思議，比今天——二十世紀九〇年代，忽然聽到美國向古巴投降，還不可思議，理由很簡單，那是不可能的。日本的崛起和傲慢，武力的顯赫，加上他們一再宣稱全國戰死，簡直不能想像竟然也會屈服，尤其向包括中國在內的同盟國屈服，這眞是歷史上最震撼的一頁。同學紛紛議論的是：如何遷校和如何返鄉？東北大學原址在瀋陽，當然是遷回瀋陽，同學不管是哪一省人，當然全隨學校遷往瀋陽上課。瀋陽和三台直線距離二千二百公里，就在這個時候，滿洲帝國依然存在，這對封閉在內陸已久的青年學生來說，更是最大的刺激。

天已入夜，大喜若狂的同學們，在東大唯一的廣場，燃起營火，找了很多木柴，甚至學校的破板凳、破桌子，都投擲進去。熊熊火舌舐向天際，舌影忽亮忽暗的掠過每位同學的面頰，看得出內心的喜悅，那是一百年之久所盼望的喜悅。可是，大家却像埃及金字塔修築法老王墳墓的一群被割掉了舌頭的奴隸，只呆呆的站在那裡，沒有語言，沒有聲音，圍着營火，像一大堆參差不齊、剛出土的兵馬俑和木乃伊。這景象敲打我的大腦，想到德國投降時，美國人和英國人的高歌狂舞，我心裡懷疑起來，這些大學生爲什麼沒有一個人高歌？爲什麼沒有一個人跳舞？我幾乎是立刻就找到答案：我們是一個沒有歌聲的民族、沒有舞蹈的民族。傳統文化眞是一個大醬缸，不要說不識字的小民，即令是高級知識份子的大學生，一個個也都被醬成乾屎橛、醬蘿蔔。反傳統文化的思想，被這次營火啓蒙。

什麼是原子彈？一顆原子彈竟然能使一個龐大強悍的帝國投降，它一定可怕得不可想像。但它是怎麼製成的？沒有一個同學追問，在以後的日子裡，也沒有一個教授向我們解釋。而日本雖然戰敗，但他們在原子彈投下後，立刻就知道它是原子彈，我心中有一種感慨：日本仍是一個一流的強國。如果投在中國，恐怕三年之後，也不知道我們遇到了什麼。

22 城門突然關閉

日本投降，結束了日本和中國一百年來的恩怨，日本吐出來她從中國奪取的東北四省和台灣島。日本人在東北所創造的滿洲帝國，樹倒猢猻散，也結束了十四年來所扮演的尷尬角色。我始終不認爲滿洲帝國是分裂國土，因爲東北本是滿洲人的原鄉，滿洲人打進山海關，統治中國三百年，作威作福，結局雖然不是最悲慘的，却是最悲涼的，那就是滿洲人全被中華人吞沒。在他們原鄉所建立的滿洲帝國內，滿洲人爲數雖不多（絕大多數的滿洲人都到中國本土稱王稱侯享福），但不能否認那仍是他們的故土。

日本投降，對中國而言，却是比投下原子彈還要可怕，那就是：中國立刻陷入酷烈內戰，中國人陷入哭天不應、叫地不靈的慘境。一個國家，對外戰爭勝利後，總會有一段和平日子，人民藉此稍稍喘一口氣。然而，彷彿受了什麼詛咒的中國人，却恰恰相反。在日本投降、全國歡騰的聲音下，八年前向國民黨政府投降、被收編爲八路軍（稍後改爲十八集團軍，總司令仍是朱德）的共產黨紅軍，這時奉中國共產黨中央委員會的命令，改稱爲人民解放軍。一方面要求日軍向人民解放軍投降，一方面和國民黨政府公開決裂，擴充她的佔領區，破壞政府剛從日軍接收到手的鐵路、公路。

國民黨是當時中華民國的執政黨，大權在最高領袖蔣中正先生之手，名義上，國民政府主席林森先生是國家元首。可是，蔣中正却是一位反體制的先鋒，他一方面創造法律，一方面也破壞法律。當國家元首是林森時，他另行創造一個中央——軍事委員會，自任委員長，也就是全國最高領袖。全國各地的省政府和戰區長官司令部之外，他另行在各重要城市設立「行營」，成爲中央與省之間的二級機構。後來，一九四三年，林森過世，由誰來繼任國民政府主席？成爲國人關心的焦點。而就在那個時候，國民黨修正國民政府組織法，過去的主席是沒有軍權的，修正後則主席成爲軍事最高統帥，大家立刻知道，蔣中正要自己出馬當國民政府主席，不再抬別人的轎子了。果然，第三天，他就被「任命」爲國民政府主席，而他也下令把各地的委員長行營，改爲主席行轅。這一連串的小動作，說明他已躊躇滿志，對眼前的功業，開始沾沾自喜，我對他崇拜的熱情，逐漸降溫。

日本投降後，我還有一年才能畢業，一年後，一九四六年，總算是平安的讀完了大學，畢業典禮剛舉行罷，我就飛奔到照相館拍了方帽子照片，心裡暗暗慶幸，雖然我用的是旁門左道的方法，但上天仍然垂憐，讓我完成學業。那時候，幾乎每天都有相關的學生社團，到小館作畢業歡送的宴會。那是一個熱鬧的季節，也是我興高采烈的季節，大學畢業，多麼榮耀，連上帝也不能改變這個事實，我充滿了自信，趾高氣揚，但也使我暴露了性格上頑劣的缺點：我從不喝酒，任何情況下都不喝酒。一次復一次的同學歡送會上，傳統的敬酒方式，和我的性格發生衝突。傳統敬酒，一向不管別人死活，只知道用各式各樣的手段，威迫利誘，甚至哀求，目的只要對方喝酒，而且聲稱：

「你如果把我當成朋友的話，請喝下這杯！」

我從小就不接受這種敬酒，尤其是對「你不喝下這杯，我們交情一筆勾銷」的威脅，有強烈的反感。因爲我對酒過敏，一點點酒就會渾身發出紅疹，痛苦不堪。敬酒的目的是表達自己的友情，使朋友高興，而不是表達自己的霸氣，使朋友痛苦。所以，有幾次爲了拒絕喝酒，掀翻桌子，不歡而散。後來檢討，我拒絕的不僅是酒，而是那種氣氛和那種心態。粗脖子、紅眼睛的，那種把自己的快樂建築在別人痛苦上的敬酒，那是一種蛇飲。

東北大學畢業典禮是那一天舉行的，已經不記得，反正是舉行了，地點在大禮堂。我和那一屆的畢業同學坐在前排，由校長臧啓芳先生致詞。臧校長神采飛揚的在台上宣佈說：

「我們終於勝利了，八年抗戰是國民黨打的，全世界人都知道，共產黨再也無話可說，再沒有辦法號召人民反抗政府。」

這段話引起了雷動的歡聲，師生們都深具這樣的信心，因爲這是事實。可是，大家不久就發現，樂觀不過是一場空歡喜。在空歡喜消失前，我面對着畢業後的出路，十分彷徨，有很多要好的東北籍同學，都勸我隨着學校前往東北，另創江山，我怦然心動。那時候的教務長是許逢熙先生，他是河南人，站在同鄉的立場，勸我回河南發展，而不贊成前往東北。許逢熙說：

「一個外省籍的青年，跑到萬里外的東北，連個倚靠都沒有，你能做什麼？」

但我有我的想法，那時，我們幾個志同道合的同學在學校組織了一個「祖國學社」，是一個專門和左傾同學對抗的學生組織。我們都擁護比我低一班、叫楊德鈞的同學，當我們的「大哥」。楊大哥是三民主義青年團東北大學分團的幹事，一批青年，包括我在內，每天圍繞着他，出壁報、開筆戰。有時候左傾同學把祖國學社的壁報半夜裡砸毀，祖國學社的同學也用同樣的手段，半夜裡把他們的壁報撕爛。祖國學社擁有五、六十個同學之多，自以爲形成一種力量，到東北去，那個地方跟祖國隔離了十四年，可以大有發展。而許教務長所提到東北沒有倚靠的顧慮，我從沒有考慮過，認爲那反而是一種挑戰。

我先到重慶，和崔秀英見面，秀英在我去了三台後不到一年，就是「十萬青年十萬軍」最熱鬧的時候，生下一個女兒——乳名毛毛，是一個可愛的小女孩。我主張一起到東北，秀英堅持要先回她的河南息縣老家。她只有一個寡母，還有一個弟弟，必須先回去一趟。我改變主意，希望先送她回家，再回輝縣看我那倉促離開的結髮妻子艾紹荷（當然，我對崔秀英瞞着這段婚姻），然後再下決定。可是，由重慶回河南南部，有千里之遙，一個剛畢業的大學生和一個帶着小孩的小職員，收入只能餬口，無法負擔這項旅費。這時候，杜文澄伸出援手，他是我甘肅學院的同學，非常風趣，有見識，又有能力，寫得一手好字。他那時在公路局調度課做事，負責車輛管制，於是安排一輛司機也是河南息縣人、而正好前往寶雞的公務運輸車，把我們當作黃牛，免費載到寶雞。我們再改換隴海、平漢兩條鐵路到信陽下車，僱架子車轉到息縣。秀英母女見面的場面使人動容，那種難分難離，使我感到親情的溫暖，加上當地有一個中學的校長前來探望，順便約我在他們學校教書。這時，我幾乎癱瘓了，想一想，就在那裡教書也好，猶豫之間把原定休息一個禮拜後、即行出發的計畫一延再延。

再想不到，事情發生突變，一天早上，還沒有起床，彷彿聽到從城外傳來的槍聲。謠言說，大別山的人民解放軍已經進入縣境，城裡開始緊張，城門站上了武裝崗哨。我非常懊惱，翻身跳起來，敎秀英火速收拾東西，我急急去西關探聽消息，並看能不能僱到架子車，準備立刻出發。順着人潮，一直走到西關，除了人們臉色有點不安外，一切都很正常，我在市場好不容易僱到一輛願到信陽的架子車，即行回城。走到城下，城門已經關閉，我敲門呼叫，城門上的守衛大聲警告快點離開，人民解放軍就要攻城。那個架子車伕看到情形不對，掉頭走掉。我開始驚慌，聽到郊外的疏落槍聲開始接近，這是共產黨夜戰的序幕，西關街上的店鋪開始關門。我想到，我操的是外地口音，就更加驚慌。於是，順着馬路向西信步走去，希望找一個路旁的小廟，暫時躲在那裡，等候開城。不久，我發現有人向城門那裡前進，從衣服上看出那是人民解放軍，我本能的向田野跑去，儘量離開馬路，在田埂那裡躺下，眼看到人民解放軍越來越多，心結成一團。

夜色剛剛來臨，槍聲像鞭炮一樣的密集，城裡守軍反擊，我將近一天沒有吃一口飯，飢餓、驚慌、恐懼。我起身順着馬路向西走去，一夜的行程使我筋疲力盡。第二天早上，在路邊飯舖裡吃了早飯，聽說人民解放軍已經攻陷息縣，鬥爭也同時開始。我強作鎮靜，一直到了信陽，精神恍惚，是留在信陽等候息縣消息呢？還是北上回輝縣呢？還是南下去南京，再轉往東北呢？無法決定。就在信陽客棧門口，我遇到了原籍信陽的戰幹團一位同學鮑克勳，他有事要去南京，我把心一橫，決定去南京。

南京是個以六朝繁華聞名於世的金陵古城，一連六個王朝充當首都，更因抗戰初期受日本人滅種性的大屠殺，成為一個悲情城市。日本人因為人口太少，竟然想用屠殺的手段滅絕中國人，太違人道。不過，我認為日軍在中國的種種暴行，只是戰爭使人類體內潛伏的獸性爆發的結果；如果中國軍隊攻進東京，我不相信會比日本軍隊好到那裡。使人大惑不解的是，德國已為納粹的暴行向世人道歉，世人尊敬日耳曼民族是一個光明磊落、高品質的民族。日本却始終拒絕承認他們曾經侵略，一味玩一些只有小小孩才玩的花樣，把「侵略中國」改為「進出中國」……，眞使人作嘔。如果能選擇敵人的話，我們也不屑選擇這樣窩囊的敵人，我們盼望的敵人是勝得漂亮、敗得漂亮。

鮑克勳到國防部預備幹部局辦事，我摸索到三民主義青年團中央團部，那時候剛開過團員代表大會，很多東北籍的代表，在一個空曠的辦公室席地而臥。我也在那裡打了一個地舖，和一些東北大學的老友，以及「青幹班」的老友紛紛會面。大局仍然渾沌，得不到息縣消息，黃河以北的人民解放軍，已把新鄉、輝縣重重包圍。每一想起秀英正盼夫歸來，臨走時毛毛還拍着身邊的小凳，叫：「爸，坐坐！」而更遠的結髮妻子紹荷，又是如何度日。如能在南京留下該多好，可是我雖已大學畢業，仍無法在中央團部謀一席之地，走投無路，乃決定仍照原定計劃前去東北，等待時局平靜。

啓程北上的日子到了，我和幾位同學趕到上海，購買赴天津的船票。上海給我最大的刺激是：那是另外一個國度。所有人講的話，什麼寧波話、上海話以及其他亂七八糟的話，外地人完全不懂，於是，發生了不少火爆場面。一個復旦大學山西籍同學，在虹口上巴士時，向售票的上海佬大吼說：

「阿拉、阿拉，你再阿拉，老子揍你！」

仗着他是大後方來的那種餘威，上海佬嚇得臉色鐵青，趕忙道歉說：

「阿拉以後不再阿拉。」

買船票時，需要塡一份表，一個非常慈祥的老太太走近我，喚一聲：

「阿哥，……」

「阿哥」以後所有的話，我全聽不懂，尷尬的接過老太太遞過來的登記表，問老太太的姓名，老太太當然也不知道該怎麼回答，終於另找其他年輕人。我最大的感想是，一個國家爲什麼不能有一個共同使用的語言？政府官員每天都好像十分忙碌，難道對他的國民不能互相溝通，毫無感覺？語言不同，是政治紛爭的主要一個原因。

上海除了「阿拉」使人感覺是另一個國度外，其他使我悚然心驚的是，那裡的人山人海，好像全國人都集中在黃埔灘幾條馬路上。

輪船從上海啓航，一出吳淞口，我便暈船，暈船的痛苦使我視坐船爲畏途。幸好上帝知道我害怕坐船，所以在二十世紀稍後，教飛機取代輪船，否則的話，我就只能沿海走走，什麼地方都去不成了。

最後，到了天津，轉北寧鐵路到瀋陽，住進位於瀋陽市北郊的東北大學。

和三台的東北大學相比，瀋陽的東北大學雄偉壯麗得像一個獨立王國，僅工學院，就擁有一個修理火車頭的龐大工廠，如果要繞東北大學一圈，步行的話，恐怕要六、七個小時。

23 永遠開除學籍

東北大學是我千辛萬苦求學的終點，我到瀋陽時，已是初冬，北國寒冽的冷風，跟四川迥然不同，何況我又交回了學生公社借給的棉大衣。好在，那時候有救濟總署的國際救助物資，那是來自西方文明國家民間捐贈的禦寒衣服。我隨着還沒有畢業的同學，被帶到倉庫，挑了一件勉強合身的毛製品大衣，和一個八角帽，這是我到東北來第一件冬裝。

我自從大學畢業就沒有收入，靠過去節儉下來的一點儲蓄（其實我到後來已加倍浪費，一天要買兩支煙，而且升了一級，不但不吸土製的司令牌，還吸貨眞價實的美國煙。日本一投降，美軍的剩餘物資大量流向中國，十分便宜，司令牌完全被市場掃地出門。後來到了南京，第一次吃到巧克力糖，發現簡直是世界上第一美味，可惜價錢太貴，我發誓當有一天我有錢買上整整一盒時，一定把它一口氣吃光）。

可是，到了瀋陽後，面對自己身無一文的「闖關東」的抱負，忽然茫然，不知道怎麼闖法。一位同班同學被學校延聘爲助教，那種感激歡喜的表情，眞叫我驚訝。有人也建議我到中學教書，如果教書，又何必跑到幾千里外的東北？可是除了這條路，只有餓死。於是在當初祖國學社負責人楊德鈞、苗景隆、廖衡等人慫恿下，在小西邊門找到一個日本商社的房子，不知道楊德鈞運用什麼關係，就搬了進去，在門口掛上「祖國文化館」的招牌，希望開一家書店。祖國學社的成員滿腔熱血的要愛自己的祖國，來和共產黨熱愛國際的口號對抗，可是這群幼稚的大學生，不久就紛紛游離出去，最後只剩下我和苗景隆。

然而再也想不到並沒有開成書店，我反而一夕之間，成爲一名木材商人，撫順縣東面幾個山頭的樹林，都在我的大名之下。分析起來，稀鬆平常，不過一場官商勾結的把戲而已。本溪煤鐵公司正需要大量坑木，那就是，挖掘煤礦時，一面挖掘，一面用樹幹把坑道支起，免得崩塌。這種坑木材質雖不好，需要量却非常龐大。當地木材商人和新來的接收官僚，既對不上話，也搭不上線，於是，有人找到我。我有一位老師，當瀋陽師範專科學校校長，他有一位朋友在本溪煤鐵公司當副總經理，就這樣的我去向那位副總經理推銷。一分鐘前，我還不知道什麼叫坑木，一分鐘後，我却成了一名坑木商，講得頭頭是道。那正是一個非常恰當的時機，副總經理正爲坑木大爲煩惱，很多商人向他們推銷時，滿口承當並找有鋪保，答應限期內把坑木送到本溪車站，可是結果全都一去無蹤。有些當然是存心欺騙，但也有一些貨眞價實的木材商人，千辛萬苦從山頭把樹木砍下，運到火車站時，却被國軍搶劫一空，拿去劈柴取暖。所以當我向他保證一定可以運到的時候，副總經理相信老同學的學生，同意這筆買賣。大概經過一個月的往返折騰，我取得了十兩黃金的佣金。

十兩黃金的佣金是當初木材商指天發誓所承諾的數目，可是到眞正拿到支票的時候，木材商的面孔開始不一樣了。最初是先給我二兩，剩下的八兩作爲投資，最後則出言恐嚇說：「我告訴你，你是一個外省人，我們把你扔到野地裡，叫狼吃掉，你家裡十年都找不到你的下落。」

這是我平生第一次商業行爲所遇到的挫折，使我看到翻臉的迅速及徹底的鏡頭，大爲震駭。我故作鎭靜的告訴那些商人：

「我如果二十分鐘後不走出中蘇聯誼社（這是當時的五星級飯店，木材商的寫字間設在那裡），我的同學就會報警，指出你們的名字。我不怕死，我如果怕死，不來東北，而且你們今天如果不立刻付款，我馬上就打電話到本溪，報告公司你們這個騙局。」

這樣才把他們鎭住。實際上我從沒有想到好朋友爲錢會生出那麼惡毒的念頭、說出那麼惡毒的話，根本沒有心理準備。他們只好開出支票，我不准他們劃線，立刻到銀行提出現款，第二天換成十兩黃金，全數交給廖衡保管。十兩，在那個時代，窮困學生眼中，是一個天文數字，我們就用它來維持祖國文化館的開支。

可是，好景不長，一個晴天霹靂又打到我頭上，再也想不到，假證件的事又東窗事發，這是一九四七年的事。那年暑假，東北大學剛剛開學，聽到風聲說：我被教育部永遠開除學籍。

一位叫呂文達的好友從北陵坐馬車趕到小西邊門，告訴我這個惡耗。

「怎麼回事？」我驚駭的問。

原來，日本投降害死了人。學校把畢業生的證件送到教育部，教育部查對南京中央大學檔案，發現根本沒有郭衣洞這個學生，明顯不過的是僞造文書，於是下令開除學籍。不但開除東北大學的學籍，還通令全國院校，宣佈我的罪狀，任何院校不得收容。這個置人於死地的通令，只有獸性發作的人才想得出來。我怔怔的仰頭望天，這一生爲了上大學所付出的眼淚，現在全成泡沫。我僞造證件固然觸法，但何至趕盡殺絕，不留一條生路。僥倖的是，我總算沒有留在學校當助教，也沒有到其他中學當老師。

不過，不久之後，我却糊里糊塗的當上大學教授。東北籍教育家徐延年先生在瀋陽成立私立遼東文法學院，大概看我是重慶來的外省人，在社會上又相當活躍，於是請我當政治系副教授。這個正在向教育部申請立案的草創學府，還沒有趕得上看到教育部開除我的文件。稍後，我遇到「青幹班」同學徐天祥，徐天祥又把我介紹到設於北大營的陸軍軍官學校第三分校，跟他一起當少校政治教官，每月有主食和薪俸，生活得以維持。而且，情況開始好轉，徐天祥取得一個軍中將領的支持，答應每月給我們一個連的補給品，要我們辦一家日報，這一連三件事，都是救命船，因爲那巨額的十兩黃金，在我們不諳撙節的花費下，很快就被消耗得差不多了。

——四十五年後，我在台北接到一本《遼東文法學院師生小傳》，在世的師生，仍有二百餘名，卷中還刊出我的小傳，並記載說：「一九八八年十月二十九日下午三時許，中國文聯組聯部主任、中國書法家協會領導小組負責人佟書，代表我們同學在北京飯店房間，拜望了闊別了四十年的老師——台灣著名作家柏楊，和他的夫人台灣著名詩人張香華女士，互相寒暄之後，柏楊老師請佟書轉達他對同學們的問候，並表示下次回大陸探親，定要看望大家，同時還詢問了徐院長安西、匡扶教授和幾位同學。此時，佟書將他書寫的條幅〈遙寄台灣柏楊先生〉（徐竹影作詩）：『隔海憑欄無限情，元宵佳節憶先生。盃中一兩相思月，飲到三更映到明。』贈給柏楊老師。先生極爲高興，連說：『字寫得好，詩也作得好。』表示回到台北，一定掛在客廳正中壁上，以示留念。」想不到一個輕輕腳印，竟留給我如此深遠的溫馨。有意栽花花不發，無心插柳柳成蔭，人生，大概就是這樣。

我在瀋陽市中華路找到一棟房子，掛起《大東日報》招牌，買了一部印刷機，搬出祖國文化館，和徐天祥以及另外一位從遼陽逃出來的警察界朋友孫建章，共同住進報社，開始籌備出報，包括向中央政府申請登記。

24 瀋陽陷落

《大東日報》的登記，政府始終沒有批准，國民黨是一個愚笨的黨，它嚴厲的控制報紙的登記，認爲可以箝制新聞自由，所以四〇年代眞正中國人的心聲，反映在當時的雜誌上，而不反映在報紙上。不過，幸而政府沒有批准，如果批准，我們的損失將更慘重。

更大的挫折來自於整個時局的變化，國軍在東北擁有最精銳、最現代化，而且遠征過印度的武裝部隊——新一軍和新六軍，他們從軍服到武器，全是美式裝備。可是，經過兩年內戰，東北剿匪總司令從杜聿明到陳誠，從陳誠到以飯桶聞名於世的衛立煌，甚至身爲國民政府主席的蔣中正，也親自到東北視察。後來，蔣中正被選爲中華民國總統，種種措施和聲勢，都不能挽救東北的危機。四平街一戰之後，以守城受到舉世尊敬的陳守明將軍，突然被中央撤職，軍法審判。大家已經發現，以蔣中正爲首的國民政府，已公然向民心宣戰。局勢遂像從山頂滾下來的墜石一樣，不可收拾，各大城市紛紛淪入共產黨之手。最後，偌大的東北只剩下一個瀋陽和一個錦州。瀋陽街頭的人數一天比一天減少，不但高官富商紛紛逃亡，連貧苦的小市民也紛紛搭飛機遠走北京。

貧苦小民搭飛機逃難，寫下了中國社會史上最重要的一頁。設在北京的華北剿匪總司令部僱用民航公司的飛機，把大量軍糧和武器運往東北，飛機回程時，艙位全空，瀋陽有些單位就利用這個空艙，疏散他們的員工，當員工疏散得差不多後，空艙依舊。有些人就利用機會，包下空艙，向民間出售機票，從中賺取佣金。

不管誰申請買票，都要東北剿匪總司令部批准，以堂堂的剿總之尊，竟去處理小民的機票，荒謬得不但使人失笑，也使人震驚。報紙上也有人作溫和的攻擊，認爲「剿總」應該掌握大局，不該過問雞毛蒜皮小事。「剿總」反應十分激烈，叱責他們是匪諜的言論，企圖掩護匪諜逃往北京，之後就再也沒有批評的聲音了。這小故事隱藏着一個大的意義，事實上，「剿總」官員，沒有任何大事可做，批准機票就是他們唯一能做的大事。整個軍事行動——戰略的、戰術的、後勤的，以及陸海空軍聯合作戰計畫，剿總都不經手，而由蔣中正在遙遠的南京決定，甚至一個團的出擊或撤退，都由他直接指揮。「直接指揮」應該是國軍在這場大規模內戰中主要失敗的原因之一。歷史上處處可以看到直接指揮的悲慘結局，只是，所有自命不凡的頭目，總是喜歡直接指揮，因爲，只有直接指揮才可以顯示自己的權威和英明，十分過癮。

東北的末日終於來到，一九四八年十一月一日，上午，我冒冒然去北大營第三軍官訓練班，探聽能不能領到薪俸，發現北大營全然一空，官兵們已全部撤退到瀋陽市區。息縣那次被隔絕在城外的鏡頭，重現眼前，我大爲恐慌，急行折返瀋陽，發現國軍押解了約有一兩百人的解放軍俘虜，進城囚禁，那些俘虜竟高興得好像排隊去看電影，街上有一種詭異的氣氛。回到大東日報社時，廚夫告訴我說，解放軍已經進入市區，住在炮子墳（炮子墳距大東日報只有二十分鐘路程）。這時候，我才看到當天出版的《新報》，四十五年後，仍記得它的頭條標題：

瀋陽城外　共匪不多

我沒有心情看內容，只感覺到這樣的標題，令人啼笑皆非。傍晚時候，街上已經沒有行人，我、徐天祥、孫建章、廖衡，擠在樓上小房間裡，面面相對，說不出一句話。我再一次遇到前途盡毀的悲劇，一生的努力，一夕之間，又化成雲煙。我現在面對的是一個完全不了解的新世界，我是一個失敗者，而我今年已二十八歲了，我們四個人唯一的財產，只剩下那位將軍支援我們的二、三十袋麵粉，又能坐吃幾天？

第二天上午，解放軍大批進城，車隊也魚貫而入，穿着灰色棉軍服的男女青年，坐在卡車上擠成一團，解放軍中有些女孩子（使我想到「青幹班」時一些女同學）還打開胸前的鈕扣，讓懷抱中的嬰兒吃奶，震天的歌聲和笑聲，一輛一輛的在大東日報社前面奔馳而過。我不知所以的面對着他們的歡樂，這幅畫面，深刻的印在腦海。四十年後，回想往事，這些歡樂的林彪部隊的年輕女孩，以後有沒有受到他們自己人的慘酷鬥爭？

我去遼東文法學院打聽消息，一位組長滿面愁容的坐在那裡，告訴我說：

「眞糟糕，我們學校好不容易在僞教育部立案，現在，又要重新申請立案了。」

我一時沒有聽懂。

「僞？哪個僞教育部？」

我以爲指的是滿洲帝國教育部，因爲人們都喜歡在滿洲帝國所有的單位加上一個僞字。

「當然是南京僞教育部！」

這是我看到的第一條變色龍，眞不了解他怎麼會變得這麼快，而臉上一點也沒有難爲情的痕跡，早上還稱中央教育部，中午就自動加上了「僞」。回顧兩年來，東北朋友自動稱「

僞」的那種心情，有深刻的感受，「眞」與「僞」完全跟着政治氣象走，片刻都不遲疑。我悵然若失的回到大東日報，門口已有解放軍的崗哨。他們的規定是，人可以自由出入，不聞不問，但東西只可以帶進，不可以帶出。這是我和共產黨第一次接觸——掃地出門。

事實明顯，我們即令想苟延殘喘的留在瀋陽，也不可能。第一、我們是外省人；第二、我們所擁有的幾十袋洋麵，在掃地出門政策下，實際上已被他們全部呑沒。於是，決定放棄一切（其實這時已沒有「一切」了，只剩下兩肩一口），逃亡北京。

我、徐天祥和孫建章三個人這次逃亡，有一個特別的方式，那就是脫下平民便裝，穿上臨時買來的國軍軍服，唯一不同的是，把軍帽上的青天白日國徽拿掉。前一天晚上，我們聚集到遼東文法學院辦公室，第二天凌晨，就以國軍打扮，雄糾糾、氣昂昂的，走向瀋陽火車站，想買一段南下的車票，能買到那裡就買到那裡。我們所以改穿軍服，因爲那正是共產黨所實行的寬大政策和既往不究時代、統戰心戰的顚峰。凡是國軍，只要手中不拿武器，都可以大大方方的「還鄉生產」。我們恰好抓住這個機會，如果再遲幾天，共產黨政策一變，那就插翅難飛。四十年後，我和孫建章在台北被調查局逮捕，一個叫李尊賢的調查員問口供問到這裡時，把筆憤然的投在桌子上，發出磔磔的冷笑，大聲叱罵說：

「你們竟然能穿國軍的衣服走出匪區？這就夠了，你們證實你們自己是匪諜。」

當時除了這套軍服外，每人還拿了一張通行路條，至於這三張路條是那裡來的？已無法記憶。好像一張是孫建章用肥皂刻了一個圖章，另兩張是解放軍發的貨眞價實的通行證，我們從別人的手中買來，用去墨水改造的。

走到瀋陽車站後，暗暗的吃驚，偌大的車站，平常一向人山人海，喧聲沸騰，這時竟然靜悄悄的，鴉雀無聲，變成一個古老的廢墟。其實，倒並不是沒有人，仍然有很多人，而且人山人海，全是平常兇暴得不可一世的國軍官兵，現在却是那麼有秩序的魚貫排列在各個售票窗口，有的甚至排到車站外的廣場上，有的像S形轉來轉去。吃驚的是，沒有一個人吵鬧和大聲講話，也沒有一個人插隊，好像一夕之間，都成第一流國民。

徐天祥在一旁說：「共產黨眞行！」

我回答說：「不，這是恐怖下的產物，中國人沒有管束自己的能力。」抗戰末期，政治腐敗到極點，軍事是政治的延長，軍風紀也完全蕩然，國軍和土匪海盜，沒有分別，不要說從來不排隊，甚至從來不買票。一旦巢穴傾覆，只好排隊買票，而且還排得這麼規矩，只不過失去靠山，膽都碎了。

售票窗口打開，才發現南下的火車只能買到皇姑屯，而皇姑屯距瀋陽只有一站。我們到了皇姑屯，安靜的出站，站外擠滿了農家用的馬車，這正是鄉下人農閒賺外快的時候。我們僱了其中的一輛，南下山海關。這是一趟奇異經驗的旅途，入夜之後，馬路兩旁湧出大批全副武裝的人民解放軍，緊夾着馬車進發。這批解放軍是林彪的第四野戰軍，南下攻擊北京，人民解放軍軍風的嚴明，使我們咋舌。在黑暗中，那些徹底執行軍令的戰士，常常高聲發問：

「你們是那個部隊的？怎麼有車可坐？」

我總是回答：

「我們是國軍。」

當對方一時聽不懂，或弄不清楚什麼是國軍時，我就作一個總結說：

「我們是蔣匪！」

那些純樸的戰士們就一言不發，從沒有一個人刁難。馬車伕有時還吆喝他們：

「讓路，讓路！」

他們每次也都踉踉蹌蹌的讓路，見慣了國民政府軍隊的凶惡，我從內心對解放軍生出敬意，這豈不是古書上所說的：

「婦孺與王者之師爭道！」

解放軍的行動跟傳統的行軍方式，恰好相反。他們於夜間上路，天亮時進入村落，分住民家，早飯後，門口從來不站崗哨，一個村落裡，雖然駐紮了大軍，但是外表一點也看不出來。他們的崗哨都站在屋頂上，居高臨下，一覽無遺。除了解放軍，還有成群結隊，沒有錢僱車的國軍殘兵敗將，他們帶着乾糧，低着頭，有時混在第四野戰軍的行列中，一步一步南下，跟解放軍的方向雖然一樣，却擁有兩樣心情。

就在山海關附近，我看到一個國軍軍官，斷了一條腿，鮮血一滴一滴的滴在路上，他雙肩架着支架，一步一跌，跌下後再艱難的自己爬起，然後再一步一跌。他是湖南人，他說他要回家，家裡還有母親、妻子，還有弟弟。他在新六軍當少尉，眼睛大大的，十分清澈。我送給他一塊大頭，他收下來說，他將來定要回報。

多少多少年後，海峽兩岸開放，來台的很多大陸軍民重回家園，這位軍官下落不知如何，恐怕已成春閨夢裡的人！

25 北京陷落

我和徐天祥、孫建章三個人（廖衡回他的故鄉哈爾濱探親，稍後也輾轉來到台灣），終於穿過山海關，到仍在國軍控制下的唐山，再坐火車轉往北京。這是一個悲涼的下場，我們住在一個朋友介紹的小公寓裡，眼睛望着天花板，口袋裡空空如洗，肚子開始飢餓。孫建章去投奔在十六軍當連長的朋友，我和徐天祥忽然想到，我們以第三軍官訓練班教官的身份，可以投奔設在北京旃壇寺的陸軍軍官學校第一軍官訓練班。於是去了，一個上校組長一看見我們的狼狽裝束，就拉下臉來，用拳頭敲着桌子說：

「你們爲什麼不抵抗？」

我們呆在那裡，不敢坐下。

「你們爲什麼不抵抗？」

徐天祥已經氣結，我結結巴巴說：

「我們是文職人員，不是帶兵官。」

「你還強辯，革命軍人就是隨時準備犧牲。」

我回答說：

「北京朝不保夕，看你去當革命軍人吧！」

說完之後，拉着徐天祥走出辦公室。

維持尊嚴是要付出代價的，我和徐天祥陷入絕境，只好四處拜訪朋友，東一頓西一餐的維持生活，很快的就瘦得不成人形。

我後來找到一位輝縣小同鄉，在新六軍當少校的常咸六。常咸六不知道害什麼病，雙目突然失明。我和徐天祥經常到他家——口袋胡同二號，他太太總爲我們準備一杯茶，有時也請我們吃碗麵條，可是仍難忍飢餓。

有一次，我和徐天祥在西單馬路上，毫無目的的閒逛，我忽然厲聲說：

「你活該挨餓！」

徐天祥看一下我。

「你活該挨餓，」我憤怒的說，「你受過高等教育，却餵不飽自己的肚子，你餓死都不足惜。」

「你說誰？」徐天祥問。

「我說我。」

我對飢餓和貧窮充滿了憎恨，不能原諒自己的無能。

我忽然遇到那位連孟德爾定律都不知道，却考上西南聯大的百泉初中同學朱光弼。他現在是北京大學四年級學生，這時候，我才知道他在西南聯大讀書時，已變成一個狂熱的共產黨，是北京地下黨的重要人物之一。我就常到北京大學，跟他對床而眠，聽他講些無產階級革命的種種故事。我如果肯洗面革心的話，他答應由地下管道，把我送到城外人民解放軍總部；我說我願意洗面革心，但我不肯到人民解放軍總部。

這時候，政府所轄江山，一半已淪入共產黨之手，全國知識份子的左傾程度，接近宗教狂熱，一個人是不是向共產黨靠攏，成爲檢查他是不是進步人士的唯一標準。可是，共產黨沒有個人自由、唾棄溫情、標榜黨性，全都使我毛骨悚然，我性格上不喜歡拘束，覺得人性尊嚴和溫情扶持，是人類共有的美德，黨性只是英明領袖鞏固自己權力所加到群眾身上的私刑。這感覺使我不甘心屈從，但意識形態上的差異，並不傷害我和朱光弼兩個人的感情。每天早上，他都陪我到豆漿攤吃燒餅油條，往往先讓我坐下，然後他站在旁邊數他口袋裡的錢。有時說：

「只能吃一碗豆漿。」

有時說：

「再加一個燒餅。」

有時遇到財大氣粗的日子，他就大聲叫：

「管飽！」

我這時候就吃一碗豆漿、兩個燒餅、兩個油條。朱光弼很少自己也坐下來吃，他總是先在學校吃飽稀飯，因爲兩個人吃，錢就不夠了。

北京城裡，街上人潮洶湧，擠滿了國軍官兵，也擠滿了象徵那個時代特有的小販，手裡托着一串銀元，在西單徘徊，口中單調的叫着：

「買倆賣倆！」

這是錢販子，從事銀元和當時流通貨幣——金元券的兌換工作，從中賺取差額，利益十分可觀，那時候金元券像瀑布般的下跌。小販在這個巷口，一個袁大頭可以買金元券五億元，走到另一個巷口時，就可以買五億五百萬元，等他再回到原來那個巷口時，一個袁大頭已漲到五億一千萬，到不了晚上，一個袁大頭可能換六億了。但大家仍在絕望中製造希望，甚至有人說，國軍已反攻到廊坊，更有人堅稱他確實聽到炮聲，這是一個垂死掙扎的幻夢，瀋陽淪陷前後，人們也都傳說國軍在營口登陸。

同時盛行的還有卦攤，每人問的問題都一樣——前程。卜卦的答案也千篇一律，只有兩個：一是你就留在北京！北京是福地，自有貴人助你；另一是吉祥在西北，西北有貴人（那時候西北還在傅作義部下董其昌將軍之手）。事後的先見之明，福地遠在東南——大海中的台灣，可是，沒有幾個人知道中國還有一個台灣，就是知道也跟知道太陽系有個月球一樣，遠在天涯，不是人們可以隨便去的地方。

忽然，毫無跡象的，有一天，傍晚時分，華北剿匪總司令部派人在街上發放傳單，要市民於晚上六點鐘，一定回到各人的家，收聽重要消息。大家已經察覺出來，這是一個不祥之兆，可是無法確定它的內容，也不敢相信全國人民所依賴的傅作義將軍會拋棄那麼依賴崇拜他的軍民。很自然的，當夜幕低垂，六點鐘正的時候，我、徐天祥等，都聚集在常咸六狹小的房子裡。就在這時，收音機宣佈：「請聽眾十分鐘後，聽重要廣播。」

不久，收音機再次宣佈，請聽眾五分鐘後聽重要廣播。不久之後，收音機第三次宣佈：請聽眾一分鐘後聽重要廣播。一分鐘後，收音機在萬籟無聲的空氣中，慢慢的說：「華北總部、人民解放軍聯合公報：第一……」沒有人記得詳細內容，僅只「華北總部、人民解放軍聯合公報」這幾個字就說明了一切，傅作義投降，北京陷落。用共產黨的術語說，「北京解放。」

剎那間，在家中聽廣播的人，幾乎傾巢而出，到街上訪親尋友，探聽消息。至於探聽什麼消息？誰也不知道，只是像被搗壞了窩的螞蟻一樣，張皇四竄。

第二天，我到街上，北京已出現另外一種氣象。每一個路口，都有三個哨兵，一個是華北總部戰士（這時已自動拿下「剿匪」字樣），一個是人民解放軍戰士，一個是北京市警察。顯然的，當華北總部向人民保證，化危機爲轉機，只是收回拳頭準備出擊的時候，其實他們已在秘密的出賣他們的部下與忠於他們的人民。

我找到朱光弼，他把我領到剛成立的人民大學門口，要推薦我去讀研究部。

「國民黨會毀了你，你有志難展，」朱光弼說，「共產黨有無窮天地，愛才如命，你要留下來，新國家需要你。」

我支支吾吾，答應一定留下來。

兩天後，人民解放軍堂堂皇皇進入北京，街上擠滿了人群，一半以上是大學生，當然也有小市民，可是他們跟站在兩旁看熱鬧的國軍的殘兵敗將一樣，臉上充滿了疑懼。那絕對不是一個萬人空巷以迎王師的場面，但卻是年輕學生們長久盼望的日子。他們在街頭興奮的奔跑，扭着秧歌，還在旁邊用口琴斯斯文文的伴奏（秧歌是東北農村插秧時的民間簡陋舞蹈，跳起來時，你說它有多醜，它就有多醜，那是一個絕對上不了台面的舞蹈）。可是，共產黨既然提倡它，它就成爲青年們的光環，很多學生乘着還沒有塗掉國徽的國軍十輪大卡車，在街上奔馳高歌。

就在東單，突然間一個國軍少校軍官在馬路上把魚貫而進的車隊攔下，抓住駕駛座右座的兩個大學生，一面哭，一面咒罵：

「你們這些喪盡天良的大學生，政府對你們有什麼不好？當我們在戰地吃雜糧的時候，你們吃什麼？雪白的大米、雪白的麵粉、肥肉。可是，你們整天遊行，反飢餓，反暴政。你們飢餓嗎？八路軍進城那一天起，你們立刻改吃陳年小米，連一塊肉都沒有，你們却不反飢餓，今天還這個樣子的忘恩負義，上天會報應的，不要認爲會放過你們。」

那位少校已經失去理智，一邊哭，一邊罵，一邊毆打，一時間全街都呆住了。最後還是他的同伴把他強制架走，才沒有惹下大禍。

這時候，北京只剩下一家報紙，那就是《世界日報》，它的老闆成舍我（後來他在台北創辦世界新聞學院，保護了不少被蔣家父子迫害走投無路的知識份子）雖然不在北京，但他的這份報紙，却是北京孤舟短暫行程中的一盞明燈。每天，當報紙出來的時候，成群結隊的讀者，圍在貼報欄下，默默讀着沒有經過共產黨審查的新聞——這恐怕是共產黨有史以來，准許新聞自由的幾天。

《世界日報》刊載國軍撤退及反攻的消息，人們才知道另一個比北京爭奪戰還要大的戰場，正在淮河流域展開，那就是有名的淮海大戰。報紙上透露的消息看出，那是國共最後一次生死對決。共產黨所有的野戰軍，包括從東北調來的林彪部隊——四野，都投入戰場，國軍部隊也全是蔣中正的嫡系精銳。北京城裡國軍的那些殘兵敗將竊竊私語的轉告，心裡燃起不應該燃燒起的希望。但我對這份報紙永難忘記的却是，它正在連載張恨水先生的一篇小說〈開門雪尙飄〉，描寫抗戰勝利後，復員回到北京的一對年輕夫婦，丈夫是一個位置低微的小職員，太太漂亮非凡，丈夫的同事和丈夫的高幾級的長官，都向她展開攻勢。有一次，妻子應邀參加舞會，丈夫尾隨着進入警衛森嚴的大院，從大廳窗子向裡偷窺，只見妻子貌如天仙，而那些自己平常見面向他們鞠躬、他們連一聲「哼」都不會回應的高級長官們，現在一個個笑容滿面奉承諂笑的圍繞着自己的妻子，作丈夫的心都凍結了。我還記得小說中，宴會後那天晚上回家，他們夫婦的簡單對話：

「我們不應該那麼早結婚，」丈夫歎息說，「妳不屬於我這個階層。」

「天不早了，睡吧！」作妻子的說。

這樣的對話眞是傳神，我當時就想：「我寫不出來。」

故事的結果是，第二天一早，丈夫一覺醒來，妻子已不在身邊，桌子上留了一封信，寫了幾句措辭簡單的抱歉的話，向丈夫告別。丈夫驚慌的打開屋門，發現已下了一夜的雪，雪花片片，仍在院子裡飄，連妻子的腳印也看不見了。

這正是抗戰勝利後的故事，大概因爲我太早嚐遍世態炎涼，所以使我感到特別盪氣迴腸。

這份自由報紙大概出了十天，就被共產黨查封。查封的術語是：剝奪國民黨特務的反動武器。於是，黑暗的北京就更黑暗，共產黨對付政府屬下的知識份子，唯一的辦法就是遣送他們返鄉生產，也有一部份人被人民大學、華北學院之類的統戰機構吸收。日子拖下來，每一個年輕人口中都在互相稱呼革命同志，我受不了那種虛假，有一種不能忍耐的衝動，共產黨的同志愛是制式的，一種紙花的美麗，比國民黨的同志愛還不可信賴。我決心繼續逃亡，向幾千公里外從沒有去過的南方疆土逃亡。

然而我哪裡都不能去，因爲身上沒有一分錢，連蹲在街頭吃碗「茶湯」的錢都沒有。就在陰曆年的除夕（那應該是一九四九年的二月了），正在常咸六家中發呆，徐天祥走進來，坐在我對面，問說：

「你走不走？」

「我想走，可是我沒有錢。」

「國民黨已經完了，你往那裡走？走到那裡，共產黨追到那裡，最後還是落到他們手中。記不記得陸秀夫的話，一辱不可再辱，你已經被遺棄一次，不要再被遺棄一次。」

「再辱也沒有關係，」我說，「我受不了這種窒息。在一個有自由的地方，擺地攤擦皮鞋也是高興的。」

天祥笑笑看着我。

「可惜，」我沮喪說，「我身無一文，寸步難行。」

天祥從口袋中慢慢的抓出一疊銀元，放在桌上，一個一個把它疊起來，疊得高高的，用手指數了數，整整十四元。然後，把它推到我面前，輕輕的說：

「拿去。」

「這算什麼？」我問。

「這算你的路費，拿去就是了。」

「你那裡來這麼多錢？」

「你不要管，拿去就是了。」

「你自己爲什麼不用！」

「國民黨氣數已盡，沒有生存的希望，我就留在北京。」

十四元，足夠我逃到上海。於是急急聯絡幾位東北大學的朋友（那時孫建章已隨着十六軍撤退）匆匆結伴南下。我們的行程是由北京坐火車到天津，再由天津坐汽車到濟南，由濟南坐火車到坊子，穿過無人地帶，再到仍在國軍據守中的青島，然後從青島乘船到上海，到上海後再作下一步的打算。

於是那一天（大概二月十日左右），在常咸六家脫下軍服，換上百泉初中同學這時剛從北京師範大學畢業的杜繼生所贈的長袍，和幾個朋友，跟幾個月前從瀋陽出走的情形一樣，在晨曦朦朧中，悄悄打開大門，悄悄踏上街道，回頭向杜繼生、常咸六夫婦告別，冷風刺面，我連自己都不知道我到底在做什麼！然而，也就這樣的，我離開了北京古城，擠上滿是殘兵敗將的火車，只聽汽笛最後一聲哀鳴，忽然想起來，遠在輝縣，我於逃亡後才生下來的女兒冬冬，又想到留在息縣的另一個女兒毛毛。刺臉的寒風，從臉上移向心頭，碎成片片。面對茫茫前途，孑然一身，這一年，我二十九歲，一生努力，化成一片模糊的眼淚。

26 橫渡台灣海峽

上海的繁華不亞於兩年以前，而且更亂。我在上海碼頭下船之後，望着滾滾北流的黃埔江和人潮洶湧的黃埔灘，偌大的中國第一大城市就擺在面前，我不知道往那裡投奔，不僅僅是落寞，而是絕路，十四個袁大頭現在只剩下了兩個，而下一段的人生，還沒有開始。這兩塊錢能支持幾頓飯呢？吃完了以後又該怎麼辦呢？我拎着小包，在黃埔灘徘徊流連，坐下來休息了一會，起身走一會，再坐下休息。我焦灼憤怒，而又羞愧難當，一股勇氣使我走向江邊，想索性跳下去，這一輩子就再也不用煩惱了。

可是，就在我猶豫要跳的時候，聽到一個東北口音的呼喊：

「東北來的同學，快點上車，我們要去四號橋。」

我立刻跳起來，朝一輛已發動了引擎的大卡車奔去，上面插了一面好像什麼救濟會的旗子，這個巧合把我拉在陽世這一邊，直接送到設在四號橋警察公墓的難民收容所，墓園裡搭了一排草棚，裡邊有竹子紮的兩排上下舖，我就在下面一排躺下來，睡了一大覺，醒來後，正好難民收容所開飯，就吃了一個飽。

在難民收容所停留的十幾天內，時局有大的變化，國軍在淮海戰役中，被人民解放軍徹底擊潰。這對大多數人來說，是個意外，但對我來說，幾乎完全在意料之中。國軍的腐敗和喪失民心，已經到了谷底，軍紀蕩然無存，軍隊既不知道爲什麼作戰？也不知道爲誰作戰？我在上海那段時間，畫報上正介紹蔣緯國將軍領導的裝甲部隊，每輛坦克車上，竟都配有一位其貌如花、服裝入時的女服務員。而剛到任的廣東省主席宋子文，第一道命令却是要各縣修一個飛機場，以便他前往視察。覆亡逼在眉睫，還在那裡兒戲，使我悚然。相反的，人民解放軍的清新形象，却是有口皆碑。

淮海戰役一失敗，上海的人心更亂，金元券以山崩的速度貶值，總統蔣中正先生宣佈辭職，由副總統李宗仁先生代理。謠言說，中央政府將遷往廣州，我沒有別的選擇，只有隨政府再向廣州逃亡。這時候我手裡還有兩塊銀元。

那天早晨，我躺在竹床上，睜着眼發呆，忽然聽到上排幾個年輕的東北同學，在那裡談話，大意是說，設在台灣左營的海軍士官學校，正在上海海軍碼頭招生，招生主任吳文義先生是東北人，但對他們這些同鄉的東北籍青年，却拒絕接受他們報名。

「吳主任叫我們找保人，」其中一位青年叫，「怕我們是匪諜，我們從東北跑到這裡，那裡找保人？豈不是故意刁難？」

「什麼？吳文義？東北人？」我抬頭問。

「是的。」

「他從前在那裡做事？」

「聽說在戰幹團當隊長。」

「對了，就是他，」我大叫，「他是我的老長官，我可以做你們的保人，帶我去見他。」

這眞是一項傳奇，偶爾竊聽到的一段話，和一種喜愛幫助別人的天性，使自己命運再起變化。當我在七、八個東北籍同學簇擁下，見到吳文義的時候，吳先生接受我的敬禮，聽了我的陳述，愉快的說：

「沒有問題，你介紹多少人我都可以收。至於你，你在幹什麼？」

我老實報告我的窘境。

「跟我去台灣吧！」吳先生毫不猶疑的說，「明天一早就開船，你今天晚上以前，一定要來找我，我會把你帶到台灣。」

這好像是夢中又做了一夢，我急急的返回四號橋，找到從北京一起出來的東大同學熊鎮父女，和堂弟郭立熙。正要離開時，忽然之間，在重慶便相識的于紉蘭女士跟她的弟弟、弟媳、妹妹、侄兒、侄女，剛從東北（她最後當錦州女子師範學校校長）逃到上海，也被送到四號橋。我跟她一照面，就拉她跟她一家人同行。于大姐是一個小心謹慎的人，問我說：

「你要不要先跟吳主任談一談，我們再去。」

「用不着先談，我完全當家。」

這是已經落伍了的兩肋插刀性格，不過，時間確實來不及，海軍碼頭到四號橋足有十數公里之遙，公共汽車轉來轉去，到了碼頭，太陽已快落山了，豈能回來再去？就這樣的，我們上了登陸艇，在甲板上打下地舖。當夜，海軍碼頭一片清靜，只看到市區萬家燈火。

第二天一早，登陸艇緩緩駛出吳淞口，長江浩蕩，心思萬端，默默無語，漸行漸遠，終於海天一色。這樣的緣份，使我離開上海。當我再回上海的時候，已在四十年之後。

登陸艇在台灣左營軍港登陸，當時就聽說有位「青幹班」同學在海軍總司令部做事（「青幹班」教育長桂永清將軍如今當海軍總司令，依照當時軍中習慣，他帶了好多「青幹班」同學到海軍），於是，我找到在青島曾經碰過面的侯洵。侯洵曾任青島海軍司令部軍法官，國軍陣營中少有的青年俊傑，尤其他貴爲軍法官，却一貧如洗的操守，令我尊敬。又找到同是青幹班同學的岳家軍，他確實是岳飛的後裔，和一個護士小姐結婚，住在日本式的軍官宿舍裡，一個家整潔而安定，使我大大的羨慕。後來又找到在海軍士官學校任政治部主任的趙誠，趙誠勸我留在士官學校當教官，我沒有經過思考就滿口答應。可是等了二十多天，趙誠的簽呈被上級批駁，因爲那個時候，正在人事凍結。人生的道路上，一個小石子有時候都會使你轉變方向，走入另一個世界。當時趙誠的簽呈如果批准，我一定會跟趙誠、岳家軍、侯洵一樣，四十年後，從上校職位上退役。

左營無地棲身，於是向吳文義先生告別，北上台北，這時候才開始眞正的深入台灣本土。我從沒有愛過一個地方像這樣一下子就愛上台灣，沒有什麼大道理，也沒有什麼口號，只是在很多細節上，體察出自己這份感情。高聳雲際的椰子林，只有童話書上才有，現在正到了童話王國。彷彿家家戶戶都有一個水井，水井旁邊都有一個水池，裝着滿滿的水，明澈而清涼，舀一瓢澆在頭上，能使每一個毛孔都感覺到舒暢。還有，到處都有潺潺溪流，包括台北市區，台北街道兩旁的排水溝，都清澈見底，小魚游來游去，還有小小的像小姆指一樣可愛的螃蟹。我對黃澄澄香噴噴的香蕉尤其鍾愛，對一個一輩子都沒有見過香蕉的北方人來說

（我這一輩子其實曾見過一次香蕉，是在開封水果店裡，皮都變成漆黑，孤單單的一隻掛在樑上，價錢貴得嚇死人），那種誘惑力非常強大。我買了很多根，裝在上衣兩個口袋裡，即令在左營那個嚴肅的海軍基地，我也是一面走一面吃，一直吃到口吐酸水，再也不能吃爲止。至於鳳梨，那更是仙果，北方土著不但沒有吃過，也沒有看見過，甚至沒有聽說過。眞正使我愛上這個地方的是島上的居民，那時候，我（包括幾乎所有的外省人）根本不知道島上竟擁有三個族群，一是馬來族，被稱爲山地人的原住民；另一是華人後裔的被稱爲閩南人或福佬人的漳州、泉州人；另一是同屬華人的客家人。大家的語言並不相同，但對我並不重要，因爲反正誰的話我都聽不懂，因此也無法分辨他們語言的差異。這時候政府開始推行國語（北京話），我雖然不會說北京話，但我那一口河南土話講慢一點，也還可以讓人聽得懂。藉着這樣的交流，有生以來我第一次感覺到在外地被接納。——在四川的時候，我是外省人（下江人）；在東北的時候，我也是外省人（關裡人）；現在來到台灣，身份並沒有改變，照樣仍是外省人（大陸人），可是，沒有一個地方使我感覺到像台灣這樣的，有一種氣候、土壤、人情、風俗融合在一起，令人感到被接受的溫暖。

台灣中華人的兩大族群——閩南人和客家人，都有一種移民的性格，那就是包容性。從大陸來的外省人，大致上分爲北方人和南方人。北方氣候嚴寒，冰天雪地，生存不易，對南方的「三秋桂子，十里荷花」有夢寐的遐思。和南方人比較，我覺得南方朋友的胸襟比較寬大，人和人相處盡可能的維持禮貌，保持從容，為自己也為別人留餘地。一個窮苦沒落的朋友前往投靠，他們總會善言接待，獻一杯茶。而北方人比較緊張，朋友一進門，主人第一件事往往就是哭窮，把自己形容成一級貧戶，以使進門的朋友在聽到主人即將餓死的慘境之下，不能開口求援，只好起身告辭。

這些以往的經歷，很快的就使我愛上這個番薯形的島嶼，即令後來在這島上受了很多苦，甚至幾被槍決，但我的感覺沒有改變。

從左營搭火車，我幾乎一路吃香蕉吃到台北，我不知道吃香蕉和吐酸水之間有什麼關係，所以吃了又吐，吐了又吃，一直吃到實在吞不下去，這就是俗話所說的「吃傷了」才止，所以幾乎足足有兩、三年之久，我一根香蕉都不吃。

到了台北，又是人海茫茫，不知道向誰投奔。在火車上，我聽到一群青年學生說：台灣省教育廳在火車站前的七洋商行（就是現在天成飯店那個位置）被騰空的大樓裡，設立流亡學生招待所，而且有飯供應。我就隨那群人到七洋商行。一進門，只見有好幾百人擠滿在裡面，聽候教育廳分發學校。我不是在校學生，連登記都沒有辦法去辦，每天唯一的事情，就是躺在床鋪上，仰望着天花板，又回到上海四號橋警察公墓招待所那種絕望的日子。

就在這個時候，南京陷落，接着上海陷落，台北人心慌亂。

27 第一次入獄

珞珈山的「青幹班」是一個政治機緣，時間雖然只有一個月，但是它卻集結了足以影響若干人前途的社會關係。一九四六年，總統蔣中正的兒子蔣經國，在重慶浮圖關中央訓練團原址，創辦了中央幹部學校，招考研究部第一期（奇異的學制、奇異的名稱），完全是蔣經國私人幹部培育中心，那些研究部第一期的若干學生，曾經主宰台灣政壇三十年。蔣經國用人的標準，第一順序就是研究部第一期的學生（至於研究部第二期，以及普通科學生入學的時候，蔣經國的興趣已經轉移，不再重視）。所以，六〇年代台灣政壇上，有一句諺語說：「非幹不行。」「幹」是個雙關語，指你要想當官，可是非「幹部學校研究部第一期」出身不行。蔣經國先生想跟國民黨的中央政治學校（稍後改爲政治大學）媲美，他效法中央政治學校的架構，既沒有在教育部立案（他如果立案，易如反掌，但蔣家父子的作爲總是表現出威權凌駕法律之上），又沒有冠上三民主義青年團的字樣，沒有人知道這些幹部是誰的幹部。

「青幹班」的初名是「三民主義青年團工作人員訓練班」，後來改爲「三民主義青年團幹部訓練班」。蔣經國創辦了中央幹部學校以後，爲了安撫和吸收當時已在全國各地青年團具有實力的「青幹班」同學，就把「青幹班」改爲「中央幹部學校第一期」。「青幹班」同學經此一改，也就成了蔣經國的學生。學生雖是學生，却到底不是眞正的學生，所以當時也有一個比喻：「青幹班是門神，開門時在裡面，關門時在外面。」不過，「青幹班」同學也就在這門裡門外，吃一點政治上的零碎點心。

我就在走投無路時，遇到了「青幹班」年紀最大的學長李荷先生，他那時候已當上立法委員。他的一位朋友瞿紹華當教育廳人事主任，一紙派令，我就成了屏東農業職業學校的人事員。

屏東在北迴歸線之南，比北台灣更接近熱帶，我到差後第一件事就是去買兩件這輩子第一次穿的香港衫，在獨自一間的小屋裡，安靜的過日子。每天上班下班，打算終老天年。可是好像是上天注定的，坎坷的路程不但沒有結束，還不過是剛開始，和以後我所受到的災難比起來，在大陸上那些折磨，實在是微不足道。

我的薪水，除了生活開銷之外，添購了一些衣服，還買了一架可以聽短波的收音機，每到晚上的時候，就收聽一段北京人民電台京戲，當然也附帶收聽幾句華南一帶戰況的報導。當時台灣已經戒嚴，收音機也不普遍，我每晚開收音機，除了擾亂鄰居的安寧外，當然也引起別人的注意，尤其是特務的注意，可是我自己却沒有絲毫警覺。

於是，常常的，像在瀋陽、北京時一樣，向同事們談論國家大事，尤其糟的是，我特別讚揚人民解放軍紀律嚴明，不拿人民一針一線，對撤退到台灣的國軍行徑，深惡痛絕。恰好報上一則消息，一個軍人沒有車票，硬闖出車站，收票員尾追到軍營，要他補票，結果招來一頓毆打，使我感到羞恥。晚上，快要入睡時，兩個普通裝束的中年人進來，很客氣的要我前去談談。

「去那裡談？」

「你去了就知道。」

就這樣的，我被吉普車載到火車站，押上火車，一直駛向台北。押我的人，不但沒有語言，在火車的晃動中，也看不清他們的表情。我像木頭一樣，被夾在中間，滿腔憤怒，一點都不知道事態的嚴重。第二天，天一亮，到了台北，他們把我送到設於青島東路的台灣保安司令部軍法處看守所，一進大門就聽到從一排木柵裡面，發出哄堂的叫聲：

「歡迎新客人！」

我被推進其中一個像獸籠一樣的房間，裡面塞滿了赤背短褲的囚犯，我爬到房間的一角，在一個龐大的馬桶旁邊坐下。

「你犯了什麼罪？」有人問。

「不知道。」我說。

「哈！你明明是一個匪諜，怎麼說不知道？」

這時候我才有點害怕。

「來到這個地方的人都是匪諜！」

「匪」就是共產黨，有時候再加上一個「共」字，成爲「共匪」，「諜」指的是共產黨的地下工作人員。以後四十年間，「匪諜」成爲台灣人民一種最可怕的巫蠱，不小心碰上，立刻家破人亡，身敗名裂。就在看守所，我跟一位年齡相若的人，談得非常投契，他叫楊啓仲，是一位中學老師，因爲同事在他的宿舍發現一本艾思奇編的《唯物論辯證法》，被送到這裡，已經兩個月了，還沒有問過一次話。

押房擁擠不堪，只能容納十幾個人的獸籠裡，有時能塞進三十幾個人，大家只好蹲在那裡，輪班睡覺，伙食既簡單又骯髒，大多數人都瀉肚，馬桶就在我身邊，臭味還在其次，有時還有糞汁濺出來。我無法靜下來思索怎麼會落得這種下場，陷入我從沒有想過的困境，呼天不應，喚地不靈，沒有人告訴我怎麼會發生這種事情？也沒有人指引我怎麼自救。從每天不斷塞進來的囚犯口中，知道外面正大肆瘋狂逮捕，一個人因身上插着紅花在新公園被捕，一個士官因不小心掉了帽徽被捕，但很多人都是因爲「偷聽共匪廣播」，我膽怯起來，萬里渡海，難道爲了到台灣斷送殘生？早知道我應逃回輝縣，或逃回息縣，反正不過如此！

就這樣，我受到漫長的囚禁，沒有人問一句話。直到一天上午，守衛叫出去二十幾個人，帶到大廳，接受審判，每個人詢問的時間，大概五分鐘。我進去後，台上坐着一位法官，他已十分疲倦了，一臉的不耐煩。我還沒有站定，他就開始宣判說：

「閱讀非法書刊，爲匪宣傳，處有期徒刑十五年。」

像五雷轟頂一樣，我哀聲叫道：

「法官明鑑，我從沒有閱讀過任何一本共匪的書，就是在北平的時候也沒有。」

「你沒有看過，這《唯物論辯證法》是誰的？」法官問。

「法官明鑑，那不是我的書。」

「不要狡辯，帶出去。」法官說。

我掙扎哀求說：

「法官明鑑，那不是我的書。」

「不是你的書，」軍法官說，「難道是我的書！」

一個書記官附身跟法官耳語，法官自言自語說：

「楊啓仲的判決書，怎麼放在這裡？你叫什麼名字？」

我把名字告訴他，法官翻了又翻，自言自語說：

「又是一個沒有判決書的人，帶回去候審。」

我回到押房，而楊啓仲就再也沒有回來。時至今日，不知他可仍在人世？仍在台灣？

終於有一天，我再被叫到軍事法庭，另一位軍法官宣布說：「竊聽共匪廣播，處有期徒刑六月。」而就在當天，我已羈押了七個多月，我高興得幾乎要喊他青天大老爺，可是面對的問題是到那裡去找保人？全台灣恐怕沒有一個人肯保一個匪諜。押解我的那個班長（囚犯對看守法警的尊稱）看出我的困難，告訴我說：

「如果你有八十塊錢，我可以替你買一個保人。」

八十元是一個大數目，幸而我身上恰恰還有八十元，收押時被收去保管，言明出獄時領出交付。就這樣的，我走出看守所，但已囊空如洗。當我跨出那個小門，仰天嘆一口氣，發現又一次的四顧茫然，無處投奔，身上又無一分。感謝神靈，就在這個時候，忽然遇到劉浥塵。他在工礦黨部做事，恰巧路過那裡，而工礦黨部設在台北市華陰街，距離不遠。我向他借返回屏東的路費，劉浥塵把我帶到工礦黨部，警告說：

「你被人帶走，一去半年，有什麼理由相信學校還保留你的職位？你應該先打個長途電話問個清楚。」

我驚醒過來，捏造一個姓名打電話去試探，對方直率說：

「郭衣洞已經被開革了。」

這就是我的一生，我總是不斷的失敗，而且是慘敗。

我被神秘逮捕，依當時白色恐怖的氣氛，應是有去無回，可是却被草草釋放，連判決書都沒有給一張，似乎和國際局勢有關。在我坐牢的七個月期間，韓戰爆發，發表白皮書本來要放棄國民黨和蔣中正的美國，突然重新把台灣抱起，從棄兒變成寵物，美國第七艦隊進入台灣海峽，國民政府的聲勢一下子從谷底升到中天，信心也隨着倍增，對那些人山人海的政治犯，無法一一處置，才把一些他們認為不足輕重的案件作一清理，大批釋放，我不過是幸運者之一。

但幸運只能使人恢復自由，不能恢復工作，我只好到劉浥塵服務的工礦黨部睡地舖度日。在那個時代找工作眞是艱難，尤其是台北的雨似乎比南部多得多，每一次穿着濕淋淋的皮鞋到一些長輩家拜訪，在玄關那裡簡直無法脫鞋，除了襪子濕淋淋的不能上榻榻米以外，襪子上的破洞，也使我難堪。就這樣，失業和破洞的濕襪子，就像連體嬰一樣的在我記憶中不可分割。在台北碰壁又碰壁後，忽然得到李淼的消息，他在省立新竹中學當人事員，於是投奔李淼寄住。不久，在省立台南工學院（後來改制爲國立成功大學）附設工業職業學校當人事員的范功勤來信說，他可以介紹我到他們學校當歷史教員。雖然，我對歷史一竅不通（事實上，學校的課程，我沒有一門通），不過我已沒有什麼選擇。

「附工」，是我最安靜的一年，認識了擔任教務主任的戴瑞生、文蘭華夫婦，成了他們家庭的常客，並且收他們的兒子作爲義子。他們是一對非常厚道誠實的朋友，我漂泊半生，終於嚐到一份溫馨。而三十年後，當我從火燒島回到台北，他們夫婦立刻給我寄來一個月薪俸的鉅款。

我住在「附工」教職員宿舍，只有六個榻榻米大，但我眞是盼望就這樣的度完我的餘年，我太疲憊了。可是苦難不會這麼輕鬆放過我，第二年，學期快要終了時，大家下學期的聘書都已經發下，只我沒有。范功勤暗中告訴我說：

「你的名字報到教育廳，教育廳一直沒有批准，因爲你有被屏東農校開革的紀錄。最好還是早一點離開，找一個縣立的或私立的學校，他們教師的資歷不報省教育廳，只報縣教育局，可能矇混過去。」

於是，我帶着簡單的行李，再一次踏上流浪的道路。

一個外省人，在光復初期，曾入過獄，有被開革的不榮譽背景，根本不可能找到工作。在炎炎烈日下，我不停的一間學校一間學校訪親問友，結果得到的答案是一樣的：

「沒有空缺！」

最傷感的一次是去埔里中學，那個美麗的鎮和優雅的學校，使我愛不忍去，可是教務處商主任却無力幫助。但他告訴我，東北大學校友楊德鈞，在南投縣政府當教育科長。對我來說，這是一個天大的好消息，急急趕往南投，楊德鈞義不容辭的把我介紹到草屯初中當國文教師。

草屯是一個溫馨的小鎮，就在那個小鎮和小規模的學校裡，我結識了當時同事、後來成爲歷史學者的朱桂先生。而那些學生孩子中，有好幾位，像後來在師範大學當教授的廖吉郎、在電信局當處長的曾武臣，以後一直和我保持聯絡。

草屯是那麼美，尤其是教員宿舍建在小山丘上，上下課時要走十分鐘的馬路或田徑，悠然自得。夜晚，山丘上只有風聲，我就在孤燈下，讀了不少學校圖書館有關文學的叢書。但我的心並不能安定下來，一直到證件被縣政府教育局批准，薪餉被核定之後，才長長的舒一口氣。

第二學期還沒有結束，我的一位老師胡蒂棻先生，從台北來信，叫我抽空北上。我遵照指示去了，心想要到台北這個首善之都去，我這個南部的土包子，應該注意一下穿着，於是，臨去前，特地用最低的價錢買了一套蹩腳西裝，這是平生第一次穿西裝。胡老師原來在東北資源委員會當處長，我以爲他可能介紹一個永遠可以擺脫假證件陰影的其他工作。

28 防空洞裡的一幕

我生在一個沒有明確宗教信仰的家庭，一個人孤獨的在輝縣上小學時，照顧我的表嬸，是一位鄉下農村婦女，恐怕是佛道混合祖先崇拜的一種泛宗教徒，經常請一些三姑六婆型的老太婆，在家演出神靈附體節目。當焚香叩頭之後，「九天仙女」（當時輝縣民間最盛行的女神，她是天老爺玉皇大帝的女兒，她不是佛教的神）就從天上下凡，附到一位老太婆身上，那老太婆隨即打哈欠、流淚，低聲吟唱：

「九天仙女下天庭，來到人間走一程，將身坐在高堂上，不知請俺啥事情？」

善男信女就跪下來，向她提出疾病、平安等等疑難雜症，九天仙女會一一回答。

我從小不信這種裝神弄鬼，有時我肚子痛，表嬸就請九天仙女給我扎針，九天仙女虛擬一個手勢，我就故意的躲開，讓那位老太婆仍煞有介事的繼續扎針，而且念念有詞。我卻提醒她，大聲叫說：

「針扎到柱子上去了！」

老太婆因爲被拆穿而老羞成怒，一拍桌子，站起來就走，一面走一面說：

「不誠心，不會靈！」

不過，我雖然不信神鬼，卻非常喜歡那種神秘氣氛，尤其是焚出來的香味，我常幻想，日後我長大了，要在四合院角落空地上，蓋一座小廟，供上一尊佛像，點上三支香火。

我跟宗教的關係，從那個時候就開始；而跟基督教的淵源，卻延後了六、七年。一九四二年，那時我正調到偃師，有一次日本發動空襲，我躲在一個山麓的防空洞裡，這時除了我，另外還有一位將近中年的婦女，手裡拿着一本聖經。當日本飛機低空掠過，發出刺耳的噪聲時，她忽然跪下來，舉手向天，禱告說：

「主啊！保佑我們偃師的人，保佑我們——防空洞裡兩個人！」

我大聲說：

「那一個人是誰？」

她緩緩說：

「那一個人是你。」

我眞是一個野生動物，不但不知道感謝，也不知道欣賞她的慈悲，反被這突然而來的關愛弄得不知所措。

「妳叫誰保佑我！」

「當然是主！」

「誰是主？」

「主是耶穌基督。」

「那個釘死在十字架的洋鬼子嗎！」

「洋鬼子」是那個時代對外國人的通稱，即使二十世紀九〇年代的中國，還有許多人改不了口。

「他不是洋鬼子，他是主！」

我開始奚落耶穌基督，那個婦女，呢喃的禱告說：

「主啊！寬恕他！他做的他不知道。」

這一幕在警報解除後，我就完全忘記。

然而，十多年後，當我在台北，從保安司令部看守所出來，投奔新竹李淼時，一個星期天上午，在新竹街頭徘徊，看到一群基督徒出入敎會，忽然像有一個靈光在那裡一閃，使我看到防空洞的那一幕，每個帶着聖經年齡稍長的女信徒，在我看起來都像防空洞裡的那位虔誠的婦女。於是我身不由己的隨着她們走進教堂，一個人孤伶伶的坐在後邊，聽牧師講道，然後一個人再孤伶伶的回到宿舍。從此，我幾乎每天都要去教堂一次，遇有聚會時，也順便參加。不過，我跟其他任何教友都沒有來往，只買了一本聖經，沉緬到裡面。

每次翻開聖經，偃師那位女信徒寬恕我的圖案，就歷歷重現眼前，甚至，我可以清晰的看到那位女信徒身邊的碎瓦亂石和一些微弱小草。

在台南「附工」教書時，我參加安息日會。安息日會是基督教中一個特別的教派，它跟其他所有的教派都不一樣，它是守星期六的。那就是說，星期六是安息日，在這一天，大家都不工作，而普通教會休息的星期日，正是安息日教會的星期一。這樣說來，會把人說得糊塗，只因為全世界只有中國人才把 Monday 譯成星期一，Tuesday 譯成星期二，使人對日子有一種順序的感覺，如果像日本人一樣，把 Monday 譯成月曜日，Tuesday 譯成火曜日，對安息日就不會那麼陌生了。其實現在的月曆上，也可以看出安息日的正確性。第一排是星期日（日曜日），普通教派是日曜日休息的，還沒有工作就先休息，豈不違反聖經旨意？而安息日會，在工作了六天（星期日到星期五）之後的水曜日（星期六）才休息。

這一段教會經驗，使我在應胡蒂棻老師之約，到了台北後，踏上做夢都夢不到的另一個歷程。

我滿懷期望的到了台北，才發現胡老師並不是介紹工作，而是介紹女朋友——齊永培女士。當然，沒有人知道我在大陸上還有婚姻，我更不會自動宣揚。不過，事實上，大家也並不是全不知道，來台灣的外省年輕人，連同年長的老一代，幾乎都包容一件事，男的能婚就婚，女的能嫁就嫁。那時政府有一個連自己都不相信的口號：「一年準備，二年反攻，三年掃盪，五年成功」。重返大陸雖然不像後來那樣完全絕望，但是，也都知道，那件事是多麼的渺茫，也都互相體諒，甚至鼓勵在台灣落地生根。

和永培第一次見面的時候，齊家有位客人在座，他是台北仁愛路浸信會的長老，兼「國際青年歸主協會函授學校」教務主任，發現我對聖經很有心得之後，就邀我到他們設在台北中山北路的函授學校當教師。這是一個遠離證件、核薪、開除、革職等惡耗的好機會，而且他們的待遇很好，每月美金三十元，折合新台幣一百二十元，而中學教員每月才七十元。

當暑假開始的時候，我離開草屯，到了台北，立刻去函授學校上班。第二年，我和永培結婚，生了兩個男孩，大兒子城城，小兒子垣垣。我們曾經過了三、四年的平靜日子，永培樸實、勤儉，是一個可敬的女性，可是兩個人的性格發生嚴重衝突，我第一次證實性格決定命運的眞理，這是一個錯誤的婚姻。

函授學校對我的幫助很大，我本來就喜歡讀聖經，聖經事實上是猶太人的古代史，一個故事接一個故事，十分引人入勝；而批改學生作業和回答學生提出的問題，都需要充份的聖經知識。我發現，對一個東方人而言，如果不瞭解聖經，簡直無法瞭解西方，聖經是西方文明的基礎。

不過，函授學校不是一個久居之地，歸根究底，那裡不能避免種族岐視，不但如此，還有嚴重的階級存在。這是我第一次和外國人共事，特別敏感，而且愈來愈覺得不對勁，譬如：外省人（mainland）每人每月美金三十元，本省人（local）每人每月只有二十五元，美國人則又是另外一種更高的待遇，這種措施使我對基本上的教會精神，感到懷疑。最後，終於再一次闖下大禍，被趕出大門。

那是不久以後的事，一九五三年元旦，校長司派克（Spark）先生宣佈：「本校沒有任何假期，照常上班。」而當時政府規定，元旦是開國紀念日，放假三天。中國籍職員都敢怒不敢言，可是却沒有一個人敢向外國人表示異議。當他們建議教務主任、總務主任向校長反應時，兩位老先生都微笑搖頭，不作任何答覆。我並不比別人更爲勇敢，但我注意到，當七月四日美國國慶時，美國人都不上班，只有中國人上班。而當十月十日中國國慶時，美國人也不上班，中國人還是照樣上班，再加上這次元旦事件，中國教師沒有一個人敢提出抗議。

我決定用我的方法表達出來，表面上看來只是反抗美國人種族歧視，其實，我更憤怒這些中國人的畏怯和奴性。

元月一日、二日、三日，一連三天，我像幽魂一樣，在台北大街小巷逛來逛去，準備接受即將來臨的風暴，其中，也一度懊惱的警告自己：「你這算幹什麼？剛吃了三天飽飯，就竟然向外國人挑戰！」

元月四日，我假裝沒有發生任何事情似的，走進辦公室，依照平常規矩，悄悄坐上座位，正慶幸一切平安，心裡想頂多扣三天薪水罷了。司派克先生已呼喚我的名字到他辦公室去，語氣溫和但態度堅定，他問：

「你一連三天沒有上班，是嗎？」

「是的。」

「有什麼原因呢？」

「因爲這三天是我國開國紀念日，全國放假。」

「但是我宣佈過，我們不放假。」

「我認爲我們應該放假，因爲這是我們國家的紀念日。」

「基督徒是無國界的，你不適合這裡的工作，會計室已經給你結好帳了，請你離開。」

「我接受，但是，明天早上的早禱，我是不是可以來主持，作爲最後的告別式？」

這是我臨時被逼出來的反擊詭計，司派克先生當然不知道，所以他立刻答應。——在基督教團體，每天入座辦公以前，全體職員都要聚集在一起，由一位年高德劭的兄弟姐妹主持，例行的做一個簡短的早禱，然後各回崗位工作。

第二天一早，我提前十分鐘趕到歸主協會（一分鐘都不敢遲到，遲到便失去機會），大家團團坐定。我簡單說幾句跟大家道別的話，然後開始禱告，我大聲說：

「主啊！天上的父！感謝讚美你賜給我們今天團聚的機會，從明天開始，我就要離開這裡，到別的地方侍奉你。我已經被開除，只因爲元旦一連三天是我們國家的開國紀念日，主啊！我相信你會允許你的子民慶祝他們的國慶。我們千辛萬苦，顚沛流離，逃亡到台灣，深知我們的國家既危險又衰弱，在世界萬邦之中，微不足道，可是我們總算有個國家。你已經允許你的子民以色列人復國建國，因爲你愛他們，難道你不允許你在台灣的子民愛他的國家嗎？我們多麼慶幸，還有一個國家，即令是彈丸之地，主啊！……」

禱告到這裡的時候，聽到大家的抽噎，我自己也被自己的哀傷感動，泣不成聲。

這個早禱的地方，恰恰位置在會長郗益民先生房間的門口，跟校長室只隔一個窗子，因爲會長一口流利的中國話（而且是河南開封話），所以我的禱告，字字句句，他都聽得淸楚。

一時大家自悲身世，哭成一團，早禱結束之後，會長把我叫到他辦公室，立刻教我復職，並且給我兩個星期的假期休息。我受寵若驚，但我不願把我的悲憤變成威脅，只要傳送出去就夠了。當我走出校門時，校長的秘書兼翻譯追上來，告訴我說：

「基督教是無國界的，你不要太堅持！」

「沒有國界嗎？」我瞪着他說，「看看摩西怎麼出埃及的。」

就這樣，我離開了青年歸主協會。基督教給我的裨益太多，所以雖然離開時並不愉快，不過我對這個協會和這位會長，一直心懷感謝。

29 救國團

我的野性，與其說是原始的，或浪漫的，毋寧說是傾向文藝的和文學的。我從少年時代，就被各式各樣的武俠小說迷住，還幾乎瀏覽了當時大部份傳統的社會小說，像《三國演義》、《水滸傳》、《西遊記》，甚至看不懂的《儒林外史》，和十分艱深、用文言文寫的《聊齋誌異》。

對一個十幾歲的孩子而言，我所讀非主流的書，佔去的時間實在太多，假定能用其中三分之一的時間去讀算術，三分之一的時間去讀英文，而不去讀家長和教師們一提起來就青筋暴脹的非主流書籍，這一生一定過得平平順順，快快樂樂，會和現在大大的不同。

百泉初中一年級的時候，才第一次接觸到中國文壇上的曠世名著——《紅樓夢》，但是對這本書的印象不佳。因爲四大厚本已看完了兩本，還看不到打架，我立刻就認定那不是一部好書，把它扔得遠遠的。眞正使我崇拜的第一位現代作家，却是張恨水先生。

在高中入學考試前，爲了準備功課，到開封圖書館讀書，偶然間從書架上發現一本張恨水寫的《啼笑姻緣》，立刻被其中的情節抓住，每天都看到下午閉館，被館員吆喝趕走。男主角樊家樹與女主角沈鳳喜、何麗娜的傳奇式戀愛，使我走到街上都一直惆悵若失，幾乎把新學會的平面幾何忘光。

從《啼笑姻緣》、《金粉世家》、《大江東去》，直看到歌頌國軍常德保衛戰的《虎賁萬歲》，只要是張恨水寫的書，我有見必買，一直到有一天，買到署名也是張恨水作的小說，看了幾頁之後，忽然覺得完全不對勁——只知道不對勁，不知道哪裡不對勁，反正怎麼看都不對勁，翻查版權頁，才發現作者是「張恨冰」，冒牌矇混。從此，我就以張恨水的知音自居。

張恨水的作品，採用中國傳統章回形式，這是最困難的一種形式。僅只是章回的題目，如果沒有相當程度的文學素養，根本就寫不出，而且對話密密相接，那才是眞正的上臻功夫。

考上開封高中後，才開始接觸完全採取外國形式的新文藝。看過當時很多著名作家的作品，最喜歡的還是魯迅，特別是魯迅小說的沉重和積鬱，那種每一個字都像石磨一樣在心靈上轉動的壓力，把問題冷峻的刻畫出來，他的小說對我的影響，極爲深遠。

不過，眞正對我寫作啓蒙、以後對我寫作有幫助的，却是一部既平凡而又奇怪的書，那就是《作文描寫辭典》。自三〇年代大陸，直到七〇年代台灣，市面上不知道出過多少種版本，內容大致上分爲人物篇：「少女」、「流浪漢」、「老人」、「病人」、「禿頭」，風景篇：「小溪」、「河流」、「斜陽」、「小徑」……，還有感情的描寫，像「失戀的少女」、「恐怖的古剎」、「火災」……等等，至少也有四、五百頁，編者從各位名作家的作品中，尋找有關段落，文後都註明摘自某作家某書。大陸是那麼樣的廣袤，書的種類又是那麼樣的繁多，而價錢又是那麼樣的貴，不要說是一個學生，就是中產之家也無法看遍所有文藝作品。可是，却可以透過這本書，看到文壇全貌，尤其是摘錄下來的，都是精彩片段，讀者很容易由驚訝而好奇，由好奇而購買他們的書。我就是從這樣的「類書」中，興起對文藝的興趣，和對作家的崇拜。像對丁玲，有一段描寫她挨家逐戶尋找她的丈夫胡也頻，使人眞爲她的處境哀傷（胡也頻那時候也不過二、三十歲左右吧，因爲思想左傾而被國民黨特務逮捕，悄悄槍決）。其他作家，像章衣萍、沈從文，也都是靠《作文描寫辭典》引薦，進入他們的世界。

到台灣後，對共產黨在大陸上的流血鬥爭和極端的不自由，以及台灣島上的南北漂泊，使我心中產生很強的寫作衝動，只是沒有機緣。青年歸主國際協會的事情發生後，我寫下平生第一篇散文，投寄到當時台灣最大的一份雜誌——《自由談》，而且被採用發表。題目已經忘記，不過影響倒是記得的。刊出後，當時聯勤總部財務署長吳嵩慶先生寫信給我，邀我到他家共餐，吳先生是一個虔誠的基督徒，向我肯定一個基督徒有愛自己國家的權利。而我的很多朋友讀到這篇文章，才知道我身在台灣而且失業。百泉初中的老師、也是百泉鄉師範學校校長李振雲先生，教我去他擔任校長的台北縣立樹林中學當教員，我再一次想到安定，永遠安定。

可是，第二年，珞珈山「青幹班」同學包遵彭，出任蔣經國成立的中國青年反共救國團文教組組長，邀我參加。樹林位於台北市之南，過去，我每天要徒步三十分鐘，由我住處走到萬華車站，搭車到樹林，下車還要走十幾分鐘才到學校，遇到雨天，沿途泥濘不堪，而救國團總團部就在台北市中山北路。但是，最重要的原因，却是說不出口的，仍是我的證件出了問題，因爲我始終沒有東北大學文憑，來台灣後，一直用同學們保證的「證件遺失」證明。在樹林中學，雖然通過了核薪這一關，但台北縣政府曾用公文催促我補繳正式畢業證書，並且告訴我，教育部現在已經開始頒發正式畢業證書，擔保證明不能再用。問題是，我當然不敢申請正式畢業文件，因爲明知教育部有開除我的檔案，只要申請，就等於自投羅網。僅這一點，就夠我歡天喜地的轉向救國團。從此，大家把我歸類爲蔣經國的人。

很多人認爲中國青年反共救國團是一個特務組織，其實，當然不是，它只不過是蔣經國培植私人勢力的迷你王國。總團部設有若干組，最初以數字爲順序，以後取消數字，直接標出工作的內容，像青年活動組、青年服務組、文教組、婦女組……具有政黨組織的雛型，蔣經國是主任，胡軌是副主任，李煥是主任秘書，這是一個單調的團體，被外人稱爲太子門下，但却絕對不是特務，因爲特務是一種專業，救國團不夠資格當特務，況且蔣經國另有特務系統，不需要救國團介入。我到救國團不久，就在包遵彭桌上，看到蔣經國致黨團高級幹部的一份簽名密函，大意說：

「有很多同志反對我接管情治機關，認爲那是一種特務工作，不符合我的身份……」

蔣經國就這一點加以解釋，然後，他說了一段重要的話，他說：

「關於情報治安工作的法律問題，我曾經和戴笠同志談過，他說：革命就是法律，我們身負革命重任，不能處處遵守法律。國家危急存亡之秋，以此與大家共勉。」

我忽然警覺到，我看到了一份我不應該看的機密文件，急忙回到自己的座位。

不久，總團部搬到峨嵋街，發生了《自由中國》事件。

《自由中國》是國民大會代表雷震先生創辦，受到胡適先生支持，它傳播民主自由思想，對社會弊端的直言不諱，在五〇年代，成爲台灣社會唯一的一座燈塔。那是撤退到台灣後，喘息舐傷的時代，大陸上的慘敗，不但沒有使國民黨有任何醒悟，反而認爲：

「共產黨的成功，是我們國民黨太善良的緣故！」

於是更加強黨化教育和組織訓練，最高統帥蔣中正先生的領袖地位更加鞏固。只有《自由中國》雜誌，呼籲希望國人從腐敗、獨裁、封建中覺悟。我到台北後，不久就跟《自由中國》的一些成員，包括社長雷震先生、編輯聶華苓女士、傅正先生，來往密切，我對《自由中國》的言論，從頭到尾，由衷認同。

到救國團後，《自由中國》對國民黨的抨擊更加激烈。有一次，發表了〈那是什麼東西〉一文，質問學校旗竿頂端的國旗下面，另外還有一面綠旗，它是什麼？蔣經國爲此大爲震怒，因爲那正是救國團的團旗。在每個星期三上午，由蔣經國主持的團務會報上，他嚴厲的對與會的幹部說：

「你們一定有朋友在《自由中國》，我命令你們告訴他們，他們這樣做是反動的，要自負後果。」

我當然不會把這些話轉告，不願因我傳話使雙方面的敵意更爲增加，可是心裡同情《自由中國》。

團旗事件後不久，爆發了另外一個重大的「祝壽專號」事件。

蔣中正大概是世界上最喜歡慶祝生日的一位政治領袖，五十歲生日的時候，還在南京的國民政府就發動了獻機運動，所獻飛機排一個中文的「五十」二字，在天上飛翔，報上登出照片。到了台灣，每逢他生日那一天，都要舉辦一次祝壽活動，所有的媒體像從一個模子裡澆出來的：刊出「普天同慶」、「薄海歡騰」標題。最有趣的是，蔣中正一面欣賞部屬爲自己祝壽，一面又下一個「手諭」，交給中央社送各媒體發表，手諭上說：

「聽說要爲我祝壽，值此國難期間，實不可行，希望轉告各級單位，確切遵照。」

大意是這個樣子，原文已不記得。結果是祝壽場面越來越熱鬧，花樣也越來越令人嘆爲觀止。在台灣這個小島上，已聽不到任何追究大陸失守責任的聲音，而只有眾口一辭的讚美民族復興的救星，蔣中正自己也終於相信這一些都是眞實的。

一九五六年十月，全島各機關學校已經開始籌備慶祝領袖華誕，蔣中正忽然頒發一道命令，像古帝王「徵求直言詔」一樣，要各方面不要顧忌，儘量對政府提出批評。

一個民主國家的元首，永遠不會下達這種要人民批評的命令，因爲輿論每天都在批評。由這項命令，可看出蔣中正的心理狀態，和當時輿論窒息的程度。非常巧合的是，就在蔣中正先生要求人民批評的同時（或許稍後），大陸上另一位英明領袖毛澤東先生，也用同一手法，引蛇出洞。

《自由中國》服從蔣中正的命令，出版了一本厚厚的「祝壽專號」，惹下大禍（不過，感謝上帝，比起冒犯毛澤東那種大禍，《自由中國》可以說是個幸運兒）。國民黨發動四面八方全方位圍剿，胡適建議蔣中正應該總攬大局，不必在每一件小事上分心，也就是提議分層負責、信任專家。國民黨抨擊胡適包藏禍心，目的在剝奪領袖的權柄，使領袖成爲無權無能之輩。另一是《自由中國》主張推行民主政治，建立法律尊嚴，要求給人民一個明確的言論軌道，國民黨抨擊這是一種可怕的「思想走私」。

國民黨自從撤退到台灣，一提起共產黨就心膽俱裂。蔣經國接管情治系統後，有鑑於過去潛伏的共產地下黨的泛濫，更變得歇斯底里。那時候有一部蘇菲亞羅蘭和馬龍白蘭度合演的電影，最後，男主角拿破崙退到一個島上，蘇菲亞羅蘭給他送換洗的衣服，相當轟動。而在一次團務會報上，蔣經國嚴肅的詢問大家看過沒有，大家說看過。

「那麼，」蔣經國問，「說說你們對這部片子的意見。」

沒有一個人敢開口，因爲不知道他的意思何在。這在官場上是一個重要的法則，當你不知道頂頭上司是什麼意思的話，千萬不要發言。當你被逼非發言不可的時候，那就要看你的聰明了。於是，逼到最後，大家只好講演技、景色、音效。蔣經國臉上逐漸露出厭煩，他說

：

「你們完全沒有深度，沒有政治警覺。」

在大家驚愕的眼神中，他繼續說：

「這明明是諷刺我們，諷刺我們退到一個小島上，孤立無援。只剩下一個女人給我們送來破舊的衣服。」

第二天，場場爆滿的電影就突然下片。這是我第一次從高階層那裡得到啓示：越是有權柄的人，他的神經繃得越緊，盲點也越多。當時，我幾度想報告說：

「這部片子是我們退到台灣以前拍的，與台灣毫無關聯。」

但我已經感覺到，蔣經國對任何逆耳之言，都聽不進去。

在救國團期間，我也有兩件一生中難得遇到的順心事。第一件是，我終於拿到東北大學畢業的合法證件。在這件事上，我深深感謝共產黨。我得到消息，載運教育部所有檔案的那艘軍艦，從南京開往台灣，一出長江口，就改變航道，向北行駛，投共去了。換句話說，教育部現在根本沒有開除我的檔案，而只有一九四六年一本畢業生的名冊，所有申請頒發畢業證書的同學，一律得到一份下列樣式的證件：

「經查東北大學一九四六年畢業生名冊中，確有某某某，特此證明。」

這眞是上帝創造世界以來最大的喜訊，可是我仍不敢親自去教育部申請，因爲被開除的那件事，一度轟動天下，尤其高等教育司，我不敢面對那種尷尬而且足以壞事的場面。於是我用「信海」戰術，每月寫一封信到高等教育司，高等教育司那些官員雖然每個人都知道我這個學生是被開除學籍的，可是他們苦於沒有證據（證據在可愛的共產黨那裡，高等教育司總不能找兩個同學證明我被開除吧）！

連續寫了五個月的信，並揚言要向監察院和法院告狀，高等教育司才不得不發給我一張教育部證明的大學畢業證件。不過，等我有了這個證件之後，才發現沒有這個證件也行，因爲忽然之間，我又收到國立政治大學發給的另一份畢業證書。講起來眞是傳奇，因爲蔣經國的當權，中央幹部學校畢業的學歷，也被政治大學接受，而「青幹班」又是中央幹校的第一期，就像拖油瓶似的拖到政治大學，成爲他們的畢業生。

其次一件順心的事，就是我被聘到成功大學教書。我在瀋陽時，曾在遼東文法學院當過副教授，當時不覺得什麼，現在却是一個有利的經歷，使我躍躍欲試，心想，能再到大學教書該多好！

當時成功大學校長閻振興先生是我的前輩，看我是救國團高級職員——副組長的份上，要我去教「三民主義」，我沒聽清楚教什麼，就一口答應，聽清楚了後，雖然想不教三民主義都不可能了。在那個以工科爲主的大學中，我總不能去教平面幾何吧！可是，我對外又不好意思說教三民主義，當有人問我教什麼時，我總是支支吾吾說教《詩經》。一位朋友曾因此預言說：

「老郭，你的前途，就到此爲止。」

「爲什麼？」

「你明明說謊，又沒有說謊的本領——一說謊就結結巴巴的人，沒有前途！」

不過，我確實教過《詩經》，不過只有兩個小時，是代同事上課。事後，我非常佩服自己的膽大，什麼都敢教，說不定那一天回到百泉初中教算術！

30 被俘

我在救國團有我的天地，除了上班時間以外，都在寫我的小說。長篇小說集《蝗蟲東南飛》，中篇小說集《莎羅冷》，短篇小說集《秘密》《怒航》《兇手》《掙扎》，都在五〇年代出版。也就在這個時候，開始有了小小的名聲，受到文壇重視。那個時代，因爲出版的困難，出名反而比較容易。

當時全國本來只有一個文藝團體——中國文藝協會，可是它一開始就被少數幾個人把持，不肯放手，於是引起了窩裡反，以馮放民、劉心皇、王臨泰三位先生爲首的一群作家，宣告脫離，在中國青年反共救國團支持下，成立了「中國青年寫作協會」。眞正領導人是救國團文教組組長包遵彭和副組長楊群奮，我則是負實際工作責任的總幹事。擔任總幹事最大的好處是，使我認識了五〇年代大多數作家。

當總幹事還有好處，當時台灣不但對外封閉得像一個鐵桶，對內也很少旅遊，只有中國青年寫作協會會員不斷組團作環島訪問，這在當時是一個石破天驚的行動。而更石破天驚的是，還組團分別訪問金門和馬祖兩個軍事重地，每一次都由救國團出面向海軍總部申請一艘登陸艇，由海總在坦克艙搭起床舖，這不是一個普通民間團體所可以辦得到的。

另一個好處是，每年暑假救國團都舉辦暑期學生戰鬥訓練，在各式各樣的戰鬥訓練營中，特別成立一個戰鬥文藝營，這個營就交由青年寫作協會主辦，我自然是主角。文藝營普通分爲四組：小說、詩歌、戲劇、文藝理論。

——後來，我離開救國團，尤其是入獄以後，所有該會的歷史文獻，對我都一字不提，手法乾淨俐落，態度嚴峻，就好像俄共之對付托洛斯基、中共之對付陳獨秀。即令是圖書目錄上，遇到作者是我時，「郭衣洞」也會被刪去「郭」字，成爲「衣洞」。

救國團的工作雖然使我有所收穫，但有時候也受到岐視。有一次，《自由中國》雷震先生邀請幾位朋友到他家後院喝下午茶，來賓中一位是台灣大學教授殷海光先生。殷海光是誰，我那時還不清楚，殷海光當然更不知道我，但他一聽到救國團幾個字，立刻露出不屑的面孔，態度傲慢。我總認爲教授氣質應該有相當涵養，春風化人才對；直到很久以後，我才知道殷海光所以有那樣的態度，是他把我歸了「異類」的緣故。

救國團上自蔣經國，下到每一位職員，都把《自由中國》視爲寇仇。有人警告我，不要再和雷震他們來往，但我不能接受，因爲內心裡喜歡並且尊敬雷震先生，從不覺得和《自由中國》來往，是一種背叛團體的行爲。當救國團發動四面八方圍剿《自由中國》時，我沒有寫一個批評的字。不過我却在《自由中國》寫過一篇短篇小說〈幸運的石頭〉，描述一個人一輩子靠運氣，而不是靠能力，步步爬上高位。

這篇小說寫得並不好，但是却被認爲諷刺某些人物，就有人打小報告說：我在東北陷入解放軍之手時，曾被俘擄，而且被關到集中營受過訓。當時流傳着這麼一個故事說，蔣中正在總統府召見重要將領，張飛進見，警衛說，你是行伍出身，沒有學歷，不行。諸葛亮進見，警衛說，你有民主思想，不行。馬超進見，警衛說，你是地方軍閥，不行。關公進見，警衛說，你被俘過，不行。袁世凱進見，警衛不認識他，問他說：「你是誰？」袁世凱回答說：「我是袁大頭。」警衛驚喜說：「袁大頭？走後門！」

被俘這項流言的誣陷，是我中年以後的巫蠱。我無法證明我沒有被俘過，而且，主要的是，沒有人要我證明，即令我可以提出證明，也不知道向誰提出。巫蠱是看不見摸不着，但却是無所不在的病毒，被咬過的人，才知道它的厲害。假證件的事，那是自己眞正的作僞，不是別人誣陷，賴上帝的保佑，終於過關；可是「被俘」突然現身，緊緊的抓住我，我不知道怎麼擺脫。

有一天，文教組長包遵彭先生把我叫到房間，鎖上房門，嚴肅的問說：

「我們是老同學、老朋友，東北撤退時到底發生了什麼事？」

「發生了什麼事？」

「有人檢舉你在東北被共匪俘擄過，還在集中營受過訓。」

我跳起來，大聲說：

「我沒有被俘過，也沒有受過訓。這消息是哪裡來的？」

「消息來源當然不能告訴你，反正有人檢舉。」

「我要面見主任（蔣經國）解釋，這是從沒有的事。」

包遵彭立刻緊張，用力握着我的手，說：

「天老爺，你千萬不能向主任作任何反應。懂嗎？我們是老同學、老朋友，我才這麼坦率的告訴你。本來只教我暗中調查，並沒要我通風報信。主任如果問你怎麼知道有人檢舉你，你怎麼回答？」

我目瞪口呆。

「千萬不能對任何人講，」包遵彭說，「不但害了你，也害了我。如果你說是我告訴你的，我會當場否認。」

「那我應該怎麼辦？」

「我也不知道，一切謹慎就是，不要得罪人。」

不久之後，主任秘書李煥先生也把我叫去，談一些公事後，輕描淡寫的問了一句：

「怎麼有人說你在東北被俘過？」

我重複一遍向包遵彭說過的話，李煥也用包遵彭同樣的話，囑咐我謹言愼行。

這種千鈞壓力，每隔一段時日，當我心情正要恢復平靜之際，總要重演一次，然後原樣結束。最無奈的是，我還被嚴厲的告誡，不准向任何人提起。

後來我才知道，「被俘」是一個嚴重的罪行，最高可以判無期徒刑。我陷在五里愁霧中，日夜忐忑不安。

一九五〇年代末期，國際上流行一種稱爲「年會」的學術會議（不是年度性質的會，而是專題性質的會，像國際物理年會、國際地球年會）。救國團在一九五八年冬天，在風景明媚的日月潭，舉辦「中國青年文史年會」，其實就是一個以大專學生爲主的冬令營。就在年會上，我認識了靜宜英語專科學校（後來改爲靜宜大學）的學生倪明華，這是我一生中，又一次被切成兩段，一切歸零。愛情足以使年輕人着迷，但對中年以上的人來說，只不過一句虛話；尤其是男人，事業居於無可動搖的第一位，愛情不過逢場作戲。可是，對我不然，這一場愛情，使我跟永培仳離，和整個社會作對。

對這件事反應最強烈的是明華的父親——中興大學教授倪渭卿先生。他那時正在陽明山革命實踐研究院受訓，和成功大學校長閻振興先生同住一個寢室，他警告閻先生，成功大學如果再繼續聘我教書，他們夫婦將去鬧個天翻地覆，閻先生遂立刻把我解聘。倪先生又發電報給蔣經國，指控他的部下利用職權勾引他的女兒，要求嚴辦。蔣經國並沒有立刻下令把我撤職，而只是要副主任胡軌先生警告我說：

「拿得起，放得下，才是大丈夫。前途重要，怎麼可以這樣胡鬧！」

我不是胡鬧，而是認眞，我仍繼續和明華來往，她父親的反應越發強硬。那時的報紙雖然對這件事沒有一個字的報導，但在整個救國團和它所屬的各縣市支部，已成爲轟轟烈烈的話題。我平常本樹立了不少敵人，現在，更成爲流言四射的箭靶，想不到的一些醜聞，和足以致我於死的跟共產黨有關的一些傳言，越來越嚴重。我完全孤立，沒有一個人和我說話，也有一些朋友前來勸解，站在事業和前途的立場上，指出我半生辛苦的成果，將爲一個小女人而毀於一旦，不但不實際，也不聰明。

然而，我完全聽不進去，我把愛情置於第一位，把事業前途置於第二位，不在乎任何批評和阻礙，正是我的盲點。「青幹班」同學張忠渠感慨的說：

「你已經着迷了。」

「是的。」

迷，是我的致命傷。

蔣經國叫李煥轉達他最後的一次警告。

「主任說：郭衣洞不是被俘過嗎？如果他再繼續惹事，我就叫調查局調查他這件事。」

「調查就調查，」我說，「我根本沒有被俘過！」

李煥不說話，沉默了一會，說：

「好吧！你辭職吧！」

多少年後，回想起來這一段對話，忽然驚出一身冷汗。那年我已四十歲了，雖然經過那麼多災難坎坷，可是，仍不知道「調查」的恐怖含意。直到十年之後我被逮捕，才發現一旦「調查」，即令以皇太子之尊，也會被「調查」出叛國的罪行。不過，雖然當時蔣經國已十分不耐，但他却不為已甚，並沒有眞要「調查」。而李煥先生，以他當時的影響力，如果不包容擔當我的荒唐的話，蔣經國可能會被激怒，採取行動。而發生在十年之後的被捕事件，將提前十年發生，那才是我最大的悲慘。

辭職後，又恢復了當年的孤獨，接着，深懷內疚的和永培分開，孑然一身在臨江街找了一間房子暫住，沒有薪資，沒有工作，身上只有一點點零用的錢。而明華却如石沉大海，她被父母軟禁在家，不准上學，也不准出門，根本不知道我的去向，二人無法聯絡。感情在沸騰了以後，又歸平靜，好像根本沒有發生過什麼事情。

這時，朋友們開始譏笑說：

「你被一個小女子耍了，這麼大的男人，就這麼輕易的斷送自己一生。」

我並不後悔，但事實硬是使人不得不相信，有朋友甚至建議我寫信給蔣經國，承認錯誤，要求再被錄用。使我懊惱的是，他們怎麼會想出這種主意。

不久，《自立晚報》總編輯李子弋先生邀我到報社工作，使我在飢餓邊緣，有一個飯碗。《自立晚報》在長安東路，每天來往臨江街之間。那時報社經濟十分拮据，幾個月發不出薪俸，所有的職員們又無他處可以投奔，只好在毫無收入的情況下，一天一天的苦撐。那時的公共汽車票價是一塊錢，很多次我因爲沒有那一塊錢，而步行一個小時上班，再步行一個小時回家。生活是那麼樣的艱苦，但仍一直有信心，懷着盼望。

忽然有一天，正在報館上班，倪明華在她的同學汪道霞陪伴下，悄悄的在面前出現，這像是一場夢境，而夢境也確實從這個時候開始。感激明華爲我所作的犧牲，她履行她的承諾，我付出後半生的全部代價，包括難以挽救的跟城城、垣垣二兒的父子之情。

明華父母最後接納了我們，不過，二老的接納，並不表示二老的學生也接納。前面提到的《自由中國》編輯傅正先生，是倪老先生在武漢大學任教時的學生，傅正這一輩子都不原諒我娶他的師妹。大概是結婚之後的第二個月，他衝到臨江街的家，我剛把茶奉上，他就開始辱罵。

辱罵了足足一個小時後，他站起來呼喚說：

「明華，妳現在跟我走！」

明華勸他坐下來，我則索性下逐客令，叫他自己走。傅正果然走出大門，走到對街，等候明華的答覆。明華過去勸他回家來坐，他當然不肯，把倪明華的手摔開，怒沖沖而去。

一年以後，傅正因《自由中國》案被捕，囚禁台北縣土城的「生教所監獄」——生產教育所，倪明華還燉過好幾次紅燒肉給他送去。我鼓勵她這樣做，從買肉到雇車，都是我出馬。

不久，台灣中部橫貫公路通車，公路局局長林則彬先生約我作一次通車前的訪問，爲通車典禮寫一本小册子。我和明華由台北飛到花蓮，由公路局總工程師胡美璜先生陪同，乘一輛吉普車，從太魯閣直到東勢。路面大部份還沒有舖上柏油，車子過處，黃土漫天。我曾爲此行寫下〈寶島長虹〉，並為沿途名勝取下了十二景，十二景在《中央日報》上刊載過，也常被人們引用。然而，我入獄之後，就沒有人（包括我自己）再提了。

最懷念的一件事是：「柏楊」這個筆名，就來自這趟橫貫公路之旅。全線當時除了一兩處坍方外，其他全部通車，只有最後的一個隧道，鷹架還沒有拿開，我們的車子到了隧道的東口停下，徒步從鷹架間穿過，走到隧道西口，再坐另一部接駁的專車西上。就在等候西口專車的時間，招待人員把我們引到隧道附近高地的原住民村落裡喝茶。這個村落原住民的馬來語發音叫「古柏楊」，我非常喜歡這三個字的發音，回到台北開始寫雜文時，最初本來想用「古柏楊」作筆名，但看起來好像是武俠小說的作者，就索性改用「柏楊」。至於那個地方現在名叫什麼？位置又在那裡？若干年後，我重遊橫貫公路時，好像〈桃花源記〉裡的男主角劉子驥，已經無法尋覓。

31 十年雜文

專車遊橫貫公路的光彩，對我的貧窮沒有裨益，那時候還不流行付給演講費、撰稿費。台灣公路局認爲我既是局長的貴賓，地位崇高，豈可以現金論價，所以並未支付分文，眞是連煮字療飢的機會都沒有。這時，報社命幾位編輯分別撰寫專欄，專欄的稿費雖然很低，但不無少補，且很少拖欠。我就把分到的專欄定名爲「倚夢閒話」，每天寫一千餘字。這不是十分體面的開始，但是却把我悄悄的帶進另一個新的寫作廣場。

最早寫雜文的目的，顯而易見，不過只爲了免於飢寒，並沒有什麼崇高的理念，向專制暴政挑戰，所以最初只談一些女人、婚姻之類的話題。可是，到了後來，每天在報社裡聽到記者們採訪回來，尤其是採訪警察局回來，常帶一些使人髮指的社會新聞，而報社礙於人情或畏懼後果，往往不敢發表，我就忍不住在專欄裡，提出抨擊。有一次，一家主人指控他的女傭偷了錢，刑警隊就把那女孩帶回警察局，雙臂張開作「大」字狀，銬在欄杆上，這是一種連軍閥時代都不會發生的暴行（即令是帝王時代，爲了防止強暴或戲弄，女囚犯不戴枷、不反綁）。又如紅極一時的名鴇何秀子女士，被警察逼得走投無路，舉行記者招待會，控訴警察索賄。而警察局第一個反應就是：一個老鴇怎麼有資格舉行記者招待會？而我的第一個反應則是：老鴇跟總統一樣，有資格舉行記者招待會。

社會的黑暗，反映這個社會的品質，傳統社會最大的特點是：不把人當人，尤其不把女人當人。我見到這一類的惡行，多半來自警方，這使警察先生在我的雜文中，佔了一個非常突出的地位。當時全島所有的警察局和派出所牆上，都有九個字的斗大標語：「作之師，作之君，作之親。」這簡直是只有發高燒的人才想出來的荒謬念頭，一個警察居然自命是人民的教師，已夠自大，還要當人民的君王，我認爲其心可憎，最後還要當人民的爸爸，就更不可寬恕。所以我給警察先生取了一個綽號，叫「三作牌」，引起很大的回響，以致後來記者寫稿寫到警察時，往往用「三作牌」來代替。這個綽號造成兩個後果，第一是在提出這個綽號後一年半左右，警察局牆上的標語全部塗消，第二是全體警察的怒火，集中在我一個人身上。這就是十年後我被捕時，政府組織了三人專案小組負責偵訊，警務處也指派代表的原因。

雜文富於社會批判功能，像一把匕首或一條鞭子，它雖不是魯迅先生所創的文體，但却是由他發揚光大，它更是對抗暴政的利器，因爲它每一次出擊，都直接擊中要害。在那個威權至上而肅殺之氣很重的年代，文化像一片沙漠，社會如一潭死水。國民黨蔣家王朝戰敗之餘，撤退到台灣，滿身傷痛，後來在美國強大武力的保護下，才休養喘息過來。然而由於對共產黨深懷恐懼，所以把共產黨視爲天神，認爲它既無所不在，又無所不能。同時，國民黨也發現，有個像共產黨這樣的敵人眞好，對具有自由、民主思想的文化人，只要把共產黨帽子往他頭上一扣，就可以名正言順的立即剷除。這套手法我並不是不瞭解，可是我控制不住自己，一遇到不公義的事，就像聽到號角的戰馬，忍不住奮蹄長嘶。

雜文固然是打擊專制暴政的利器，但也是一種兩頭尖的利器，會同時傷害到自己。我心想：幸好當時有一個《自由中國》作第一道防線。然而，一九六〇年的某一天，蔣經國和他的家人去碧潭游泳，從他溫暖的笑容上，可看出他心情的愉快，似乎天下一切平安無事，就像他的笑臉一樣浮漾着和煦。然而，如今回想起來，當初史達林先生下令逮捕托洛斯基元帥時，他也去黑海游泳，露出同樣笑容，那是滿意自己成就的笑容。因爲就在當天，蔣經國下令逮捕雷震和傅正。雷震被捕時，還交代他的助理要繼續出版《自由中國》；他實在應該知道蔣經國逮捕他的目的，正是不允許他繼續出版《自由中國》。

逮捕雷震，查封《自由中國》，是五〇年代一件大事，而比這個更大的事，像軟禁孫立人將軍，以及肅清孫將軍在軍中的勢力，都沒有引起反彈，因爲那都是在秘密之下進行。國民黨特務認爲對付像雷震這樣手上沒有任何兵器的人物，根本不需要秘密進行，所以毫不避諱。當時和雷震、聶華苓非常接近的作家群中，公孫嬿和他們最爲親密。可是，雷震被捕後，公孫嬿立刻在《中央日報》上發表一篇長文，對雷震痛加斥責。一時間，討伐雷震和《自由中國》的聲音，充斥所有報章雜誌。

《自由中國》這道牆崩塌之後，我的咽喉完全暴露在情治單位的利劍之下，當時我聽到的第一個訊息，就是出自同事口中的警告：

「警備司令部的人說，柏楊以後該乖了吧！」

偏偏，我不但沒有變乖，反而從內心激發出一種使命感，覺得應該接下《自由中國》交出來的棒子。這種信念，在我的雜文中，不斷出現。在氣氛一天比一天肅殺的那段日子裡，讀者把它十分看重。

那些年，很多事情使我如魚刺在喉，不吐不快。靠着膽大包天和一時的運氣，發揮了聾子不怕雷的精神，不斷寫下去。爲了減少阻力，我用最不嚴肅的方式，討論最嚴肅的問題，幽默最容易凝聚讀者群，也最容易引發更多人關注我們社會的病態。

漸漸的，我走出了最初以女人和婚姻等風花雪月的題材，走進眼睛看得到的社會和政治的底部，最後，再走進傳統文化的深層結構。所看到的和感覺到的，使我震撼，我把它譬作「醬缸」，但一開始並沒有想到，這個醬缸竟有那麼大的腐蝕力。

有一年，台北警察局在召開了無數次的會議以後，決定自某月某日開始，禁止隨地吐痰，對違犯的人處以罰款。市民都歡呼這是一個新的時代到來時，蔣中正却突然下令阻止，他說：要以德服人，只可以勸告，不可以罰錢。結果一個可以改變人民氣質、提高環境衛生水準的機會，就告破滅，大家空歡喜一場。而當時的報紙和電台却異口同聲跟着宣傳：德治比法治好，因為動不動就罰錢，只會招來民怨。中國不能夠革新進步，第一因就在於這種「德治比法治好」的醬缸產物。

阻撓傳統文化革新的兩項措施，全由蔣中正主導。一是中國駐印度第一任大使羅家倫先生，曾大力提倡簡體字，並寫了一個小册子，用蔣中正的一句話作為書名：「這樣的文字，非簡化不可。」結果這句話不過使羅家倫免於被捕，文化界大小打手，紛紛指控：凡是主張簡體字的人，都是「與共匪隔海唱和」之輩。那個時代，一旦被這七個字咬上一口，非死即傷，我曾為此寫過一篇短篇小說〈魔匪〉，因而也被再一次烙上印記。

二是，中文橫寫時，應該從左到右，或從右到左的純文化問題，警備司令部也磨刀霍霍。中文橫寫，天經地義的，應該從左到右，因爲漢文單字，就是從左到右寫的，從來沒有人從右到左。當漢字堆積成文章時，當然也應該從左向右。如果從右到左，不但無法控制字與字間的距離，而且，手腕也會把你右邊寫的字，擦成一團。不幸的是，共產黨在大陸不但實行簡體字，還從左到右橫排，於是，凡是主張從左到右橫排的人，都是共產黨的同路人。

我終於發現政治上改革之所以困難，全由於文化上的惡質發酵。因此我不斷呼喊，企圖使醬缸稀釋，才能解除中國人心靈上滯塞的困頓之情。後來，我才知道，我這份盼望社會進步的沉重心態，正是把我自己綁赴刑場的鐵鍊。

十年雜文期間，除了在《自立晚報》「倚夢閒話」專欄外，稍後也在《公論報》闢「西窗隨筆」專欄。這兩個專欄的內容和形式一模一樣，雖然這兩份報紙的發行量不大，但在白色恐怖時代，影響却立竿見影。

除了執筆爲文外，我還被邀到國立台灣藝術專科學校兼任教授，教「文學概論」，使我不得不閱讀一些文學理論方面的書籍。當時我已經出版了十本小說，却直到教文學概論的時候，才知道什麼是小說，和小說應該怎麼寫。但我也發現，理論對創作並沒有太大幫助，而只對欣賞有幫助。這時我對雜文的運用，已較熟練，漸漸創造出屬於自己的文體。當然也受到過挫折，例如，我用第一人稱的時候，除了「我」以外，還不時的自稱「柏楊先生」和「柏楊先生暨夫人」，以及「我老人家」等等。有一次，編輯會議上，有位記者廖素雯女士要求報社用行政力量，制止這種不倫不類、自高自大的寫法。

十年雜文，是我有生以來，從沒有過的、這麼長期的安定日子，因爲倪明華和我逐漸建立起一個平靜的家。婚後第二年，明華生了一個女孩，命名佳佳。在這之前，所有的孩子早和我疏遠，現在女兒成了我唯一的親情慰藉，從她呱呱墜地那一天起，每一聲哭啼，都牽動我的心肝。從她身上，我看到的不僅僅是一個小女孩，還看到另外兩個女兒，和兩個兒子，這些是終生無法挽回的椎心之痛，也是任何一個婚變後，不能撫養子女、身爲父母的哀情。作父母的可以暫時忘記兒女，但不能永遠忘記；不能無時無刻的思念兒女，但會終生不斷思念。只有一個方法可以使自己獲得小小的平安，那就是把對所有孩子的愛，全部傾瀉到可以看得見摸得着的現有孩子身上。八歲前的佳佳，眼中也只有爸爸，平日爸爸陪她玩，陪她鬧，被她當馬騎。終於，等到佳佳要上幼稚園的前一天，她背上給她新買來的小書包，興奮的在客廳裡走來走去。可是，當幼稚園報名的時候，却因爲出生日只差幾天，而被學校拒收。我跑到學校去找那位女老師理論，所謂理論，是我事後敍述時的文明語言，實際上是去吵架。吵架當然沒有效果，差幾天就是差幾天，所以只好拜託擔任家長會長的任顯群先生從中關說，才報得上名。報名那一天，正好遇到那位吵架的老師，她冷笑說：

「這麼美麗的小姑娘，怎麼有這種兇惡的老爸，眞是奇怪！」

既然誇我女兒漂亮，所以雖然咬定我兇惡，我也樂於接受。考試那一天，我比當初考大學時還要緊張，坐立不安，像隻猴子般走來走去，一直等到佳佳大大方方走出來，表情上一點都不畏縮，我迎上去，抱起她問：

「考得怎麼樣？」

五歲的女兒回答說：

「一百分！」

我高興得手舞足蹈，一百分是一個滿分，一定可以考取。想不到聽來聽去，似乎所有的孩子都考一百分，這才覺得有點不妙，趕緊再去找那位吵過架的女老師，陪笑問她：

「我女兒考得怎麼樣？」

她大概看出我的迫切和恐慌，直接告訴我說：

「考取了！」

接着又把前面說過的話，顚倒過來重複一遍：

「這麼兇惡的老爸，怎麼會生那麼美麗的女兒？」

第二天，我送佳佳上學，看她進到小小教室，臨窗坐下。剎那間，坐在那裡的，似乎就是城城，當年，我送他上國語實驗小學，城城比較膽小，他的眼睛一直望着守在窗外的爸爸，等我一轉身離開時，他就在教室裡大哭，我只好折回來陪他，這樣多少天之後，城城才能夠適應。而垣垣上幼稚園時，我却不在一旁。現在，從佳佳小臉蛋上，看到她兩位哥哥的笑容，感覺到這世界是那麼樣的難以兩全。

佳佳不僅僅喜歡聽我爲她說故事，還喜歡父親身上的煙味。每天下班回來，她就要攀着膝蓋爬到身上，從前胸嗅到後背，從後背嗅到頭頂，說：

「爸爸身上煙味眞好聞！」

這也成了我拒絕戒煙的最大理由。

倪明華因我的關係，學業中斷，我不願她爲此抱憾終生，千方百計，甚至半強迫的，在佳佳三歲那一年，終於把明華送到中國文化大學就讀。每天晚上，明華去學校上課，家中只剩下一對父女，大書桌旁就放着一張特製的小書桌，供佳佳坐在那裡做功課，當小學一年級開始寫字的時候，看她把那複雜艱深的漢字一個個塞入小小的方格子裡，我深爲難過。不久，佳佳跟孫觀漢先生的小女兒孫世鍾——與佳佳同歲，書信來往。看到孫世鍾用英文寫的信，感覺出來漢字給中國孩子的沉重壓力，我當時就想，如果中國文字不改革，單單漢字的學習壓力，就會使人筋疲力竭。

雜文十年所以成爲美好的十年，另一個原因是，這十年中，我結下了很多人生中最難得的幾椿友誼。有一天，忽然接到寄自美國匹茲堡大學的一封信，這是跟孫觀漢先生生死相交的開始。孫先生是物理學博士，曾出任國立清華大學原子科學研究所所長，建立中國第一座教學用的原子反應爐，因此，後來被尊爲「中國原子科學之父」。他對我的稱讚和期許，使我虛榮心大增，好像我眞的有他所說那麼偉大。幸好，虛榮心大增了一陣子之後，我開始警覺到，如果再繼續大增，我會毀滅。

孫先生二十四歲即到美國，娶了一個碧眼黃髮的美國女子爲妻，生下二男一女，但當他有一天在那溫暖的家庭中，發現包括他自己，以及兒女在內，都在用英語思考、用英語交談的時候，油然生出故國之思。他要再一次看看中國字、聽聽中國話（不過，孫先生濃厚的紹興腔國語，常成爲周圍女性朋友嘲笑的對象）。恰好，梅貽琦先生出任清華大學校長，他偕夫人隨梅貽琦回台。當他寫信給我時，他已返美，我們通信頻繁，却一直沒有見過面。

又有一天，我接到一封筆跡秀麗的信，結下第二椿永不磨滅的友情，那就是當時還沒有結婚的陳麗眞，台灣彰化人，高中畢業就考上鐵路局的列車小姐。她的國語和孫先生的國語成尖銳對比，清澈悅耳，字正腔圓，她和當時的男朋友商量後，決定寫信給我，並來家中拜訪，從此成爲通家之好。

陳麗眞是一個深情的女孩，她的愛情生活對她而言是一場惡夢，我入獄前就不斷的調停她和男友之間的爭執吵鬧，不是男友悲悲悽悽來找我，就是麗眞哭哭啼啼來找我，我成了他們訴苦的對象。我入獄後，他們終於結了婚，却成爲文學家筆下那種典型的怨偶，在他們生下一個男孩之後，終於仳離。麗眞也寫了不少短文，可是那種奇特的不安寧家庭生活，根本不是一個創作的好環境。

我後半生的朋友，幾乎全來自我的讀者，結交過程相差不多，先是通信，再見面聚會，最後往往成爲互相扶持的知己。

32 夢寐一樣的往事

十年雜文，表面上看起來沉靜得像一個沒有漣漪的湖面，其實湖面下，惡浪滾滾，漩渦翻騰，我有相當數量的讀者，也有讀者帶給我的物質生活的水準，和精神層面的鼓舞，每一篇文章在《自立晚報》刊登時，對無所不在的國民黨特務而言，幾乎都是一記強力震撼。明華也出了一本書《叮嚀》，就讀中國文化大學夜間部時，因住家離學校有相當距離，特爲她買了一輛汽車，這使她成爲台灣女作家擁有汽車的第一人，卻不知道，也因此招來大忌。有一天，小說家林適存到我家作客，臨走的時候，在樓梯上忽然轉身對我說：

「你整天罵政府，反政府，日子過得這麼好，而我們這些擁護政府的作家，生活卻過得這麼困難。」

我再也料不到，最要好的朋友竟會講出這種殺傷力極大的話，我以爲人們應該爲朋友們的好運感到喜悅！一位軍中作家公孫嬿就比較聰明，他在國防部情報局工作，擔任過駐伊朗、駐美國大使館的武官，他告訴我說：

「我從不接待同事到家裡來，一旦他們發現你活得比較舒適，他們就會陷害你。」嫉妒，也就是「紅眼病」，是醬缸文化中最可怕的病毒。白色恐怖時代，每一個新聞記者、每一個作家，心裡都有一個小型警備司令部，落筆的時候，會自動提出質疑：

「警備司令部會有什麼看法？」

那時候，各報社都是用鉛字排版，因爲字盤位置的關係，「中共」很容易誤成「中央」，「中央」也很容易變成「中共」。這對晚報的作者、編輯、撿字，和校對人員，是一種夢魘，每天都要等到下午四點半鐘之後，還沒有接到電話，編輯枱和工廠才能放下驚恐的一顆心。

《自立晚報》前任發行人婁子匡先生就栽在下午四點半的電話上。他曾經開除了一位職員，這位職員後來到警備司令部書刊檢查小組做事。有一天，《自立晚報》登出一則報導，其中有「草山一衰翁」（草山即今日的陽明山）。婁子匡接到電話，那位職員在那一端得意的說：

「這下子抓到你了，你死定了。」

妻子匡是一個民俗學家，不坐牢已屬幸運，但也只好把報社交出，轉讓給李玉階。

就在寫雜文的第三年，一位從大陸流亡到台灣、曾當過「全國學生聯合會」會長、在閻錫山當行政院長時代經常出入院長室的張化民，寫了一篇短文，討論蔣中正的功過時，文章中有八個字：「自以為是民族救星」，結果一個字判一年，八個字判八年，恐怕是世界上最昂貴稿酬，這正是當年文化人的處境。

已晉升為救國團副主任的李煥先生，對我仍有舊情，他警告我說：

「每一次開宣傳會報，很多單位都對你提出嚴厲攻擊，主任（蔣經國）從不講一句話。看情形，你最好不要再製造痲煩。」

「可是我看到太多使人落淚的疾苦，不能不寫。」

「你不是在藝專當兼任教授嗎？有位朋友最近可能接任校長，如果你同意的話，我可以拜託他請你專任。」

我表示願意離開報社，專心教書，因為內心也實在恐懼下午「四點半」的日子。可是上帝的意思不是這樣安排，李煥那位朋友後來沒有接成校長，我也沒有再看到李煥。

這個時候，我的一部報導文學《異域》開始在《自立晚報》連載。故事背景是根據駐板橋記者馬俊良先生每天訪問一、二位從泰國北部撤退到台灣的孤軍，他把資料交給我，由我撰寫。很多當初在大陸誓言與某城共存亡的將領，結果不但城亡人不亡，拋棄了願爲他們戰死的部下，甚至捲款潛逃到台北，藉着關係，竟先後到國防部坐上高位。我委婉的把眞象報導出來，使那些一臉忠貞的傢伙大爲憤怒，因此引起國防部對報社的強大壓力。有一天，憲兵司令部政戰主任蕭政之到報社，我們是「戰幹團」同學，他把我帶到愛國東路憲兵司令部，警告我一句話：

「你麻煩可大了，我們不能明目張膽的查封報紙，但可以查封你。」

我狼狽的走出大門，對這一次沒有被扣押，十分心悸，對憲兵司令部竟介入文化圈，更感到危機四伏，也因此發現自己的孤獨，一支筆無法對抗龐大的國家機器。我決定停筆，可是當另一個不公義的事情出現的時候，却又無法壓制自己的良知。

明華進入中國文化大學後，讀行政管理系，系主任是當時《中華日報》社長楚崧秋先生，給了她一個位置，主編《中華日報》的婦女版，這是一個令人稱羨的差事。到這時爲止，明華是我婚姻生活中，唯一向我說過「我愛你」的妻子，這句話雖然常在小說裡出現，可是五〇年代以前現實生活中，却很少人能夠聽到，當日月潭第一次聽到她對我說出這三個字時，心中起了很大的衝擊。一生中從沒有聽過一個女性向我這樣傾訴，我最大的變化從這三個字開始，溫柔的力量使我逐漸躍出野生的莽原。

明華白天在中國廣播公司上班，晚上到中國文化大學上課，剩下的時間則編《中華日報》婦女版，她成了一個非常忙碌的少婦，我暗中慶幸生活日趨改善。我在《自立晚報》上的班，是上午十點到下午一點，其他時間全用來讀書和撰寫雜文，成了一個女主外男主內的家庭。正因爲這個緣故，我和佳佳有一種父女相依爲命的特別感情。佳佳讀復興小學，放學時，我總去接她，她晚上參加一個舞蹈訓練班，放學時已經深夜，舞蹈班派車子送每位小朋友回家，當車子的喇叭聲響時，我就從三樓飛奔下來，佳佳在學校或在舞蹈班所見所聞，總要一樁樁一件件向做父親的我報告。

有一次，幼稚園園長家庭訪問，誇獎佳佳美麗，成績又很好，問有沒有什麼事情需要老師幫助的？我脫口而出說：

「她不肯吃飯！」

結果，等園長告辭，佳佳小小身軀衝到客廳，一面跳，一面氣得聲音顫抖，她喊叫說：

「我這一輩子都是你害的！」

佳佳不肯吃飯，眞是一大頭痛，每天晚飯，明華都要端一個碗，跟在她背後追來追去餵她。而每次佳佳都要爬到巷口一輛三輪車上坐着才肯下嚥。那時，我們養了一條小狗，佳佳却悄悄的去把狗食吃掉，不一會兒功夫，就大瀉肚子，而且發高燒，於是把她送到新生南路兒童醫院，醫師認爲事態嚴重，立刻給張病床，吊起點滴。入夜後，我睡在床前地下，只鋪了一個軍毯。佳佳從昏睡中醒來，拉着不能入睡的我的右手，親着說：

「爸爸，你將來害病，佳佳也守着你！」

一句話已經夠了，這是我有生以來，第一次聽到最貼心的一句話。我噙着要流下的眼淚，安慰她，把手輕撫着她的眼皮，使她入睡。這些遙遠而模糊的父女親情，如今只剩下做父親的一人記得而已。

不肯吃飯的風波，我們從建國南路搬到敦化南路後，又發生了一次。佳佳躲在房裡玩玩具，菜飯擺到飯桌上半小時，怎麼叫都不肯出來，我十分生氣，就用一種使她可以聽到的聲音對明華說：

「佳佳不吃飯，已經不是我們的女兒，巷口有個張伯伯和我講好價錢，一百塊把她賣掉。一會兒人家就來領，快把她的衣服收拾好。」

話剛剛說完，佳佳從房間衝出來，淚流滿面，嘶喊說：

「你這個臭爸爸、壞爸爸、死爸爸，你把我賣掉，你憑什麼賣我？……」

我這一次眞正的嚇住了，看佳佳眼中流下來的滴滴淚水，知道已深刻的傷害了她稚嫩的心，我急忙把她抱起，承認爸爸犯了錯，說：

「兒啊！爸爸寧願死也不會賣妳！」

我用舌頭舐她的眼淚，從那時候起，我再也不對孩子說出她不能承受的話。

我的個性是一個典型的粗線條，只有在對女兒時，才變得纖細。佳佳還穿尿布的時候，有時坐在我懷裡忽然撒尿，我從不敢出聲，要一直等她撒完，才抱起來為她換洗。深怕一慌張會驚嚇孩子把尿憋住，可能產生後遺症。

十年之中，佳佳給了我八年之久的溫馨父女之情，惡運的魔爪在我認為已經遠離而去時，卻悄悄逼近，突然間從天而降，使我承受更悽慘的打擊，接着是十年牢獄，家破人亡，我再被撕成碎片。

33 山崩地裂

倪明華主編《中華日報》的婦女版，當然是一個好工作，可是，她身兼三職，早上出門後，晚上回家，總在十一點左右，疲憊不堪，但仍勉強支持。

一九六七年夏天，《中華日報》向美國金氏社訂購「大力水手」連環漫畫，交給家庭版每星期刊出五天。明華要我翻譯，以我的英文程度，根本沒有這個能力，但我却接下這份工作，因爲漫畫上的對話十分簡短，更重要的是，又多了一份稿費。

「大力水手」漫畫是連續性的，金氏社每次直接寄下兩個月的稿件。大概十二月初，一天晚上，倪明華剛進家門，就接到《中華日報》的電話說，大力水手已沒有存稿，明天一早，會派專人來取。明華這時候才緊張起來，一面坐下來趕工，一面催促我，一定要快點趕出譯文：

「譯稿完成後，請放到送稿袋裡，我不再看了。」

「大力水手」是一個全球發行的漫畫，沒有政治色彩。可是，那一次的稿件，畫的却是波派和他的兒子，流浪到一個小島上，父子競選總統，發表演說，在開場稱呼時，波派說：

「Fellows……」

就是這個 Fellows，引爆使我毀滅的炸彈，我如果譯成「伙伴們」，大難降臨的時間或許延後，可是，我却把它譯成「全國軍民同胞們」，心中並沒有絲毫惡意，只是信手拈來而已。譯完後，躡手躡腳走進臥房，把它輕輕的塞進送稿袋，舒了一口氣，上床就寢，沒有一點惡兆。歷史上說大人物災難發生之前，總會有點不祥的預感，這也恰恰證明，我不是一個大人物，只不過一個倒霉的平凡作家而已。

一九六八年元月二日，《中華日報》刊出這幀漫畫，沒有人注意它，連我和明華也沒有注意它，它只不過是一個例行刊出的連環漫畫罷了。可是，虎視眈眈的特務們像發現新星球一樣，奔走相告；假如我的耳朵敏銳的話，會聽到他們的磔磔笑聲。就在那年陰曆年前後（二月初），救國團請各報記者登合歡山。我接受邀請，和倪明華像貴賓一樣被招待先乘火車到豐原，換成巴士到東勢，進入橫貫公路，不久就看到了雪景，對一個千里冰封、萬里雪飄的北方人來說，冬天沒有雪是不可思議的，然而，台灣平原是一個無雪地帶，二十年來從沒有見過雪，現在眼前白茫茫一片，每一片雪花和每一陣刺骨的冷風，都使人回憶到手背被凍爛的兒時。天快黃昏的時候，大雪使車子不能前進，在救國團陪同人員的引導下，住進冬令營小屋，既飢餓又疲憊，幸好屋內有熊熊火爐，溫暖如春，我們和當時在《徵信新聞》供職的常勝軍夫婦，一起擠在一個大炕上。

第二天，踏上沒膝的積雪，找到昨天乘坐的吉普車，重新折回東勢，這是一次有趣的休假，充滿了新鮮。還不知道大禍逼在眉睫，我們一回來，《中華日報》就叫倪明華到報社去，告訴她說，調查局認定「大力水手」漫畫挑撥政府與人民之間的感情，打擊最高領導中心，在精密計畫下，安排在元月二日刊出，更說明用心毒辣。尤其出自柏楊之手，嚴重性不可化解。

我被這項可怕的罪名嚇住，一時間，頭昏目眩。我從來沒有認眞想過特務會對我下此毒手，只模糊感到莫大的壓力而已。現在，焦急而茫然，所認識的朋友沒有一個人實質上有所幫助，尤其使人心都撕裂的是：佳佳天眞無邪的繼續她的頑皮，我對她更百依百順。

大約第三天，明華到《中華日報》，突然被調查局人員帶走，那眞是個冰凍的一天。我雖然仍到《自立晚報》上班，但同事們用奇異的眼光望着我，顯示出來他們什麼都已經知道了。整個下午，在佳佳不斷問「媽媽那裡去了？」聲中度過，晚上，佳佳好容易入睡。我跪在床頭，大聲向上帝禱告，祈求基督使明華能被釋放，我自己是禍首，一切應由我承當。午夜之後，明華回來，我們離別雖只有一天，但心情却彷如隔世，她第一句話就說：

「事情很嚴重，明天會約談你！」

等到明華入睡，我心亂如麻，坐在書桌前，寫下一信：

寶：幾件事交代，分述於下：

・報館請祖光商請吳三連先生，可否留職停薪，萬一短期內可以昭雪，有吃飯之處，以吳先生長者，當獲允，如不獲允，必有困難，不可怨尤。

・人在危難，朋友自必少，若干朋友，必有嘴臉者，萬勿悲憤，要忍才是第一等人，蔣總統在奉化，借錢還要擔保，妳我豈可倖免。

・除銀行支票外，我不欠人。

・畢業後，可攜佳佳赴美，如不能出境，可找李煥先生或逕找蔣主任哀訴，必可獲助，不必記掛我。

・如傳出我與事實不符的口供，則是受到苦刑，萬勿相信。

・出國後，如有合適對象，即可與我離婚（圖章在妳處），另行改嫁，不必指望我，佳佳長大，告訴父親文字獄之苦，終身不可走寫作之路，如我昭雪，她可回來依我。

．到美可訪孫觀漢先生，一敘我受的栽贓及迫害，但仍請他千萬繼續爲國人寫文章，繼續喚醒國人靈性，在文化本質及氣質上改革。

．妳的方形圖章是辦過印鑑登記的，房子可賣掉，用做路費，房價有四萬餘元未付，查看鐵盒中帳單。

．爲我之事，不可找任何人求救，這是有計畫的洩恨誣陷，無人能爲力，亦無人有此擔當，找人徒惹人笑。切記。

．告佳佳勿哭，爸爸已先去美國等她（妳們如到美，可云我已回國）。

．妳也不要哭，更不可到處控訴，更不可云軍法不公，免妳再受打擊。

．有讀者來信，可代覆，告以柏楊先生病故，可免其再來信（郵局信箱鑰匙在汽車駕駛台煙灰罐中，圖章亦在，每隔兩天，取信一次）。

．蔣主任是熱情忠厚之人，李煥先生一向對我關愛，出國事不妨先求見，免申請受阻，再叮嚀。

．想辦法見城垣二兒，出國錢若有多時，付給他們，代我吻他們，致我日夜懸心的愛。

．可請媽媽來伴，但不可打電報，免老人家受驚。

・努力補習英文，用錢宜省，少做衣服。
・出國時家具可贈體康。
・如銀行頭寸不能周轉，只有退票，我們別無收入，以後應還，一文不可少。
・本要交代若干業務，免得妳臨時手足無措，不免又寫若干感情之事，類似遺囑，幸勿爲此而悲，心情不寧，不能細囑，體念我心。
・記住，堅強起來。

●

寶：仍有未了之事，趁妳上班，佳佳在玩，再分別叮嚀。
・如生活困難，可試向何關根先生求援，可告以柏楊病故，臨終相託。
・妳上午痛哭，使我心碎，文字獄雖出意外，人情冷暖則在意中，必經此妳才可以成熟。
・蔣經國主任是一代英雄，是非必明，但因有志之士提供資料，故無法細察，不過要求出國，英雄必熱情，當無問題，不可畏而不行。
・到美可投奔妳大哥，因大嫂敦厚，謀一差事，能讀書更好，此事孫先生必可成全。
・我如昭雪，當會給妳連繫，不必給我來信，我在獄中。
・黎世芬必迫妳辭職，可找一教員（反正只幾個月就畢業），否則坐吃山空。

．只加強補習英文，不可對任何人透露出國事，在我們只是避難、避勢利眼、避妳觸目傷情，但他們可能誣妳叛逃，誣妳包藏禍心。

．對凡來安慰妳的人，不可表悲表憤，切記。

．聖母像妳要帶走，教佳佳早晚祈禱。

就在三月四日，吃過晚飯，我在燈下交代後事，心神不寧，佳佳和她的小朋友華昌言在剛買的大型電視機前，坐在地板上看電視。調查局調查員高義儒先生和劉展華先生，按鈴進來，要我隨他們前往調查局談話，向明華保證說，天亮以前一定把我送回來。全家人都不說話，只有在走過佳佳背後出門的時候，她回頭向劉展華噘一下嘴，發出一個單字的聲音：

「噓！」

明華靠着窗子，面無表情的盯住我的背影，陳麗眞一直尾隨下樓，扶我登上調查局黑色的廂型車。這是重要一刻，此次一去，就是十年。等我出獄後，房子已經不歸我有，妻子已是別人的妻子，女兒雖然仍然是我女兒，但已變成另外一位少女。

到了三張犁調查局招待所，被帶進一間六個榻榻米大的審訊室，主審員是劉展華。第一件事就是叫我撰寫自傳，從出生之時，寫到被捕之日。而另一個房間，科長劉昭祥先生爲主的研判小組，聽取劉展華偵查的摘要，聯合判斷案情。

劉展華一開始就問到整整二十年前（一九四八年），瀋陽在內戰中陷入共產黨之手的經過。七、八句話以後，他單刀直入說：

「你被俘是哪一天？」

「被俘」這兩個字，自從離開救國團，十年之久都沒有再聽到過，今天忽然被提起，使我看見面前的陷阱，除了掙扎着不被推下去之外，沒有方法保護自己。

「我從沒被俘過。」

劉展華撩起他的嘴角一笑，使我想起我的繼母，他重複說：

「你是幾月幾日被俘的？」

「我從沒被俘過。」

「是嗎？你沒有被俘過嗎？在那個大勢已去的時代，國軍爲了保存自己的實力，多少高級將領假裝跟共匪妥協，這有什麼關係？重點是他最後效忠不效忠國家。」

直到那個時候，我還不知道懲治叛亂條例有明確的規定：凡是被俘過的人，不論軍官或士兵，一律判處重刑——從五年到無期。

「我沒有被俘過。」我說。

「你是哪一天被俘的？」

「我從沒有被俘過。」

劉展華的聲音漸漸的凌厲。

「你是哪月哪日被俘的？」

「我從沒有被俘過。」

「好硬嘴，」劉展華大聲說，「你是哪一天被俘的？」

我拒絕承認被俘過，並不是我聰明的知道一旦承認被俘，就全盤瓦解，只是因爲確實沒有被俘過。可是，劉展華用一種得意的眼神盯住我，臉上露出不耐煩的表情，不斷的翻轉着拿在手上的米達尺，問說：

「好吧，那你逃出瀋陽的路條是那裡來的？」

「我們自己寫，自己刻印。」

「怎麼刻印的？」

「用肥皂。」

「是誰刻印？」

「孫建章！」

蒼天在上，我的供辭牽連出來孫建章，因爲圖章確實是他刻的，而且他可以爲我挺身作證。這時候，孫建章在苗栗警察局當督察長，再想不到，我請他作證，不但救不了自己，反而把他也拖進火坑。孫建章立刻被免職，逮捕歸案。調查局正發愁缺少人證，是我親自把一個活證人送到他們的手中，因爲法律上規定，同案被告的口供，可以作爲證據。

後來，審問官又多了一位年紀較長的李尊賢先生，集中焦點盤問我被俘的經過。劉展華對我不肯承認被俘，十分震怒，我可以從他臉上看出來他即將爆炸。這時，我被安排睡在臨時擺在角落的一張行軍床上。我還不知道就在這間審訊室裡，三、四個月前的一個夜晚，調查局把《新生報》的一位女記者，連當時副總統嚴家淦先生都稱呼她爲「沈大姐」的沈元嫜女士，全身剝光，在房子對角拉上一根粗大的麻繩，架着她騎在上面，走來走去。沈元嫜哀號和求救，連廚房的廚子都落下眼淚。那是一個自有報業史以來，女記者受到最大的羞辱和痛苦，當她走到第三趟，鮮血順着大腿直流的時候，唯一剩下來的聲音，就是：

「我說實話，我招供，我說實話，我招供……」

她要求調查員們把她放下來，暫時離開，允許她自己穿上衣服。調查員離開後，沈元嫜知道更苦的刑罰還在後面，她招供不出她從沒有做過的事，於是迅速拴上房門，解下繩子，就在牆角上吊身亡。這個六〇年代的著名記者，除了留下若干有價值的採訪文稿外，最後留下來的是一雙幾乎爆出來的眼睛，和半突出的舌頭。

她後來被宣佈的罪名是「畏罪自殺」，調查局仁慈的爲她修築一個矮墳。

34 調查局

我的口供無法使特務們滿意，也就是報上所常看到的字彙：「堅不吐實」。就這樣，我在審訊室裡住了一個多月，劉昭祥和劉展華逐漸撕下文明面具，朝陽大學法律系畢業的調查員高義儒也參加審訊。他聲稱是一向和我交往很密的《自立晚報》總編輯羅祖光的朋友，把我帶到另外一間審訊室，誠懇的說：

「柏楊先生，你知道你是什麼人？」

「一個作家。」

「不，你是一個名人。既然扣押了你這麼久，如果不查出一點毛病，社會一定譁然。我們也知道你沒有被俘過，你以爲我們調查局都是酒囊飯袋！可是我們如果不咬定你被俘過，這件案子怎麼交代？你一定要給我們下台階。如果你非堅持不可，我們下不了台，怎麼能夠結案？」

「那我怎麼辦？」我說。

「被俘是一件小事，當年，千千萬萬官兵被俘，如果統統判罪的話，全國軍人豈不都坐牢去了？你只要承認確實被俘過，在俘虜營關三天就放你出來，表示我們的情報確實沒有錯誤，就足夠了。」

「被俘會不會判刑？」

高義儒啞然失笑，說：

「被俘三天，竟然要判刑，你怎麼會有這種想法？你把國民黨看成一個沒有理性的瘋狗黨了。我保證，你上午承認，下午就可以出去。我這一生從沒有騙過朋友，也絕不騙你。」

我沉吟了很久，望着那設備簡單的審訊室，終於屈服。長嘆了一口氣說：

「好吧！就這樣吧！」

過了幾天，劉展華把我提到第一次的問話室，十分禮貌的請我坐下，盯着我的手指甲，像發現一個稀奇怪物似的，問道：

「你自進來就沒有剪過指甲嗎？」

「是的。」

劉展華說：

「兩個月不准剪指甲，他們怎麼這樣沒有人道？」

於是把身邊的指甲刀掏出來遞給我，在孤獨的燈光下，我爲自己修剪指甲，心裡盤算着，兩個多月，原來已被捕這麼久了，我沒有能力支配自己的命運。就在這時候，外邊送來晚餐，劉展華讓我進食，我的消化系統早已經停止功能，當然吃不下，劉展華把它包起來，放在牆上一個空坎裡，坐下來，輕鬆的說：

「柏老，開始吧！」

我坐在他的對面。

「好吧，說說你被俘的經過。」

「我從沒有被俘過。」

這時候輪到劉展華吃驚了。

「你沒有被俘過？」

「是的。」

「你不是告訴高義儒，你被俘過嗎？今天怎麼翻供了？你是想把調查局像孩子一樣的玩弄在股掌之上？你太自命不凡！」

我毫無意識的回答說：

「是的，我被俘過。」

「被俘後關在什麼地方？」

「在瀋陽北大營。」

「關了多久？」

「三天。」

「三天之內你做些什麼？」

「都是共產黨軍官向我們解釋八大政策，要我們回鄉生產。」

「有沒有吸收你加入組織？」

「沒有。」

劉展華的臉像簾子一樣，刷的一聲拉下來。

「你沒有被吸收加入組織，這是天大的笑話，凡是被俘的官兵，都會參加組織的，你一個人不會例外。」

「我確實沒有參加組織。」

「只有說實話，才可以救你，紙包不住火。」

「我確實沒有參加任何組織。」

「又來了，前些時你還發誓沒有被俘過，你想騙誰？」

我啞口無言，才發現承認被俘不是災難的結束，而是災難的開始，我承認自己被俘過，本來希望逃出虎口，想不到却是自己把脖子伸到斷頭台下，眞正是聰明一時，糊塗一世。兩個多月的折磨，我已十分沮喪，現在又從沮喪轉成絕望，放棄了掙扎，嘆口氣說：

「他們吸收我加入共產黨。」

劉展華驚喜的抬起頭，拿着我的口供，飛奔到隔壁向劉昭祥及調查小組報告，大約二十分鐘，他轉回來，一臉怒容。

「你確實加入了共產黨嗎？」

「是。」我細聲的說。

劉展華大聲叫起來：

「你也配？你頂多是一個外圍的混混、無行的文人。我們從不冤枉人，你老老實實告訴我，你被俘後，到底參加什麼組織？」

我悲哀的說：

「其實我什麼組織都沒有參加。」

「現在的問題，不是你參不參加的問題，而是你參加共匪那個組織的問題。」

我不知道他們爲什麼不准我參加共產黨，却知道如果一定要說參加共產黨的話，闖不過這道關口，可是我對共產黨的組織實在十分陌生，劉展華發現問題又回到零點，十分憤怒，正要發作，一件事情救了我，那就是午夜供給調查員和囚犯的點心（兩塊蛋糕和兩瓶牛奶）送來了。劉展華把點心收拾起，連同放在窗坎裡我的那份晚餐，用報紙包起來，準備帶回家去，然後命差役把我送回押房。

但該來的還是要來，調查局不能再繼續拖延，劉展華急於交差，所以決定用刑。

在那約有六個榻榻米的偵訊室裡，靠牆是一張簡陋的辦公桌，劉展華坐在桌子一邊，我坐在他對面，那是初夜，一分鐘前我依稀能辨識的掛在他臉上的溫文祥和的笑容，突然消失，他吩咐我說：

「把手壓起來！」

他示意我把手壓在屁股底下，我把雙手壓在大腿下面，他眼睛射出凶光，我急忙把手移到臀部下面，他凝視着我，問我到底參加過什麼叛亂組織？這是昨天審問的繼續。我的雙手開始發麻。

「柏老，」他說，「逮捕你不逮捕你，權在我們。能不能打開大門走出去，權在你手。你只要坦白，就立刻可走。像你這樣的匪諜，永不會了解我們三民主義信徒的高貴情操，我們以誠待人，只要你肯合作，我人格保證，像劉科長說的那樣，你就跟洗個澡一樣，從今以後，永沒有人敢碰你！」

我雙手發脹，我說我願意坦白合作，但我實在沒有參加任何叛亂團體。

「昨天你還承認加入共產黨，今天連昨天的話都推翻了！」

劉展華放下原子筆，拿起米達尺，上下搖動，好幾次，幾乎戳到我的眼珠，我雙手發燙，突然間，縱是閃電都沒有那麼快，米達尺嗖的一聲抽打到我右臉頰上，一道火辣的灼痛使我覺得他用的是燒紅的鐵條，我叫了一聲，左頰上又被反抽一下，我大叫說：「你打人……」於是右頰又受更重的一擊，那是他的拳頭，我的眼鏡像投擲出去的飛鏢一樣，跌到行軍床上，我失去重心，連同椅子跌倒在地，他突然一腳踢出，那皮鞋尖端正踢中我的左膝，我正要爬起來，更猛烈的一腳又踢中我的右膝，我似乎聽到骨折的聲音，兩膝劇烈的痛使我哀號，我在地上滾動，又是凶猛的一腳，踢中我的心口，我號叫着爬到牆角，像一條就要死在亂棒之下的喪家之狗，我盡量彎曲膝蓋，抱到胸前，但又一腳正踢中我的右耳，我急抱住頭，忍不住大聲哀號。

「聽清楚，」劉展華說，「你被拷打死，我們只要說你畏罪自殺，就一了百了，你高估了自己！」

突然，他抓住我的頭髮，拳頭像暴雨一樣的猛擊我的臉部和前胸，我掙扎着，用雙手回擋，但他的皮鞋接連的踢中我暴露出來的小腹，我把前額撞到地上，我還不願死，死也阻止不了他，特務如果在乎犯人死活，他就不是特務了，而我怕他把我踢成腦震盪，踢成殘廢，我哭號說：

「我招供，我招供，不要打了。」

「好吧，坐回你的位置。」

我用了足足三、四分鐘，才從牆角爬到桌邊，渾身濕透，怎麼也站不起來，抖得像大風裡貼到牆上已快脫落的一片枯葉，汗珠、新血，和眼淚流滿一臉，我拚命喘氣，用手去抹，才知道臉上滿是泥土。這時劉展華好心的扶住我，把我扶到椅子上落座。

「說吧！」他再拿起筆錄和原子筆，那米達尺已不知扔到哪裡。

「我，我，」我思索，我眞渴望知道：我承認參加哪個叛亂組織，才能使他滿意。我揣摩他的意思，在案頭看到「民盟」兩個字，似乎捕捉到一點暗示，於是，我嗚咽的說：

「我參加中國民主同盟。」

「你看，」劉展華向我友善的笑着，「柏老，你要是早說，怎麼會有剛才那種誤會，其實你的資料我們全都掌握在手，但我們要你自己承認。」

我認爲旣承認被俘過，又承認加入中國民主同盟，事情就可結束，料不到這仍是一個開始。特務是嗜血的，一旦動手，不會停止，雷馬克在他的《光明之路》書上，描寫一個德國民兵，在集中營獸性大發時，叫一個瘦小的猶太人趴在地上，他用腳亂踩亂踢，滿口憤怒的咒罵，一直等到猶太人咽下最後一口氣，他才悻悻而去。回到城市裡，這個小商店老闆的殺人兇手，立刻變得文質彬彬，從內心到外表都是一個典型的小市民，任何人都看不出他會施暴。

劉展華、劉昭祥、高義儒、李尊賢，是一系列典型的例證。我相信他們在社會上，一定會是一個溫柔敦厚的朋友，可是無限權力和潛在的獸性，使他們變形。

不久，我被另外一件事再度摧折，劉昭祥把同案被告的孫建章承認加入中國民主同盟的口供，拿給我看，同一時間，再把我加入民主同盟的口供，拿給孫建章看，兩個人黯然神傷。

加入中國民主同盟，在法律上，已完成判決死刑的要件，只是我還不知道。當口供問到逃亡北京的時候，又是一番拷打，劉展華堅持我在北京一定跟共產地下黨有所接觸，而且一定奉有到台灣做地下工作的指示。我每一次否認，都會使他怒不可遏。當李尊賢詢問口供時，他有一定的模式，首先，他打開十行簿，套上複寫紙，寫上時間、地點，然後再單起一行寫上「問」，接着再寫兩個字「請問」，然後把筆放下，燃上一支有濾嘴的煙，深深吸一口氣，再拿起筆來，慢條斯理的開始。這一點並沒有什麼稀奇，稀奇的是他手中的米達尺，他會用牙齒咬住濾嘴，然後像鞭擊一樣抽打你的面頰，再慢條斯理的在口供簿「請問」二字下，寫下他的問話，而且用語十分謙卑，任何人都無法從這謙卑的用辭上，聯想到他的兇暴。

有一天，我忽然想起來北京旃壇寺，我和徐天祥同被第一軍官訓練班羞辱的往事，於是乎我承認，共產黨在北京的總指揮所設在旃壇寺，我曾經前往旃壇寺報到，然後由北京人民政府發給路條，前來台灣。

接下來是審問上海那一段，這時候我所想到的只是怎麼樣避免拷打，一直抱着自己的頭，相信只要不被打成腦震盪，只要神志清醒，不被槍決，總有一天會離開監獄。只要活着出去，一定要把蔣家父子特務的黑幕，一樁樁一件件，詳細寫出。

最初，我還考慮到連累孫建章的程度，後來當我說一到了北京就跟孫建章分手，劉展華相信，所以我也就放開了膽，捏造自己從沒有做過的故事。

我到上海以後的口供，更是離譜。曾在四川三台東北大學當過教務長的許逢熙先生，我在做口供時，供稱他是復旦大學校長，兼任中國民主同盟上海支盟秘書長，我晉見了他，而且領了一筆活動費，就直接來到台灣，隱藏在地下，然後，竭盡所能的發表文章，與共匪隔海唱和，打擊最高領導中心，挑撥政府與人民之間的感情。

當我的全部供詞寫畢，已是我被捕的四個月之後。依照規定，羈押不可以超過四個月，於是就在七月六日的夜晚，劉展華把我提到審訊室，滿面和藹的笑容，安慰我，認爲凡事都應該往好處想。我忽然興起悲情，流下眼淚，他說：

「古人有言，寧願一家哭，不願一路哭！」

35 軍法處看守所

一九六八年七月七日，正是蘆溝橋抗戰八年的紀念日，我被戴上手銬，押上一部鐵欄杆警車。在步履艱難的走出押房大門的時候，李尊賢恰巧擦身而過，忽然停住腳，指着我說：

「我第一眼就看出你是匪諜，現在有什麼話說？」

我木然的望着他，一直走過去。

「死不認錯！」他在後面生氣說。

我很想回頭唾他一臉，當然，我沒有這麼做。

上車後，發現孫建章也在裡面，我們相對苦笑，押解我們的兩個特務，在旁警告說：

「不准講話！」

我透過鐵欄杆窗子，瀏覽沿途街景，想到分別四個月的妻子倪明華，每當警車遇到紅燈停住時，我都幻想，會不會發生一種巧合：明華開着車子也因紅燈而停下來，兩車並肩，我們可能對一個照面，不能想像兩人怎麼反應？向她微微一笑？或者擂窗大吼：「冤啊！」那將給她多大的負擔！我惆悵的重睹睽違四個月的台北和平東路、羅斯福路，直到景美，進入台灣警備司令部軍法處，在一個法庭前下車，軍事檢察官郭政熙下令收押，我和孫建章被分別帶到兩個押房。和十年前青島東路保安司令部軍法處看守所大不相同，警備司令部軍法處看守所全是新建築，而且廁所是蹲式的抽水馬桶，不過奇特的是：距地面約一公尺，也就是約到腰部的地方，有一塊橫置的木板，囚犯如果直着身子，根本走不進去，只能爬着進去，無論大小便，都無法蹲下，只能趴在那裡，像狗一樣的拉屎撒尿。不知道當初的設計人，爲什麼會生出這種邪惡主意？天正盛暑，沒有自來水，抽水馬桶只不過是一個糞坑。押房有十個榻榻米那麼大，擠滿了赤身露體、只穿短褲的難友。當大家知道我是柏楊的時候，發出一陣驚呼，有人說：

「全國只有你一個人敢講眞話，還以爲政府給你特別任務，做榜樣給外國人看。」

直到這時候爲止，我還弄不清犯了什麼罪，和犯了什麼法條，所以難友向我查問案情的時候，無法回答。就在火燒似的押房裡，開始難以形容的煎熬。

一天早上，門縫裡塞進來起訴書。

難友們看到我起訴書上「懲治叛亂條例第二條第一款」時，臉色蒼白，不說一句話。我急着問：

「我的罪可能判幾年？」

一位難友把一本《六法全書》塞給我，我查到懲治叛亂條例第二條第一款，那是唯一死刑，唯一死刑就是說：

「除非不判罪，一旦判罪，就是槍決。」

我臉色跟其他難友同樣蒼白，霎時間，童年往事，湧到眼前，繼母的咒罵：「叫炮頭」，如今果真無情的應驗在我身上！我雖然想不通自己何以如此下場，但是，這時候終於明白：蔣經國要殺我。

我不甘心的自問：

「我難道眞的傷他那麼重？」

一位好心的難友爬過來坐在我身邊，悄悄的問：

「起訴書上的事情是眞的嗎？」

「全是編出來的。」

「你眞是小說家，」他說，「你這篇小說的稿酬太高了，恐怕要付出生命。」

另外一位難友遞來一杯開水，我爬着去接，右膝蓋發出一種強烈的劇痛，我呻吟着，坐在地上不能動彈，右膝紅腫，我發現已成殘廢。這時難友們各自回到舖位上，我用手撫摸着右膝，心中悽涼。不知道爲什麼在這個時候才發作，不然我會在送到軍法處的時候，要求軍事檢察官驗傷。但是難友們告訴一些類似的故事：一個人在調查局被拷打得遍身流血，送到台大醫院醫治，那人的女兒（眞是世界上最好的女兒）千方百計探聽出爸爸的下落，並設法把病歷表影印一份，當面呈堂。軍法官和檢察官都啞口無語，逼問她這些資料的來源，要判她洩露國家機密的重罪。最後雖然沒有讓她坐牢，但法官對她父親被拷打，却做了明確的解釋說：

「檢驗單固可證明他在調查局受過毆打，却不能證明被調查員毆打，可能人犯互毆，亦可能自行撞傷，所提證據，不足採信。」

更因爲他女兒居心險惡，企圖誣蔑政府，陷治安人員於罪，對她父親判得更重。

「檢調是一體的，法律在他們手上，」一位難友說，「我們束手無策。」

大家提出的具體意見是：

「開庭的時候，千萬不要提及你受過刑求，那反而激起他們的報復，也不要說犯的罪都是你編的，軍法官會認爲你狡獪無賴。唯一的辦法是假裝信任軍法官公正清明，只請求調查瀋陽淪陷後，共產黨有沒有設立民主建設學院，有沒有中國民主同盟；北京淪陷後，旃壇寺有沒有共產黨訓練機構；上海那時候的復旦大學校長是不是許逢熙。法庭只要就這四點澄清的話，你就有活命的機會，千萬不要指責他們的革命同志。」

大概一個月後，正式開庭，審判長是上校聶開國，主任審判官是少校方培然。我站在台下，請求庭上就上述四點施予調查。庭上的軍法官似乎還沒有遇到過這種方式，一時不知所措，猶疑了一會功夫，方培然悻悻的說：

「本庭就着手調查，叫你死而無怨。」

我走出法庭的時候，驀然間看到明華拉着佳佳的小手站在路邊，向我凝視，佳佳眼睛瞪得那麼大。差不多半年不見了，孩子似乎長高了不少，相距只有五、六步，做爸爸的却不能上去擁抱自己的女兒。

監獄生涯就是艱辛，在那燠熱擁擠的押房裡，囚犯們的生命被片片撕碎。看守所接見日是星期三，最初，明華每星期三都來探望，攜帶一點小菜，有時候也帶佳佳來。看到佳佳，我的心都滴血。我要求明華以後不要再帶她來，一看到孩子，父女俱傷。

長期羈押下來，漸漸的，和明華見面時，幾乎已經無話可談。「唯一死刑」這個條款，明華已在律師那裡完全瞭解它的意義——這不是一個短時間之內就可解決的挫折，而是一個要長期耐心承受的災難。明華是個受人侍奉的小婦人，她面對的是她完全不瞭解，而又充滿恐怖的壓力，她完全慌亂，眞難爲她支持了七、八個月之久。後來，接見的時間由一週一次，減到每兩週一次，再減到每一個月一次，更變成兩三個月一次。我每次接見，都有心理準備，認爲一定會發生，却一直沒發生的事，終於發生了。最後一次接見，隔着玻璃窗，明華毫無表情的在電話的那一端說：

「我們的離婚手續，應該要辦一辦了！」

「我臨走時，寫好離婚協議書，親筆簽名，又親自蓋章，放在妳那裡，拿出來就可以用。」

就這樣，結束十年婚姻。我想起一句話：「夫妻本是同林鳥，大難來時各自飛。」接見完畢後，我站起來，渾身像煮在滾水鍋裡，踉蹌回到押房，心裡一片茫然。我告訴自己：現在什麼都沒有了，過去四十年，只是一場漫長的夢。難友們怕我跌倒，扶着我坐下，我自己爬到鋪位上，身體靠着牆，有人問：

「太太接見了嗎？」

我點點頭。

「是不是向你提出離婚？」

我又點點頭。

「太太來接見，而沒有帶東西，一定是分手！」

從此，我吃不下任何食物。我再一次想到：死才是最好的解脫。當絕食到第十天的時候，軍法處開庭，兩個法警把我扶到庭上，方培然只問了一句話：

「你爲什麼不吃飯？」

「我不想。」

這一次開庭，只不過在法律上做一個紀錄，所以問一句話即行結束。想不到，大概因爲腸胃放空了的關係，神志反而特別清醒，對死亡反而沒有什麼感覺。家破也好，人亡也好，大學畢業也好，大學不畢業也好，一切都成了過去，現在就是靜靜的躺在那裡，並不等待什麼發生，而只什麼都不等待。

看守所官員對我似乎十分注意，他們把押房裡其他囚犯全部調走，另外派一個官方的御用難友，進來睡在我身邊，名義上是照顧我，實際上是暗中監視，防我自殺，他不斷用香噴噴的飲食引誘勸勉我進餐。

有一天，那位御用難友特別把我扶到另外一個房間去洗熱水澡，我身上已經沒有肌肉，瘦枯的骨骼，被失去水分的焦黃皮膚包住。我向自己嘆息，這正是一個叛亂犯的下場，我竟這樣倒斃在監獄裡，回想二十年前萬里逃亡，並不後悔，反而有一種終於安靜下來的感覺。

有一天，那個可以自由出入押房的御用難友，忽然進來告訴我說：

「你太太來接見你，」而且告訴我其中原因，「你太想不開，所長特別請你太太來勸勸你。你不要以爲我是他們的走狗，活着，你才能報仇！」

就在所長辦公室，倪明華冷若冰霜的坐在那裡，我則坐在茶几的另一邊，茶几上放着一個舊式的旋轉盤錄音機，用來錄下囚犯和家屬的談話。所長在一旁說：

「你們有什麼話儘管談談，不要糟蹋自己。郭太太，有話儘管告訴妳先生。」

然而，沒有人開口，明華那種充滿了厭煩和不耐的表情，帶一種萬箭俱發的殺傷力。我連正眼都不敢看她，她已不是我第一次看到的她，也不是最後一次看到的她，我眼前坐着的是另外一個心腸鐵鑄的女人。經過四、五分鐘之久的無聲無息，我只好首先開口說：

「事情已經如此，我完全靠妳了。」

「你不要靠我，我管不了。」

「我知道妳很能幹，妳……」

「我不能幹。」

我啞口無言，幻想着她可能會講幾句安慰鼓勵的話，即令是假的也好，可是沒有，她眼中充滿了厭惡。我再無法開口，只聽錄音帶旋轉的聲音，所長再一次的提醒倪明華有什麼話儘管說，她沒有任何反應，連在旁邊監視的警衛們，也在那裡嘆息。最後，所長無可奈何的說：

「既然沒有話說，那妳請回去吧！」

聲音還沒有落地，明華倏的站起來就走，沒有跟任何人打一聲招呼，經過我面前也沒有多看一眼。我急忙尾隨着她，幾乎是同時衝出房門，她好像逃避瘟疫似的，走得飛快，我緊靠着她身旁，希望聽她說出一句話，假定這時候她能夠告訴我：

「你放心，我還會繼續營救你！」

這世界該多麼不同啊！然而，什麼話都沒有，走廊上唯一聽得到的，就是警衛們快步跟着我們走的聲音。下了樓梯，明華直奔大門而去，兩個警衛抓住我發抖的肩膀，把我押回囚房。這是我們最後一次見面，從此之後，天各一方。不過，後來倒是接到她一封信，一個月後，明華一封簡單的信從門縫塞進來，信上說：

「離婚手續已辦妥，法院已登記，請問：你的東西，我怎麼處理？」

我不知道怎麼答覆，晚上睡覺的時候，還拿着這封信，不停的呻吟，終於鎮定下來，提筆回信說：

「我在台灣無親無友，無依無靠，在此授權給妳，把妳認爲屬於我的東西，全部拋棄到大街之上，隨人揀取，立此為據。」

奇異的是，這封信使我的心情豁然開朗，覺得自己的絕食行為有點好笑，當初有一百個、一千個理由絕食，這時也有一百個、一千個理由，覺得荒謬，其中一個最最主要的不成理由的理由是：

「我要活下去，好記下我的遭遇！」

這時絕食已二十一天，我恢復進餐。

時代到底不同，二十年前，我第一次坐牢時，不但沒有律師，也沒有起訴書和判決書。現在不但有起訴書，還准許被告請律師查卷。我請的律師，在查卷以後告訴我說，請求法庭調查，法庭確實都調查了，而且有了答案：

第一、瀋陽淪陷後，根本沒有什麼民主建設學院。第二、共產黨從不在他的訓練機關裡，為友黨吸收成員，所以我不可能參加中國民主同盟，即令我參加中國民主同盟，中國民主同盟當時尚是國民黨的友黨，也不違法。第三、共產黨並沒有在北京旃壇寺設立任何訓練機構。第四、許逢熙自抗戰勝利後從沒有到過上海，也從沒有在復旦大學任職。

一連串的正面消息使我轉憂為喜，我向一位看守班長報告這種情形，半自慰半徵詢的說：

「法官不可能判我刑！」

「二條一」唯一死刑，只要有下列兩個條件就可以構成：一是參加叛亂組織，二是有叛亂行爲。隔壁押房裡台北市挑挽業公會理事長八、九歲的時候，曾參加過共黨的兒童團；五十年後，他告訴朋友說，共產黨在長江上建了一座大橋；前者是參加叛亂組織，後者是爲匪宣傳，屬於叛亂行爲，結果被判處死刑。

——自從羅馬法頒佈以來，再野蠻國家的法律都有一個基本原則：「不溯及既往」。也就是今年公佈的法律，效力不能追溯到去年，可是，蔣家班大法官爲了使特務的殺戮合法化，第六十五次會議上作成決議，認定法律可以溯及既往，即令在這項條例頒佈前五十年加入過共產黨，也等於現在加入。

那位班長聽出我的話充滿自信，忍不住笑說：

「你放心吧！我還從來沒有聽說過叛亂犯被判無罪的，如果沒有犯罪證據就不判刑的話，軍法官靠什麼吃？」

班長的話使我心中一涼，百思不得其解，軍法官根據什麼判罪？不過，不久，我就明白了，特務有特務的行爲模式。我被帶到法庭，審判長聶開國起立宣佈：

「郭衣洞被判有期徒刑十二年，褫奪公權八年。孫建章被判感化三年。」

我最初認爲我會被槍決，繼而又認爲會被判無罪，腦筋簡單得和白癡沒有分別。宣判完結，我被押回囚房，當難友知道只判十二年時，都爲我死裡逃生，向我道賀。

孫建章由我的證人變成我的共同被告，在審訊途中，劉展華一再向他警告說：

「我們的對象是柏楊，不是你孫建章。你不過是陪綁罷了，死不承認，將來會把你一起捲進去。」

事實上，他們對孫建章也確實特別優待，只判感化三年。所謂感化，就是不送入軍人監獄，而送入台北縣土城鄉一個名叫「生產教育所」的集中營式監獄，實施思想教育，名義上感化若干年，實際上是看特務的高興或不高興，可以無限期延長。倪明華的師兄傅正先生，就延長了兩個三年，甚至當中還有一段時間被囚禁火燒島。孫建章總算是不幸中的大幸，他三年期滿出獄，雖然家破，幸好沒有人亡。我出獄之後，跟張香華——那時，我們剛認識不久，在台北衡陽街和他驀然相遇，我拉住他，向他致歉說：

「建章，對不起你！」

「誰又對得起你？」他說。

這句話簡單樸實，使我無限內疚，終生銘感。

36 南航

自我被判有期徒刑十二年，就從一個「被告」身份，變成正式「人犯」，不過仍暫時羈押軍法處看守所，並沒有解送到監獄服刑。忽然有一天，我被調出押房，充當「外役」。「外役」的意義，就是可以在院子裡自由走動，接受監獄官或班長指定的工作，晚上則仍然關入押房，這是一般人犯所盼望的差事。現在，我被調到看守所圖書室工作，更是外役們所期望的福地，所以心情很快就獲得不少紓解。我把行李搬到外役區押房，從此可以自由自在的從押房走到圖書室，有一種前所未有的輕鬆感覺。圖書室還有一位外役丘延亮，原是台灣大學人類考古學系的高材生，他的姐姐是蔣中正的兒媳婦、國防大學校長蔣緯國將軍的妻子。丘延亮在學校組織了一個讀書會，暗中傳閱從日本駐華大使館利用外交郵件進口的左傾書刊。他是被逮捕學生群中判得最輕的一位，只判五年。事實上，他坐了兩年半，也就是在我被調到圖書室的次年，就被保釋出獄。

我在圖書室當外役，前後有一年多的時間，這是監獄生涯中最最愉快的一段日子。從被囚禁的人擠人狹窄囚房，突然轉移到可以興之所至的在院子裡走動的另一個世界，那種情境簡直像夢幻一樣。外役人犯和押房人犯有天壤之別，外役區除圖書室之外，還有洗衣工廠和縫衣工廠。現在我和丘延亮坐擁一、兩千本圖書，而其中有一套就是《資治通鑑》，使我開始着手寫獄中第一部著作——《中國歷史年表》。

囚犯在牢房中的地位，決定於有沒有外來接濟，每星期三的接見日，丘延亮在中央信託局任處長的父親，都派司機送來菜飯，所以情緒愉快。我被收押初期，每星期同樣也都有特別烹製的飲食送來，辦完離婚手續後，就再也沒有了。這時，只剩下陳麗眞一個女孩子未把我遺忘，每星期都提着菜籃飯盒，從台北到景美軍法處探監。

然而，有一次，當麗眞接見過之後，轉身要回家時，兩個警備司令部的武裝人員把她攔住，押解到軍法處。她不知道犯了什麼罪，被嚇得路都走不穩，結果一位軍官問她：

「柏楊是叛亂犯、國家的敵人，妳爲什麼給他送飯？」

麗眞回答說：

「他是我老師，現在孤苦無依，只有我照顧！」

「他跟妳什麼關係？妳說他是妳老師，妳讀什麼學校時的老師？」

麗眞突然之間怔住，軍官用一種洞燭其奸的眼神盯着她。

「說呀！」

「其實，我是柏楊的讀者！」

「那麼師生是作掩護的外衣了，柏楊吸收妳加入什麼組織？只要妳從實招供，我們可以免除妳的罪刑。」

麗眞這時候除了哭啼外，不知道說什麼話好。軍官說：

「你們的關係不簡單，如果不是組織上的關係，他到這步田地，妳不可能還藉着送飯的名義和他取得聯繫！」

麗眞回答不出一句話，軍官忽然換了一種緩和的口氣：

「如果眞的沒有組織上的關係，妳最好以後少來！」

麗眞帶着汗淋淋的身子，快步離開軍法處大門。回到家後，當天晚上，她的夫婿陳體康先生從鐵路局下班回來，帶來消息說：管區警員特別去找他，警告他管管老婆，不要再亂闖是非之地。

從此，麗眞很久不再來看我，我認爲這原是人情冷暖，對一個叛亂犯而言並不足驚奇，除了心裡有一點點惆悵外，也就迅速的自行化解。可是，那一年的除夕，看守所播音室在播出感訓教材之餘，忽然播出一首祝福春節的歌：

「大年初一頭一天，家家戶戶過新年！」

歌聲之前，有一句道白說：

「各位聽眾好，我是『麗眞』，向你們大家拜個新年！」

這是一首六〇年代最流行的慶賀春節唱片，當然，道白裡的「麗眞」是一位歌星，不是我的學生「麗眞」，不過這兩個同音字，倒使我又一次湧出眼淚。

看守所圖書室這段時日，是平生最寧靜的日子之一，假設坐牢可以這樣坐下去的話，十二年也無所謂。可是，在我調到圖書室後不久，難友中就流傳一項耳語說：政府在火燒島上正興建一座新式的政治犯監獄，囚禁日漸增多的政治犯。耳語又說，美軍預備把儲存在日本沖繩的毒氣，運到台灣儲存。國防部官員曾經陪同美軍官員到山區視察，勘查儲存場所，因而對獲得美國支持的信心大增，認爲美國的友誼牢不可破，永不會拋棄我們，把毒氣遷儲台灣，就是顯明的保證。這使蔣家父子精神煥發，決心整頓「復興基地革命陣營」中日漸自由化、也就是日漸失控的大眾傳播工具，以迎接新的戰鬥形勢的來臨。

於是，一九六八年，蔣家班發動了「文化消毒」運動，開始明目張膽的逮捕文化界的敗類，我恰恰首當其衝，成為被消毒的第一名。接着就是在火燒島建造政治監獄，使這項消毒行動得以毫無限制的擴大範圍。

當這個耳語開始流傳時，政治監獄才剛剛破土，而火燒島既遠在天邊，落成也不知在何年何月何日，難友們認為對這種「外島管訓」的惡運，不必憂慮。

然而，「快樂」的日子總是過得飛快，第二年，耳語傳來，政治監獄已經蓋好，政治犯集中管理，勢在必行，唯一的希望是，名單上最好沒有自己。有一天，看守所所長跟政戰官突然來到大操場，集合全體外役政治犯，說是有要事宣佈。當大家集合後，所長說：

「點到名字的，到前邊集合。」

五分之四都被點到名字，我也在其中之列，留在台北繼續當外役的美夢破滅了。所長叫我們回去拿行李，然後被魚貫的送回原來被告區的押房，而且立刻鎖上房門。一會功夫，憲兵隊逐個房間點名，每人上了五花大綁，兩個人綁在一起。這對享受一年有餘自由生活的外役來說，簡直是當頭一棒，平常笑臉相待的看守所班長，一個個變成另一付神情。尤其一個叫楊蔚的少尉監獄官，岡山中學畢業，考上軍法學校，被派到看守所工作，他長得相當清秀，而且對外役也和顏悅色。有一次，他到圖書室，很有禮貌的問：

「我是不是可以借一張椅子到外面，我喜歡樹下看書。」

我對這個年輕軍官留下十分良好的印象，但是，三、四個月後，當他發現他對外役有絕大的處分權力時，態度開始轉變，最初不過氣勢傲慢，後來行動逐漸凶暴。這時候，他到押房視察，用手試探五花大綁的結實程度。我們坐在地上，他則不斷故意用膝蓋碰撞我們的面頰。就在當晚，幾架探照燈的巨光投射到院子，我們被帶出押房，兩人一雙的走上警備司令部的鎮暴車，車隊浩浩蕩蕩在黑暗中向北奔馳，天亮的時候，抵達基隆碼頭，被趕鴨子似的趕到登陸艇的甲板上。登陸艇重新裝備過，新的鐵欄杆，新的鍊條。荷槍實彈的憲兵在四周戒備，我們被重重包圍，坐在甲板上，什麼都看不見，只看見藍天。雖然沒有誰告訴我們駛往那裡，但是，人人心裡明白，目的地是火燒島。彷彿爲了防備北京派出軍艦或潛艇營救這一批重刑的政治犯，天上有飛機巡邏，海上有驅逐艇護航，我從沒有想到，我們的身價竟如此重要。

中途，忽然一陣大雨，憲兵中一個姓年的指揮官准許我們到官艙前布棚下躲雨。曾經當過台北市議員的難友林水泉先生，躲雨時拖着他的行李，那位正在蛻變自己的監獄官楊蔚，這時候跳起來，在他臉上猛摔一個耳光，大喝說：

「教你人避雨，沒教你行李避雨！」

林水泉一直擁有的豪放笑容收了回去，連那些年輕憲兵的眼光，都被這一聲響亮的耳光吸引，而迅速流露出同情。當雨勢停住，大家又被驅回甲板，憲兵們分別上來檢查綑綁的繩索。一個年輕憲兵塞一支煙到我口袋裡，低聲說：

「聽說你是柏楊，剛才那個打人的王八蛋，他不過是個少尉。你想抽煙時，就喊報告說綑綁太緊，我會下來檢查，就把煙帶給你。」

前排右前方的一個憲兵也正在檢查一個政治犯的繩索，低聲告訴遞給我煙的他的同伴說：

「我舅舅也在裡面！」

不久，大家都感覺出來，一種耳語正在憲兵隊中輕輕的傳遞，有些年輕憲兵更低低的咒罵。顯然的，憲兵與押解我們的警備部隊，正迅速增高敵意，反而使我擔心他們會發生衝突。幸好這個航程時間不長，第二天下午，登陸艇駛進火燒島港口。

37 火燒島

火燒島，這個使人毛骨悚然的名字，位於台灣東南海域。世界許多國家好像都有一個毛病，恐怖時期的政府，總是在它的領海上找一個孤島，囚禁重要人犯，法國就有一個魔鬼島，南非也有一個羅本島。日本佔領台灣時，就把火燒島當作囚禁反日份子的天然監獄，台灣回歸祖國以後，國民政府把火燒島改名爲綠島，但它的任務並沒有改，五〇、六〇年代，島上的政治犯有萬名之多，那時候的火燒島，只有稀疏的不到十個村落。政治犯被送到島上後，自己動手先築起圍牆，然後，再在中間築起鐵絲網，掛起「新生訓練總隊」招牌，男政治犯和女政治犯被鐵絲網遙遙隔開，他們各自搭蓋自己的草屋宿舍。就在那四周全是驚濤駭浪的孤島上，一到夏夜，魚腥撲鼻，但每當有月光的夜晚，一抹朦朧，有濃厚悽愴的浪漫情調。據說曾經有男女政治犯遙遙相望，不能對話。一位出身音樂教師的政治犯和一位音樂系女學生的政治犯，隔着鐵絲網，一有機會，就站在那裡癡癡凝望，後來教師爲她寫下曲譜，借着歌聲，向她唱出悽愴的心情，這首歌曲曾經流行全島，那就是有名的〈綠島小夜曲〉：

這綠島像一隻船　在月夜裡搖呀搖
姑娘喲　妳也在我的心海裡飄呀飄
讓我的歌聲隨那微風　吹開了妳的窗簾
讓我的衷情隨那流水　不斷地向妳傾訴
椰子樹的長影　掩不住我的情意
明媚的月光　更照亮了我的心
這綠島的夜已經那樣沉寂
姑娘喲　妳爲什麼還是默默無語

在那個白色恐怖的時代，作者是誰，贈與的對象又是誰，自不敢露面，也都無法查考。不過每當這首歌聲響起的時候，就使人想起那個不平凡的故事，和台灣經歷過的悲情命運。

當我們這群政治犯在火燒島上岸的時候，火燒島已不再那麼荒涼，車隊穿過山間小徑，向監獄進發，連綿不斷的丘陵上，滿佈着全副武裝崗哨。最後，我們在一個全新建築「國防部綠島感訓監獄」門前停下，然後分批被驅入押房。

國防部綠島感訓監獄的囚房，是一個二層樓建築的小型五角形大廈，共分爲十個區，每區有十個、八個押房不等。就在這裡，我度過整整五年。

我們被帶入押房時，監獄官下令政治犯交出身上所有的香煙。在外役工作區的人，無論圖書室、洗衣工廠，或縫紉工廠，都准許吸煙，後來在登陸艇上，透過憲兵充滿了同情的手，大家身上多少都有幾支香煙。這時候，監獄長宣佈說：

「不管你們過去受到什麼優待，本監獄絕對不許囚犯吸煙。」

不准吸煙，對不吸煙的人沒有絲毫影響，但對有煙癮的人來說，簡直是一個嚴重打擊。十五年後，蔣家班威權政治崩盤，所有監獄才解除了這個無聊的禁令，並沒有聽說哪一個囚犯利用打火機或火柴自殺或殺人縱火。官員們所以禁止囚犯吸煙，只是展示他威權的一種手段，目的是國民黨青年守則外加的第十三條：「整人爲快樂之本。」事實上，綠島感訓監獄從開始那一天，一直到結束，政治犯沒有一天斷過香煙。

第二天，押房門忽然打開，一個水電班長，大踏腳步走進來，用他的手扳頭敲了兩下廁所龍頭，等開門的戒護班長離開後，他轉頭過來，低低問一聲：

「那位是柏楊先生？」

我應聲答應，那班長從口袋裡掏出一封我入獄前回給讀者們的賀年卡，他說：「我是你的讀者，名叫郭鷹，我這裡先給你一包煙，吸完以後，就報告看守說：『抽水馬桶壞了。』我就會帶煙來。」

我入獄前一直保持每天四包煙的習慣，郭鷹當然無法供應，可是，一下子竟然有香煙的來源，使我在監獄裡的地位大為提高。

政治犯監獄，是出懦夫的地方，也是出勇士的地方；是出呆子的地方，也是出智者的地方；是出瘋人的地方，也是出英雄的地方；是出廢鐵的地方，也是出金鋼的地方。一個人的內在品質和基本教養，坐牢的時候，會毫無遮攔的呈現出來。

在牢房裡結識的朋友有幾十個之多，最傳奇的就是台北《大華晚報》董事長兼中國廣播公司副總經理李荊蓀先生。當我鋃鐺入獄的時候，李荊蓀主張立刻開除正在中廣公司當職員的倪明華，一年後，李荊蓀也鋃鐺入獄。他當初畫清界線的行動，反而被指為「偽裝忠貞，以便使自己擠入領導中心的技倆」，他的案子是件一手遮天、明目張膽的冤獄。當時，周至柔和蔣經國激烈的爭奪行政院長高位，李荊蓀是周至柔的智囊之一，迅速發展出一種不可抵擋的形勢。蔣經國最後只好釜底抽薪，使用雷震模式，先教一個人自認是共產黨，然後再一口咬定李荆蓀是他的同志，就萬事妥當。雷震被控以知情不報，判處徒刑十年，李荆蓀則以加入叛亂組織，判處有期徒刑十五年。蔣經國不久躍上行政院長寶座，周至柔從此噤若寒蟬，抑鬱以終。李荆蓀是一位智慧型高級知識份子，在牢房中受所有政治犯的尊敬，我們不久就成爲最契合的夥伴。十年後，李荆蓀被送到台北土城「生教所」集中營監獄，度過殘餘的刑期時，蔣經國準備對他特赦，條件是要他寫一封悔過書，他微笑的拒絕。他說：

「判十五年，就坐十五年！」

李荆蓀整整坐滿十五年，不差一天。出獄後，《中國時報》約他執筆寫短評，就在寫字枱上，突然心肌梗塞，遽然去世。出殯的時候，一批難友齊集善導寺靈堂，向司儀要求一個公祭的時間，治喪委員會總幹事一口拒絕，不知道從那裡來的衝動，我在弔客群中一跳而起，大喝一聲：

「火燒島的難友，到前面來！」

在大家愕然中，徐瑛、盧修一等十幾個人擠到前面，我高聲朗誦出臨時想到的祭文：

「荆蓀大哥，你這個國民黨的忠貞份子，竟被國民黨迫害得家破人亡，好容易撥雲霧見青天，想不到又死於心臟病發。當我們希望你能領導我們反抗暴政的時候，你捨我們而去，但我們相信國民黨反動的暴政必然滅亡，你在九泉之下會看得見的，我們也會看得見的。」

有人開始啜泣，荆蓀夫人終於哭出聲音，那是靈堂的第一聲哭聲，荆蓀的女兒也下跪致謝。那時仍是白色恐怖時代，蔣家班的威權仍在顛峰，「暴政必亡」一向是罩到共產黨頭上的專用鐵帽，我公開回敬國民黨。當我們離開靈堂的時候，靈堂寂靜得像一個墳墓。

另一位政治犯徐瑛先生，從任何角度來看，他都是模里西斯共和國的公民。在他曾祖父那一代，移民非洲東南、印度洋中的模里西斯島。當模里西斯是英國屬地的時候，徐瑛是英國公民；後來模里西斯獨立，徐瑛是模里西斯公民，出任模里西斯《華文中央日報》總編輯。一九四九年，中華人民共和國在大陸建立，他這個英國公民留學北京，就讀北京大學。一九六七年，他代表報社前往東京購買新型印刷機，因爲不知道中國人內鬥的殘酷性，竟然路過台灣。當時恰巧世界各國其他華文報紙負責人正雲集台灣，於是大家一齊受到蔣中正召見，十分嘉勉他們對自由祖國的貢獻。就在第二天，當蔣中正握手的餘溫仍在徐瑛掌中的時候，他的雙手已被警備司令部的鐵銬鎖住，隨後判處有期徒刑十五年。徐瑛在十五年牢獄之中，沒有一分錢接濟，連買衛生紙錢都沒有，更不要說牙膏牙刷。中國有句話說：「烈婦易，貞婦難。」刑場上高呼萬歲容易，監獄裡十五年不屈難。徐瑛是我所看到的政治犯中最沉穩的一位，無論遇到多大的困難，都面不改色，甚至連放封的時候，腳下一步都不錯亂。國民政府要求徐瑛放棄英籍護照，徐瑛拒絕，天下沒有一個人願意選擇一個坐牢易如反掌的國家。可是，坐牢期滿後，面對十五年不准通信、遠在萬里之外的故鄉，他發現他和中國籍的其他政治犯遭遇一樣，早已家破人亡，妻子和孩子們對於失蹤十五年之久的丈夫和父親突然出現，無法接受，以致徐瑛有家難歸，有國難投。就在這時候，他認識台灣寶島女子陳玉嘛，結為夫婦，他終於主動的改換護照，一直到我寫回憶錄的時候，他們仍快快樂樂的過着新生的日子。

盧修一先生，這位法國巴黎大學博士，那時候正在台北東吳大學當政治系主任，他如果依附國民黨的話，可以預測到他的前程既平坦而又光明。可是，他却於我出獄後不久被捕，特別優待，只判感化三年。有一次，我去土城「生教所」集中營監獄，盧修一在背後突然大叫我的名字。這一聲大叫，使我開始認知台灣獨立運動，並不只是少數失意政客的發洩，而是一種理念。盧修一後來當選立法委員，他的妻子陳郁秀是師範大學的音樂教授。

另外一位綽號叫「兄弟」的林震廷先生，他是一個沉冤海底的人物，現在已經很少人記得劉自然案件了。韓戰發生後，美軍根據中美協防條約，進駐台灣，使國民黨政權死裡逃生，獲得強大的支持力量，台灣人民本應該感謝美軍的，然而，任何國家的士兵都有壞胚。一九五七年，住在陽明山的美國軍事顧問團軍士雷諾，把當地居民劉自然兩槍擊斃，宣稱劉自然偷看他太太洗澡，甚至在他開了一槍把劉自然擊中倒地後，劉自然仍爬起來，手拿木棒，企圖進屋行凶。這個離奇的故事，激起民族情緒的反彈，爆發反美運動。在大家還沒有弄清事情眞象以前，就包圍美國駐華大使館，毆打美國官員和踐踏美國國旗。第二天，國民政府開始逮捕群眾，一一判罪，刑期最高的只有六個月，而且宣佈全案就這幾個人被捕。當時著名的專欄作家鳳兮還特別寫文章讚揚政府明智，我也深信在這件涉外案中，政府絕不至於說謊。想不到，被囚火燒島後，却發現了「兄弟」。他被逮時是《聯合報》的記者，特務們在包圍美國駐華大使館人群的照片中，查出了他，判他無期徒刑。任何媒體都沒有透露片紙隻字，在他整個的服刑期間，一直擔任外役，上自監獄長，下至政戰幹事的升等考試、升官考試、年終考試，以及讀訓心得（讀蔣中正的訓詞），都請「兄弟」代爲執筆，而且全部奏效，他們也會買一點衛生紙或牙膏作爲回報。很多忠貞官員竟然是政治犯一手造就的，是一個有趣的現象。

在難友中，有兩位黃姓好友，一黃是黃恆正先生，他有極度嚴重的神經衰弱症，翻動紙張的聲音，都使他驚醒和徹夜不能入眠。他和我被囚在一個押房，相鄰而臥。黃恆正藏有反動書籍，被判有期徒刑十二年。他思想纖細，我慣於枕上看書，否則就睡不着覺，但是翻書的聲音，却使他難以合眼，他要求我不要看書，我接受了，於是他爲我做了項龐大工程作爲回報，就是用了一年半的時間，把我寫的《中國人史綱》原稿重抄到練習簿上，以備將來出獄時，正本被查抄撕碎，囚室裡還留有一份。黃恆正獲得自由後，不久結婚，大家爲他得來不易的幸福日子，充滿祝賀，却發現他得了癌症，住進馬偕醫院，我曾去看他，他已骨瘦如柴，逝世後，他的妻子黃照美女士，被遠流出版公司董事長王榮文聘作職員，同事都稱她「黃姐」，在那個白色恐怖時代，這義舉有相當危險性。

另外一黃，是位人道主義者，宜蘭縣羅東鎮的黃英武先生，台灣大學畢業後，在羅東中學任敎，對資本主義所造成的各種不可原諒的罪惡深爲痛恨，自然而然的傾向社會主義。終於一件可怕的事發生在他身上，那時候，蔣中正署名的《蘇俄在中國》一書，正被各級學校奉爲經典，大家對蔣中正一開始就洞燭共產黨的奸詐，無不嘆服有加。可是，有一天，黃英武在台北牯嶺街舊書攤上閒逛，發現一本一九二七年蔣中正著的小册子，宣揚國民黨的三大政策之一——聯俄容共，對蘇共和中共讚揚得無以復加。這使黃英武大爲震驚，於是買了回來，在學校公開傳閱，全校師生也大爲震驚。結果可想而知，黃英武被捕，判刑十二年。他是一個非常堅強而有理念的高級知識份子，從不動搖，也不悲觀，獄中曾寫了數十封以上的家書，敎導他的侄弟輩如何立身持家。他出獄後，跟沈月桃女士結婚，經營油漆生意，不改誠懇敦厚的書生氣質，使他的經營倍感艱難。

施明德先生，最初被囚禁在第六區——重犯區的政治犯之一，他的身體一直不好，有時被送到病房，有時又被送還押房。原配妻子陳麗珠女士是一位傳奇的女性，父親經商，施明德當時在砲兵學校讀書，因主張台灣獨立而被捕，並被判刑。他的妻子曾用巨額金錢，把他保釋在外，還生了一個女兒。本來這件案子可以不了了之，但施明德的堅強性格，使他無法放棄他的理念，於是，重新被捕。就在六區押房，一天晚上，他腹痛如絞，大聲號叫，第二天一早，就被送到台東八〇四野戰醫院，診察出是急性胃出血，稍遲即行穿孔，於是立即開刀。這次救施明德一命的，是當時的監獄長鄭顯亞，鄭顯亞派車把施明德送到飛機場，強行拉下兩位乘客，當時大家對軍人還有點畏懼，沒有人敢表示異議。施明德開刀後，身懷重傷，特務人員却把他一隻手銬在病床上。陳麗珠去看他，發信到各機關各媒體請願，聲稱她要到總統府前面自焚，以致八〇四醫院的醫師們都深深感動，對施明德說：

「你的行爲我們不能苟同，但你妻子對你這番十年如一日的營救，有情有義，世間少有。」

然而，人生的變數太多，今天的盟誓，不能保證明天履行。一九七五年，政府特赦全國囚犯，施明德和他最要好的朋友也是最親密的戰友莊寬裕先生，一同由無期徒刑減爲十五年有期徒刑，因爲莊寬裕先施明德被捕，所以，莊寬裕也先施明德釋放，生死不渝的情誼，使施明德向他託妻付女，於是事情急轉直下，即令想像力再豐富的小說家，也寫不出稍後使人不能想像的情節，施太太竟然拋棄了已經爲他付出十四年的犧牲，再等半年就要被她營救出來的丈夫，而愛上了丈夫最要好的朋友。等到施明德出獄，所預期的妻子奔向丈夫相擁而泣，幼女抱着父母大腿也痛哭失聲的感人場面，沒有發生，迎接施明德的却是令人錯愕的消息，這是一個嚴峻的考驗，脆弱的人眞可能刹那間神經錯亂。幸而，施明德十分堅強，他不久和充滿政治理想而敢於行動的美籍愛爾蘭裔的愛玲達結婚。

陳映眞先生，政治犯中少數的小說家之一，他以《將軍族》一書聞名文壇，軍法處判他有期徒刑十二年。這十二年對一個有理想、有抱負的年輕人來說，不但不足以使他氣餒，反而促使他更爲獻身。陳映眞是中國共產黨最熱烈的崇拜者，既激情而又浪漫。一九七八年，台北《讀書人雜誌》社長陳銘磻先生設宴招待陳映眞夫婦和我們夫婦，想聽一下政治犯監獄生活情形。陳映眞首先發言，他說：

「我們坐牢的朋友，一個個都有高水準政治素養，相親相愛，互相扶持，沮喪時，大家唱歌鼓舞士氣，都是親密的伙伴。」

這段話引起在座年輕朋友們欽敬的眼光，只香華大爲驚愕，因爲她從我這裡聽到的是，難友們往往各有各的政治信仰，壁壘分明，甚至互不交談，互相敵視。而有的所謂政治犯，更根本和政治無關。一位難友原關在流氓職訓隊，受不了那裡的折磨，聽說政治犯監獄比較自由，就喊了一句「共產黨萬歲」，被判五年徒刑，送到火燒島政治監獄後，吃飯時都怒目插腰，立刻成爲一霸。這一切跟陳映眞所講的完全兩碼子事，但陳映眞講時，却是那樣的誠懇溫馨，彷彿一篇動人的革命小說。九〇年代，陳映眞一批朋友代表設於台北的「中國統一聯盟」前往大陸訪問，北京曾隆重的把他們招待到國家元首級貴賓行館的釣魚台，受到最高禮遇。

38 同埋一丘

台灣政治犯的製造經過，大致上分爲三個階段，第一階段是偵訊期，普通都在調查局或在台灣警備司令部保安處，最爲艱難。社會上受到普遍尊重又有充分自由的紳士，突然間被捕，推入四周都是鐵欄杆的小房間裡，被侮辱，被毆打，精神會霎時崩潰。貨眞價實的「叛徒」，反而比較輕鬆，因爲只要決定招出什麼，或不招出什麼就夠了。只有那些欲招卻無供可招的人，苦難最多，因爲他必須揣摩問官所引導的方向，假設當初預定你是參加民主同盟的話，如果你忽然參加了共產黨，他們就無法接受，假定你的猜測始終不能符合他們給你的暗示，苦難就更大。有人在刑求下，悲憤的叫：

「我是匪諜，我是匪諜，你們教我招什麼，我就招什麼！」

這種絕望的哀求，只會更激起審問官的憤怒，因爲你冒犯了他職業的尊嚴，審問官會抓住政治犯的頭髮，教他跪在算盤上：

「我們從不教人招什麼，你自己做了什麼，就招什麼。」

不是每個政治犯都跪過算盤，也不是每個政治犯都搖過電話（把電話線的電流通到手指上，然後搖動把手，電流會使一個人渾身發抖，屎尿齊出），但是，最後都會照着特務們的預期，招出答案。只要你第一件事自誣，就一瀉千里，每件事都會自誣，直到法律把你完全嚴密的綁住。如果只看筆錄，只看口供，每句話都是囚犯說的，事實上，每句話都是特務說的，眞是：

他白即自白，一一服上刑。

這段時間大約四個月（法律規定偵訊期間不能超過四個月，特務非常守法，四個月內足可以完工，即令超過四個月，也會捏造沒有超過四個月），這是最苦的階段，很多人就在這個時候被逼死或逼瘋。一九六八年國立政治大學學生代聯會主席許席圖，在學校組織了一個學生社團——統一社，結果被捕，不到三個月，神智完全錯亂。我在警備司令部看守所囚禁時，每天都聽到他從一個單獨囚禁的幽暗房間裡，發出淒厲的哀號：

「我要出去！」

「我要出去！」

「我要出去！」

「我要出去！」

四個單音節的字不斷重複，從他那僵硬的、帶着哭聲的嘴中喊出，二十四小時，從不停止。監獄官在那寒冷的冬天，把他剝光，教他手淫。一間僅可容身的單獨禁閉室，堆滿了屎尿，他就在屎尿堆中，一聲聲呼喚：

「我要出去！」

「我要出去！」

「我要出去！」

「我要出去！」

每一聲都像鞭子一樣，把人的心抽碎，每遇有大官前來視察，監獄官就把許席圖綑綁起來，用布條塞住嘴巴。軍法處一度決定准許他保外就醫，可是許席圖出身貧寒，父母雙亡，只剩姐弟二人相依爲命，姐姐省吃儉用，供弟弟讀上大學，她拒絕把弟弟領回，在法庭上哭訴說：

「我弟弟進來的時候，是一個好好的大學生，現在成了這個樣子，我怎麼養他？而且養好後又要再交給你們，還能再受得了嗎？萬一養病期間，他逃掉或失蹤了，這麼嚴重的罪名，我怎麼承擔得起！」

我不久被調做外役，再不知道他的下落。轉眼二十年，九〇年代初期，白色恐怖已成爲過去，《中國時報》忽然有一條消息，報導說台東玉里瘋人院，有一位來路不明的病患許席圖，希望能查出他的來歷。許席圖這三個字的同名度很低，我打電話給報館，說明原委，願挺身作證。我心中十分感慨，就在許席圖稍前，外交部長錢復在國立台灣大學讀書，也是學生代聯會主席，人生際遇，如此懸殊。

第二階段是軍法審判，除非像許席圖那樣，偵訊期間被苦刑逼瘋，否則，大多數政治犯的移送書，就等於軍事檢察官的起訴書，而軍事檢察官的起訴書，也等於軍事法庭的判決書。好像黑社會的洗錢一樣，軍事法庭只是把屈打成招的黑箱作業，使它合法而已，軍法官假定判決某一個政治犯無罪，他的下場就是自己成了下一個政治犯。至於公設辯護人更是可憐角色，唯一的功能就是替政治犯認罪，祈求庭上法外施恩。大多數政治犯都知道官司的結果是什麼，所以比起在調查局或保安處，心情要平靜得多。只有一種人是驚恐的，那就是被判決死刑的囚犯，立刻被戴上腳鐐，準備隨時槍決。

看守所執行槍決的時間，總在凌晨五時左右，天色初呈朦朧，囚門卡啦一聲，門鎖打開，傳喚的聲音早已經驚醒了從地舖上坐起來的死囚。

「某人，開庭！」

大家當然知道怎麼回事，然後，再聽到腳鐐的聲音，一步一步，走向大門。有時候，一次執行六、七個人，腳鐐聲更像鋼鋸一樣，鋸碎囚犯們滴血的心頭。有時候，有人高喊：

「毛主席萬歲！」

有時候，也有人高喊：

「蔣總統萬歲！」

往事如煙，忠貞與叛徒同樣伏屍牆下，同樣埋葬一個亂岡荒丘，現在全都化成塵土，無一點蹤跡可尋，蒼蒼者天，曷其罔極。

一位年紀最輕的政治犯莊信男先生，他是馬來血緣的原住民，被判有期徒刑十五年，很知道上進，也喜歡讀書。我們之所以成爲好友，因爲他在軍法處看守所時，有一場傳奇的演出，幾乎喪生。原來，另一位政治犯林美海先生，在台灣糖業公司人事室當股長，思念留在大陸上的母親，託他女兒的一位南非同學，帶美金五百元給他的母親。南非同學把錢帶到了，而且和他母親拍了一張合照，加上收據，從南非寄給林美海，以慰遊子的孝思。這封信落在特務之手，通匪資匪，證據確鑿，被判死刑。

事情就在這時候發生，莊信男和林美海舖位相鄰，那天晚上，不知道什麼原因，莊信男跟林美海互相調換舖位，監獄官和看守都不知道。第二天拂曉，押房門突然打開，兩個班長衝進來，撲向莊信男，用一塊毛巾把他的口塞住，然後雙手反綁，一直帶到法庭。桌上擺了一盤肉、一碗酒，和兩個饅頭，莊信男嘴被塞住，有口難言。最後，軍法官叫他在一張紙上簽字，對有些不識字的難友，按手印就可以了，莊信男幸而受過教育，他寫下自己的名字，書記官才發現不對勁，報告軍法官說：「他不是林美海！」莊信男這才被送回押房，法警另把林美海綁赴刑場槍決。

這是大時代的一個小插曲，大官場裡的一件小醜聞。寫到這裡，充滿了當一個中國人的悲情。

使人最傷感的一件事是，一件牽涉到八個人的「蘇北匪諜」案中，有三個政治犯被判死刑，五個政治犯被判十二年。死刑政治犯正在上訴，而十二年徒刑政治犯，依照法律規定，超過十天後，刑罰即行確定，任何情形下都不能再提起上訴。兩個月後，五個人都以「受刑人」的身份調作外役，在洗衣工廠工作。又過了半年，遠在美國的一聲槍響，改變了五個人的命運。台獨份子鄭自才先生向訪問美國的當時國防部長蔣經國開槍，一擊不中，鄭自才逃亡。蔣經國回到台北，當外國記者向他詢問這場虛驚時，他微笑說，他已經忘記了。當然，他並沒有，而是把對台獨的憤怒，發洩在紅帽子上，下令八個人全部槍決。那天凌晨，一個恐怕是政治犯中身材最高的蘇北老鄉，正蹲廁所，班長撲上去，把他雙臂反銬，拖出押房，褲子都來不及提上來，沿途全是屎尿。爲了防止他們呼號和詬罵，嘴巴都用布條塞住。後來，才知道軍法處大費週章，先代那原來被判十二年徒刑的五個人，暗中提出非常上訴，然後再由國防部軍法局（那時候局長就是後來被擢升爲副總統的李元簇先生）發還再審，再審的目的是改判死刑。

第三階段就是火燒島，政治犯到了火燒島就到了終站。無期徒刑囚犯只有死亡才能出去，有期徒刑囚犯雖然出獄的日子總在十年、二十年之後，但總算有一個盼望。大腦是一個最難控制的東西，越是不願去想的事，越會更強烈的去想。

在看守所時，難友蔣海容先生有一天警告我說：

「對不起，我要告訴你，你快要瘋了。」

「你怎麼知道？」

「因爲，」蔣海容說，「你坐在那裡，一直喃喃自語，到最後嘴角還吐出白沫，根據我的經驗，這是精神錯亂的前兆。如果你不能夠自我克制，你的喃喃自語將變成無緣無故的喊叫，那時候就無藥可救！」

我否認喃喃自語。

「你問問別的朋友！」蔣海容說。

我用一種探詢眼光，看着其他難友，他們逐一點頭。這是我最害怕的事，並且對自己竟然陷於瘋狂的邊緣，感到難以爲情，但我接受這個事實，向蔣海容懇求說：

「拜託你救救我，以後再遇到喃喃自語時，請給我一拳。」

蔣海容承諾。於是不久，蔣海容的一拳擊中我的右肘。

「有什麼事？」

「你剛才又自言自語。」

「我沒有。」

一個難友在旁說：

「你剛才確實說了一連串無聊的話。」

就這樣的，蔣海容把我從瘋狂邊緣拉回，然而，我却無以爲報。他是當時政治犯中身價最顯赫的一位，官拜調查局調查處長，多少「匪諜」喪生在他的手下，最後擢升爲調查局主任秘書。蔣經國介入特務機關，主持情報改制後，國防部情報局負責大陸情報，法務部調查局主管國內情報，爆發特務人員之間的內鬥。普通行政機關內鬥，最多不過走人，特務機關內鬥，就非見血不可。蔣海容和調查處當時的副處長李世傑，以及情報局當時的一位副處長等十幾個人，先後被捕下獄，受盡自己人的折磨。有一天，蔣海容忽然夢見自己是蔣經國派到監獄調查冤案、錯案的密探，我趁勢問他：

「你自己回想，過去所辦的案子，有沒有動用過苦刑拷打？有沒有冤獄？」

「我從沒有下過命令叫調查員動手，所辦的案子都有眞憑實據。」

不過，他也長嘆一聲說：

「落得今天這個下場，或許我冤枉過人！」

他被三次判處死刑，終於以無期徒刑定案，也被送到火燒島。一年後的一天，忽然又被調查局押回台北，大家都認爲他可能提前釋放，多年後才知道，他在調查局監獄被特務用繩子絞死。調查局對蔣海容之死的說詞，跟對沈元嫜之死的說詞，如同一個模子澆出來的，四個大字：「畏罪自殺」。

闖過喃喃自語一關後，逐漸適應監獄生活，我還發明一項守則：鐵窗外面的事不去想！我把整個監獄歲月投入寫作，完成了三部史書：《中國歷史年表》、《中國帝王皇后親王公主世系錄》，以及《中國人史綱》。我用早上吃剩的稀飯塗在報紙上，一張一張的黏成一個紙板，凝乾之後就像鋼板一樣堅硬。每天背靠牆壁坐在地下，把紙板放在雙膝上，在那狹小的天地中構思。我建立我自己最基本的史觀，就是我爲小民寫史，而不是爲帝王將相寫家譜、寫嘉言懿行，我想突破兩千年以來被視為正統的、以朝代為單元的體裁。像錢穆先生的《國史大綱》，雖然用一種看起來極其深厚、充滿新鮮刺激的辭句做為標題，可是內容卻仍是古老的考據手段，和保護既得利益階級的既得利益，他最大的毛病是傳統性的：說不清楚。我在腦海中不停醞釀，想徹底取銷朝代的框框，改用世紀（一百年）為單位，使歷史事件發生的時間，得以更明確的顯示出來，還想把歷史上那些令人頭昏腦脹的官名，一律現代化。問題是，這樣作，不但尖銳的違反傳統，簡直是在另立傳統，一定會招來老傳統的反擊，可能體無完膚，猶豫躊躇不敢下筆。有一天，和同押房一位難友黃華先生談起來，他說：

「管什麼傳統？應該只管創新，能不能夠站得住腳，由讀者決定。」

一語提醒夢中人，茅塞頓開，決定不顧一切，作全面的突破。反正每天放封時，一定搜查押房的監獄官即使翻看原稿，上面全是歷史往事，和眼前當權者毫不相關，也不會干涉，所以我寫作途中，沒有受到干擾。

另外，我也寫了些詩。監獄實在不是創作抒情文學的地方，人在坐牢三五年之後，因為生活簡單，不但談話內容會越來越簡單，連夢也會越來越簡單，到了後來，索性連一個夢也沒有了。俗話說：「日有所見，夜有所夢。」日無所見的時候，儲備不出來做夢的素材，自然無夢。長期坐牢的政治犯心靈，好像壓乾了的果實，失去原有的潤澤和滋味。然而，政治犯也有政治犯的幽默，我就常常嘉許勉勵一些同窗難友說：

「你坐牢的表現很好，加你三年刑期，以資鼓勵。」

然而，每個人的幽默度並不相等，這句仿效加薪的靈感，有時也會引起反彈：「你怎麼咒人！」

出獄的時候，有些人就在監獄門口，把穿過的囚衣和盥洗用具全部用火焚毀，不希望把霉氣帶回家。我却是把每一樣有監獄標幟，或監獄編號的東西，都當作珍貴的紀念品，小心翼翼的裝進行李袋，這使有些難友大爲驚奇。平常，我總是想盡辦法使生活多一點情趣，監獄官在每個押房，會隨便指定一囚犯擔任室長，我就自封爲室長助理，後來覺得這個官銜還不夠過癮，就再自動加官爲「特別助理」。二十五年後，當行政院新聞局製作《中華民國名人錄》時，要我校正經歷，我就塡上「國防部感訓監獄第四區第八室室長特別助理」。

39 出獄

傳統有一句話：「天下無不散的筵席！」指任何歡樂都有結束的時候，團圓也都有缺失的時候，原是一種人生無可奈何的結局。然而，如果改爲「天下沒有不結束的暴政」，同樣也是一種定律。一九七五年，一連好多任的總統蔣中正先生逝世，當監獄官率領大家觀看電視，聆聽這項宣佈時，確實有一種不敢相信自己耳朵之感。有些人自出生以來，蔣中正三個字就像金箍咒一樣，緊套在自己頭上，拉也拉不掉，撕也撕不下。對我來說，更有一種若有所失的感覺，從一九三八年在武昌左旗營房當儀隊開始，到現在身爲囚犯，前後三十七年，半生歲月，由當年極端崇拜，到逐漸對他質疑，信心動搖，以致完全崩潰，其中最令我不解的是，這位全國武裝部隊最高統帥，喪失了一千萬平方公里巨大的國土（相當於一個美國），把十億「敬愛他、服從他領導」的人民，丟棄給一個被稱爲「共匪」的殘暴敵人，自己落荒而逃，逃到大海一角，竟沒有絲毫責任，責任反而都是別人的，也不受任何法律審判，反而要審判別人，狼狽的失敗，反而證明他更英明，實在令人作嘔。

第二天，監獄官分別到各區集合囚犯，宣佈蔣中正死訊，下令大家一律靜默三分鐘哀悼。有個該死的難友，突然笑了一聲，激起監獄官的大怒，詬罵笑的人喪盡天良，幾乎爲大家惹來大禍，事後雖然揚言要深入調查，也就不了了之。

蔣中正之死，帶來皇家效應，歷史上，老王死後，新王登基，總要大赦天下，表示薄海感恩。蔣中正逝世後，他的兒子蔣經國當時任行政院長，雖然還沒有登基（登基的是副總統嚴家淦），但政府已下令刑事犯減刑二分之一，政治犯減刑三分之一，無期徒刑減刑爲二十五年，唯一的但書是：凡參加共產黨的政治犯，一天也不減。我判刑十二年，減掉四年之後，只有八年。這時候我忽然發現劉展華先生眞是可愛，如果不是他在審訊過程中那一聲斷喝：「你也配！」此時，我就不可能減刑四年。

蔣中正之死是火燒島腥雲消散的前兆，十三年後，蔣經國逝世，蔣家班瓦解，火燒島政治犯監獄終告撤銷。

——一九四五年中國對日抗戰勝利時，蔣中正如果翹了辮子，一定會被人戴上完美無缺的民族救星的帽子，永耀史册。

雖然減刑，但我的刑期仍要到次年（一九七六）才滿，倪明華依照離婚契約，每月都寄給我五百元贍養費，雖然沒有片紙隻字，佳佳倒是常有信來，可是我看不到孩子對家庭生活的描繪，也看不到其他政治犯兒女們常寫的一句話：

「爸爸，盼望你早日回家！」

佳佳從小小的年紀，心靈就被安排得如此弔詭，父女之間只能談些官話，我已預感到我最恐懼的疏離氣息，正籠罩我們頭上。

所幸的是，就在景美軍法處看守所，政治犯傾巢南下的前幾天，陳麗眞冒險又送來了一次日用的盥洗用具，使舉目無親的我，被囚入火燒島政治監獄的那天，在親友調查表中，得以寫下陳麗眞的名字，台灣兩千萬人中，她是我唯一的親人。

一九七六年——我入獄已整整八年，從元旦那天開始，就在牆上畫下倒數日曆，直到三月七日。每天早上劃去一格，還剩六十六天，第二天早上再畫去一格，還剩六十五天，以後除了早上畫去一格，減少一天外，到了晚上，也把明天的畫去。原以爲鐵窗外的事絕不會去想，這些年來一直嚴守這項鐵則，可是，現在變得萬念俱發。這不是急躁，而是動心。八年監牢，似乎最後這兩個月最長，也最難度過，我終於寫下懷念佳佳一詩：

吾兒初生時　秋雨正淅瀝　父獨守長廊　喃喃向神祈
護士終相告　告父生一女　此女即吾兒　此情舐犢意
兒啼父心碎　兒笑父心喜　看兒漸長大　搖搖學步舉
曾入托兒所　一別一哭涕　負兒逕自歸　爲兒理髮髻
出疹畏風光　門窗日夜閉　兒身熱如焚　抱兒屢驚悸
自幼厭進餐　一餐一淘氣　悄悄吃狗食　吐瀉幾將斃
住院兒臥床　伴兒父臥地　五歲接電話　口舌即伶俐
怒時呼臭爸　頓脚如霹靂　六歲考幼園　百分高第一
滑梯玩不休　萬喚都不理　上學有人送　下學父迎及
一路攀父臂　仍作秋千戲　爬肩聞煙味　翻騰上父膝
遇事即尋父　摟頸絮絮語　尋伴樂不歸　惹父沿街覓
急急如瘋漢　惶惶汗遍體　當父離家日　兒已二年級
坐地看電視　尚對差人嘻　一去即八載　一思一心戚
夢中仍呼兒　醒後頻頻起　而今父將歸　兒業亭亭立

何堪吾家破　孤雛幸存息　兒已不識父　憐兒淚如雨

出獄前幾天，我把所有的行李、衣服和圖書，打包寄給陳麗眞，她事先還爲我定下旅館，約好當天她從台北趕到高雄，到長途巴士站接我。一切都安排好了，只等三月七日到來。然而，就在屈指計算着見面日期的時候，一個可怕的陰謀，上至蔣經國，下到台灣警備司令部，在秘密實施，他們決定「不釋放柏楊，繼續囚禁」，這就是蔣家父子特創的一種使政治犯絕望生畏、不可思議的「隔壁手段」。

「隔壁手段」關鍵在於「隔壁」，火燒島政治監獄的隔壁，是警備司令部所屬綠島指揮部，指揮部有一個新生大隊，所謂新生大隊，就是黑社會重量級流氓集中營，凡是其他流氓管理所（正式稱「職業訓練所」）管訓的流氓，不服從管訓，或毆打長官，或屢次逃亡，被列爲惡性重大的，都送到火燒島新生大隊，接受更嚴厲的折磨。大隊直轄四個隊，其中三個隊管訓流氓，一個隊（第六隊）則是管訓從「隔壁」（政治監獄）刑期雖然已經屆滿，但有關單位認爲他的思想仍未改造，或者找不到保人的政治犯；就在出獄當天走出大門時，重新逮捕，囚入第六隊，管訓期限是三年，可以一次又一次的延長。有人甚至在第六隊囚禁二十餘年，外面世界沒有一個人知道。所以，班長們經常警告囚犯：「我沒有辦法教你出獄，但我有辦法敎你坐牢坐到死！」

有一位難友在他出獄六個月前，依照規定寫「感訓心得」。普通情形下，都會依照官方盼望，把自己寫成一個痛心自責、永遠擁護英明領袖的悔過之徒。想不到那位難友在寫感訓心得時，不但沒有認錯，反而把他在調查局所受的苦刑，以及全案冤屈內情，寫了二十幾張紙。政戰官平常對他的印象不錯，這次特地前來押房，向他分析利害，要他重寫。這位難友認爲現在他要出獄了，黨國要人不是都在勉勵誠實無欺嗎？他要讓層峰知道事實的眞象。政戰官怎麼勸他都不聽，政戰官大怒，碰的一聲，關門而去，同房間難友告訴他說：

「你這樣堅持，恐怕會被送到隔壁！」

他這才開始驚慌，立即寫報告要求更換感訓心得，政戰官叫班長傳話說：

「感訓心得已報到國防部去了，無法收回！」

結果，那位難友被送到隔壁，六年之後，才被釋放。

但我仍無法想像，「隔壁手段」會落到我身上！刑期屆滿的前一天下午，被看守班長喚出，帶到監獄會客室，在座的有監獄長、政戰主任，還有綠島指揮部指揮官王道洪將軍，以及警備司令部保安處副處長吳鴻昌。在座有七、八個人，只吳鴻昌一個人戴着墨鏡。這是一個非常奇怪的傳統，凡是幹不可告人工作的人，總喜歡墨鏡，大概是怕被人辨識眞實面目吧。不過，由於他發言最多，立刻可感覺出來，是他主控全局。不等我坐下，他就開始說：

「你不是寫了一份報告，要求政府幫你介紹工作？」

「是的，是班長叫我寫的。」

「政府曾經向全國各機關各單位，調查有沒有位置可以安置你。可是，凡是看到你大名的人，嘿、嘿、嘿，他們沒有一個不搖頭，政府並不氣餒，仍然為你繼續調查，要知道，你雖然不愛政府，可是，政府却是愛你的，最後總算是為你找到一個教官的缺，那就是在綠島指揮部。」

「是不是把我送到第六隊管訓？」我的頭轟的一聲脹起。

「絕對不是管訓，你是眞正的教官，和指揮官平起平坐。」

「那麼我是不是可以先回台北一趟，」我勉強鎭定說，「看看我的女兒，然後，再回來到差？」

「不可以，但你可以叫你女兒前來看你。」

「請問，我什麼時候才可以離開綠島？」

「你這個問題，我們在座任何一個人都沒有資格回答。」

「那麼，」我說，「這豈不仍是管訓？」

「告訴你，這不是管訓，就不是管訓。」

「如果不是管訓，我不接受這份工作，可不可以？」

「你知道你爲什麼坐牢嗎？」吳鴻昌開始翻臉。

「我知道，我是匪諜。」

「什麼匪諜？就是因爲你不聽話，才教訓教訓你。你看，你到現在仍然不聽話，竟想回絕上級的安排。你以爲我們不敢管訓你是不是？如果你非以感訓隊員自居不可，不想當教官，我一個電話，管訓令就會下來。你信不信我們有這種力量？」

「我信。」

「那麼，」吳鴻昌如釋重負說，「回牢房寫一份自願接受這份工作的感謝狀。」

直到今天，事隔二十年，我仍想不通，八年監獄，我沒有違犯過獄規，也沒有受到過處罰。只被呵責過一次，在景美看守所外役區時，電視天天播出「自從總統（蔣中正）來台灣，風調雨順甘露降」一歌。一天，我一面掃地一面唱，一位班長說：「你唱什麼？」聽了我的說明，厲聲說：「你唱就不一樣，不准唱！」這一段插曲，難道竟被列入記錄？但有些難友天天詬罵，有位難友還跳河逃亡過，照樣按時出獄。不管什麼原因吧，很明顯的，蔣經國在軍事審判中殺我不成，現在有點懊悔，改用隔壁手段，教我苦死孤島，不知道什麼仇恨，使他如此的難以釋懷！

當我把噩耗帶回囚房，第四區難友霎時間噤若寒蟬，大家原以爲這項隔壁手段，已被特赦令取代，現在才發現，以特務爲主幹的政權，絕不會放棄每一個整人的機會。第二天，我被提到大禮堂，面向蔣中正的遺像，宣誓永遠脫離叛亂組織，永遠信仰三民主義。然後，被帶出監獄大門，天正降着毛毛細雨。大門前馬路的另一邊，是一排嶙峋岩石，從太平洋深處湧起的巨浪，發出空洞的響聲，化作一片白色泡沫，像雪崩一樣，粉碎潰裂。我想停下來享受一分鐘出獄的自由，然而，兩個衛兵分立兩旁，台階下一輛軍用吉普車在那裡等候，我黯然跨進車廂，五分鐘後，就到了政治犯最恐懼的「隔壁」——綠島指揮部。

指揮官王道洪在客廳等我，態度謙和，不像是對一個囚犯，而像是對一個賓客，他也是昨天監獄客廳那場官囚見面的座上群貴之一，也是火燒島上官階最高的一位官員。他直入核心的問說：

「郭先生，到底怎麼回事？」

「我怎麼知道，指揮部這裡應該有我的資料。」

「什麼資料？什麼資料都沒有，我奉到的命令是：不准你離開綠島，但在營房之內，你的行動絕對自由。」

這就是軟禁，我每天除了吃飯以外，沒有任何事可做。軟禁最可怕的地方，是它沒有刑期，名册上，我的職位是「看管雇員」。凡是判刑的囚犯，即令是二十五年的最高刑期，也有期滿的一天，即令是無期徒刑，也有大赦、特赦，或減刑的可能。只有軟禁犯，可能被囚禁三十年、四十年，永無盡期，任何大赦、特赦、減刑，都輪不到自己，因爲我們已非罪犯，沒有判刑，只不過由於一紙行政命令，等承辦人更換幾次之後，會逐漸把這個案子遺忘，那也等於全世界把這個人遺忘。我一直等到成了軟禁犯以後，才發現蔣家父子更黑暗、更惡毒、更濫權的一面。

當初名噪一時，從廈門游泳到金門，投奔自由的紅衛兵王朝天先生，他這個呆子竟然想向警備司令部討回登岸時身上被搜去的人民幣，因而被送到台北土城生教所集中營監獄，接受感化教育。他氣憤不平，在黑板上寫出他的抗議，結果再被送到火燒島當看管雇員。

另一位更離奇的軟禁犯汪廷瑚先生，他得罪了當時國民黨中央黨部秘書長張寶樹。張寶樹先生一個電話給警備司令部，汪廷瑚立刻在他教書的台北市大安高級工業職業學校教員位置上被捕，押解到綠島指揮部，成爲「看管雇員」之一。事後，張寶樹曾經派了幾位汪廷瑚的朋友，到火燒島勸他寫一份悔過書，就可釋放，每一次都遭到拒絕。這樣一直到我回返台北，繼任指揮官周書府先生，對軟禁犯採取嚴峻態度，汪廷瑚終於遭到毒手，不明不白的死在周書府派出的槍兵圍毆之下。

40 軟禁

軟禁，使即令一生中所受的打擊像大雨傾盆的我，也承受不住。所有希望都被無情的摧毀，連申訴的機會都沒有。一連幾晚，我都無法安枕，哀傷、憤怒，心悸不止，最焦急的是，我無法告知麗眞詳情。後來，麗眞在《柏楊・美國・醬缸》書中，有一文描述出她當時的遭遇，抄在下面：

三月一日，小昱氣喘，住進了鐵路醫院。三月二日，一栗（麗眞夫婿）被警總請去談話，每次被傳訊都是膽戰心驚，但每次都因爲信心，因爲問心無愧，因爲一份友愛之心，而博得傳訊官員的諒解和同情，他們並且善意的勸一栗不要到綠島接了，風高浪急，交通又不便，孩子身體也不好……我們接受了他們的好意。三月三日，我給老師一封限時信，告訴他我們四個人——祖光、一粟、小昱同我，決定三月七日從下午二時起便在高雄火車站正對面的一家大飯店等他。三月四日又寄了一封限時信，怕萬一三日的信遺失了連絡不上。三月五日，小昱出院，六日這天，像螞蟻在熱鍋上似的。三月七日，我們一家三口（祖光早一天先到高雄了），乘上了台北八時南下的觀光號特別快車，可憐小昱還在輕微的氣喘！祖光同一粟計算了半天，認爲老師最快也要在下午五時之後才能到達高雄，我們就把那份吊在半空中的心放在五時之後。我實在急不過了，就請他二位在旅館裡陪伴躺在床上的昱兒，我獨自跑到公路局東站去等，想想這麼多年不見，老師駝背了？髮白了？蒼老不堪了？心裡把老師想成最不忍卒睹的慘狀，眼睛不敢轉動的盯着從台東開來的每一班公路車。六點、七點都失望的過去了，老師還不出現。「一定是老師愛美本色，先去理髮、染髮了。」一面安慰自己，一面又要耐下性子來等。「糟了，說不定坐在剛才到的停在前面的那班車上了！」心裡想着，就往飯店狂奔——三副沮喪的臉孔默默的相對着，我又回到公路局車站。八點、九點……每一班車的旅客都被我毫不放鬆的盯得牢牢的。十點，又到了一班車，在一陣蠕動的人潮中，我似乎看到了老師的影子。

感謝上蒼，我沒有高血壓，否則不堪設想——我站在車子門邊，盼着、盼着、來了很像，但不是老師，也許就是老師，追過去，站在他面前，兩人互望了一眼，是有點像，但絕不是老師。沒有淚了，只有失望，對方一定說我神經病，管它呢！徘徊、等待、心焦、失望，身上的細胞眞不知道要報銷多少億個。好心的站長走過來問：

「等人？」

「是的。」

「很重要的人？」

「很重要。」

「半夜十二點了，由台東開來的最後一班車早已到了，今天晚上再沒有台東來的車子，小姐，妳臉色不好，送妳回去吧！」

「謝謝，不用了。」

脚上像綁上了千斤重擔似的提不起來。

「吃晚飯去吧！」祖光說，他二位向高雄夜市走去，我陪着兒子在旅館裡，仰望夜色的穹蒼，那疏落的閃爍的繁星，顯得無比的蒼涼與虛弱。

三月八日，我們一家趕到台中公園赴約，這是平凡生活中的一個小小的高潮。下午五時，我們落落寡歡的搭上北上的快車。三月九日，收到老師出獄前夕（三月六日）寄給我的一首詩。

三月十日，收到老師還是從綠島寄來的限時信：「麗眞：我已經準備好，以爲就可以回來了，長官卻把我找了去，告訴我仍要留在綠島，繼續囚禁，看樣子我們此生見不到面了，請原諒，使妳們四位辛苦的白跑了一趟，心緒空前傷感震盪，不多寫。」喔，事情已經大白，老師雖然終於出獄，但卻永不會回來了。

指揮部保防官准許我寫信給麗眞，可是却不准許提到任何軟禁字樣，只可告訴她，我現在擔任敎官，生活十分快樂。迄今爲止，我仍不知道蔣經國爲什麼恨我到這種地步？先是要我伏屍刑場，在我成了漏網之魚後，又要使我葬身孤島。我在營區內雖然可以自由走動，也可以站在高崗上遙望巴士海峽，但是，我沒有朋友，所有官兵都把軟禁犯當作一個痲瘋病患，不敢接近。我雖然走出有期徒刑，却又一腳踩空，栽入無期徒刑。這時候我全部希望，是能看到佳佳一面。我知道，見城城、垣垣、麗眞，是不可能的。指揮官已經批准我的申請，可是，最大的困難，是在寫給佳佳的信上，無法告訴她爸爸在那裡，和到什麼地方才可以找到爸爸，因爲凡是軍事單位對外通信，只有一個郵箱號碼。所以我不能說我在綠島指揮部，也不能告訴佳佳到綠島指揮部，如果違反，那就又犯了洩露軍機的重罪，可能加判無期徒刑或十二年以上有期徒刑。

再一次天無絕人之路，我在軟禁期間的頂頭上司，感訓組長汪迺效先生同情我的遭遇，日後我們成爲好友，他正巧到台北度假，才把地址及約好的時間，帶給羅祖光，這時，祖光是《自立晚報》副社長，比較有空閒，祖光答應帶佳佳前來綠島。

這一場分離八年的父女會，我有一首長詩記事：

千里來探父　父迎乍邂逅　茫茫兩不識　遲遲相視久
父驚兒長大　兒驚父白首　相抱放聲哭　一哭一內疚
父舌舔兒額　兒淚染父袖　睹兒思往事　利刃刺心藪
舊創初結痂　新創再毒毆　癡癡望兒面　父心淚中抖
環島踏勝跡　汗濕裳衣透　兒或挽父臂　父或牽兒手
溫泉洗雙掌　絕壁聽海吼　高崖攀燈塔　佛洞卜神祐
纏父打乒乓　父女大交鬥　笑聲徹屋宇　又如舊日友
兒居招待所　窗外蔭椰柳　諸友屢邀宴　率兒起敬酒
明月照小徑　父女並肩走　喁喁兒時事　指天詢北斗
兒臥酣酣睡　父傍徹夜守　聽兒呼吸勻　喜兒不解憂

兒雖已長大 仍是一孩幼 睡時仍踢被 不能自察糾
乘車懼顛簸 囑兒緊抓綬 飯桌用飲食 囑兒垂雙肘
坐時兒弓背 囑兒挺胸鈕 食罷不刷牙 囑兒勤加漱
隱鏡疑傷目 囑兒另選購 瑣瑣復絮絮 惹兒嫌父朽
二日匆匆過 留計苦無有 兒自凌空去 父自歸窗牖
再視兒睡處 撫床淚如漏 小徑仍似昨 父影獨佝僂
重見尚無期 念兒平安否 自愛更自重 莫貽他人口

佳佳走後，我已沒有第二個希望，假設這時候突然死去，也了無遺憾。幾個月後的一天，忽然全營警戒，一架直昇機在草坪中心降落，軍號齊鳴，一位高級將領走下來，官員們低聲傳告，警備司令部政戰部主任韓守湜將軍前來視察，指揮部人員除非有特殊任務，不可以離開各人所在的房間。大概一個半小時後，一位組長跑步進來，呼喊我的名字，一面說：

「主任召見你，快換像樣一點的衣服！」

八年的囚犯，又那裡來像樣一點的衣服？八年前隨身穿來的西裝，早已寄給陳麗眞了，組長只好嘆氣說：

「好吧！好吧！就穿這身衣服吧！」

走在路上，他忽然警覺起來，問我說：

「主任爲什麼召見你？」

「我怎麼知道？」

「你是不是寫過申訴信給主任？」

「這裡的每一封信，都經過保防官檢查，我如果寫這封信，他會讓我發出去嗎？」

他狐疑的說：

「那主任怎麼知道你在這裡？你認識他？」

「是的，我跟主任是高中同學。」

他生氣的責備：

「那你來的時候爲什麼不早說？」

「組長，你想一想，我是一個軟禁犯，一進門就說：跟你們總司令部政戰主任是朋友，你不認爲我三八嗎？」

他對剛才的態度有點懊惱，臉上立刻堆下笑容：

「柏楊先生，你來這裡幾個月，我們並沒有虧待你，主任如果問你什麼，你可要憑良心回話。」

「那當然，請你放心，何況，你們對我確實很好。」

其實，我和韓守湜自從離開學校，一直沒有見過面，假定他沒有道義擔當，絕不敢承認跟一個政治犯有這種關係。所以，一見面，我除了向他致謝外，就直接了當的問：

「我還有沒有希望出去？」

他謹慎的說：

「我不知道，如果你是被管訓的流氓，我今天就可以帶你走。」

「警備司令部難道還管不到我的案子？什麼機關管到我的案子？」

「你應該往上面想。」

「國防部？」

「更要向上。」

「那麼……」

「不要談了，我只能向你保證，你在指揮部期間，我們對你絕對優待。不過，我建議你，每個月寫一份讀訓心得，實際上這對你沒有一點幫助，但是，一旦有人幫助你的話，可供給他一個很好的台階。」

在指揮部的午宴上，韓守湜讓我坐在他的右邊，然後站起來向指揮官以下全體官員說：「柏楊是我的老同學，拜託大家多照顧他。」

這是一項雪中送炭的友情。兩個月後，另一架直昇機隆重降落，軍號照樣響起，原來是更大之官，國防部總政戰部主任王昇先生、副主任蕭政之先生，連袂前來視察。根據韓守湜的經驗，我心裡想，他們可能也會相見。可是，飛機走了，汪洒效驚奇的說：

「我知道你們是同學，向他報告說，柏楊也被關在這裡，他們一面點頭，一面笑笑說：『柏楊，噯呀！名人！名人！』一步也沒有停留，登機而去。」

這眞是一個有趣的人生浮世繪，在患難中，可以看到人的形形色色。

當時指揮部有一個圖書館，管理圖書館的也是一位軟禁犯，他是當年名震一時的陸軍總司令孫立人將軍的左右手。孫立人是美國維琴尼亞軍校的畢業生，曾任印度戰區中國遠征軍指揮官，能力和戰功聞名國際，但是，他的競爭對手是皇太子。中國官場上鬥爭，最可怕的秘密武器，就是「誣以謀反」，蔣經國祭出這項武器，孫立人立刻瓦解，被軟禁在自己家裡，他無論到什麼地方，都有特務寸步不離的「保護」。所有與他有關係的軍官，都被清除（你即令誓死信仰三民主義、服從最高領袖也沒有用），而他的左右手郭廷亮當時官階上校，是一員戰將，國軍正準備一旦接到聯合國的命令，即行參加韓戰，郭廷亮擔任最艱鉅的突擊團團長，準備全團戰死在韓國的灘頭陣地。就在聯合國決定拒絕台北出軍的當天晚上，郭廷亮被警備司令部逮捕，把他裝到特製的囚籠裡，拷打審訊，最後被判無期徒刑。蔣中正逝世時，他已坐牢二十八年，可是他並沒有被釋放，反而先我兩個月送到綠島指揮部。就命他管理圖書，單獨有一個住宿的小房。我眞是有點懊惱，如果早出獄三個月，說不定可以佔上那個館長的「肥缺」，也有個小房。

白色恐怖結束後，郭廷亮也被解除軟禁，那時孫立人將軍仍在人世，謀反的眞象大白，可是，對郭廷亮而言，他無處投奔，只好繼續留在火燒島，養梅花鹿爲生，一面爲自己的清白，控告分辯。一天從台北回綠島，在中壢，車還沒有停妥，被人從車子上推下來，栽倒月台，一代戰將，死於暗下的毒手，留下無限詭異。

我在軟禁期間，全神貫注坐牢，沒有任何事分心，監獄所寫的歷史書稿，於出獄時全被送往警備司令部審查，每天只不過陪指揮官王道洪下下圍棋。我們圍棋的功力相差無幾，全島地位最高的巨官和全島地位最卑微的囚犯，成爲棋友。

我的棋藝起初似乎略佔上風，有時眞想下下政治棋輸他兩盤，可是，這話說來容易，眞正當你棋下得稍高一着時，想求輸都難。王道洪是一位鍥而不捨的挑戰者，他端詳棋盤會長達二、三十分之久，當我離開綠島時，棋藝已開始落後，招架不住。

漫長的軟禁期間，來自各方面的援助和拯救，也一天比一天激烈，問題是，我並不知道。所知道的是，我已經被世界拋棄了，而這正是暴君的盼望。就在這時候，美國總統卡特先生推動人權外交，我是一粒沙子，但人權外交的浪潮却捲起這粒沙子，把我從黑暗的深海捲上來，投擲到陽光下的海灘上。八年前被捕的時候，孫觀漢先生曾在美國發動大規模的請願行動，國務院回答說，這是中國的內政。可是，在人權外交的呼聲下，國務院立即訓令當時駐華大使安克志，調查我的下落。而國際特赦組織，這個我從沒聽說過的國際性專門營救政治犯的人道團體，也發動世界性的援救攻勢，信函雪片似的飛到台灣。沒有一個機關會採取反應，但它却使感訓組長汪迺效留下深刻印象，問題是，他不能直接告訴我這回事。於是有一天，在有很多人的場面下，汪迺效對我說：

「一個叫國際特赦組織的，從各國寫了很多的信給我們政府，想用壓力使你釋放。那一點用也沒有，靠寫信能救得了人嗎？」

從這些話中，聽出訊息，那就是，我的入獄和軟禁，已引起國際關懷，感覺到我要更好好的活下去。對政治犯而言，坐牢是和暴君生命的一種比賽，看誰活得更久，看誰活得更健康。於是我拿出所有的財富，買了些奶粉、維他命之類，決心參加這個比賽。

結束這場軟禁的，是美國眾議院議長伍爾夫先生，他來台北訪問，質問政府官員：柏楊那裡去了？政府官員回答說：

「柏楊自己願意留在綠島指揮部當教官，如果不信，我們有他親筆寫的申請工作的報告。」

一個稍有智商的人無法瞭解特務份子怎麼會編出這麼幼稚的童話，伍爾夫表示他要親自去綠島當面問個清楚，官員們這時才開始驚慌，蔣經國的態度也立刻轉變。於是，有一天，我正在圖書館，汪迺效走進來，把我拉到院子裡，說：

「告訴你一個好消息！」

然後拿出一份警備司令部的公文，上面寫着：

「柏楊一員，本部另委工作，即日派員前往陪伴返台。希轉知。」

就是這封電報，使我成爲時間最短和最幸運的軟禁犯。於是我立刻去理髮染髮，然後全心盼望警備司令部派的專人駕到。可是，隔了一星期之久，仍不見動靜。一個一生中不斷接到壞消息的人，有權利懷疑任何好消息，我懷疑事情發生變化。幸好，終於有一天，警備司令部保安處上校組長蕭桃庵先生抵達指揮部。當我隨着他登上火燒島前往台東的班機時，回想來時情景，對葬送在這個孤島上六年餘的生命年華，只換得一聲長長嘆息，寫下〈我離綠島〉一詩：

我離綠島時　厚雲掩斜陽　脱我囚犯衣　換我平民裳
十年如一夢　此夢仍未央　抬臂覺肘痛　着襪撫膝傷
試步雙足軟　合唇齒半殤　仰頭望蒼穹　天人皆迷惘
金堂酣歌舞　壯士泣沙場　丹心化爲淚　巨星引眉揚
高僧恕飛雀　奇異出畫坊　野村相面客　俯首廿異鄉
獨念獄中友　生死永不忘

當晚，住在台東一家旅館，晚飯以後，我試探着問：

「我想買一雙鞋子，是不是可以到街上走走？」

「當然可以，」蕭桃庵爽朗說，「從現在開始，你已經自由了，想到那裡，就到那裡。」

只有一個被長期監禁的囚犯，才能體會我那時的心情，沒有喜悅，也沒有歡愉，只有一份恍惚的哀傷。在暮色逐漸沉重中，沿着山城街道，信步徘徊。我眞的是想買一雙鞋，可是走到鞋店門口，却忽然有點膽怯，不敢進去，在櫥窗外面看了很久，再踏着自己狹長的身影，摸索着回到旅館，洗了一個熱水澡，躺在雪白被單的床上，心裡想：

「我又要從赤貧開始！」

第二天，我們乘班機從台東飛往台北。在松山機場下機時，除了一個警備司令部的軍官以外，見到羅祖光、梁上元，以及陳麗眞，眞正的恍如隔世。抄一段梁上元〈柏楊和我〉一文中描述這場重逢：

一九七七年的三月，我們又得到柏楊即將獲釋回台北的消息，經過了上次的波折，儘管柏楊自己也來信說，這次「絕對是眞的」，我們都半信半疑，不敢高興得太早。「還是等眞正接到他之後再通知觀漢吧！」中午的時候，我這樣對麗眞說。但是熬了一個下午，在吃晚飯之前，我終於忍不住撥了個長途電話到美國去。

從知道這個消息到柏楊回到台北，大約有半個月的時間，這眞是人世上最長的半個月，我和麗眞，麗眞和祖光，幾乎每天都要通好幾次電話，互相的打聽：「有沒有進一步的消息？」「這次一定會回來吧！」「到底那一天啓程呢？」「該不會又有什麼變化吧？」觀漢也沉不住氣，不斷的從美國打越洋電話來，問來問去，講來講去，都是同樣的問題。人的心理就是這麼奇怪，九年都等了，這最後幾天卻等不了，到了三月底，我們幾乎又要動搖。

四月一日下午六點十分，我們終於在台北松山機場等到了柏楊——警備司令部一位蕭上校去接他，陪他回來。

失去自由九年又二十六天，柏楊並沒有我們想像中的蒼老和狼狽，相反的，他染了頭髮，穿一件深色的夾克，雖然略顯清瘦，反而比我九年前在景美軍法處看守所探望他時，年輕清朗得多。他和我們每個人緊緊的握手，堅定而有力，而且馬上談笑風生。儘管在眉宇之間，似乎仍隱隱的流露出一份緊張和一股怨怒之氣，但也正因爲如此，整個人顯得目光炯炯，虎虎有生氣。那天的晚餐是在祖光家吃的，餐桌上菜肴豐美，友情洋溢，觥籌交錯間，我看到他的表情開始慢慢的鬆馳，當我們談到觀漢時，他禁不住流淚，在淚光中，他的眼神已變得十分的柔和。

當時，羅祖光邀請大家到他家晚餐，一個警備司令部派來接機的小軍官拔腿也要上車，蕭桃庵喝止他：

「你去幹什麽？我們的任務到此爲止，也該回家吃飯了。」

那一天是一九七七年四月一日，距一九六八年三月七日，共被囚禁九年零二十六天。其中，有判決書的硬牢八年，沒有判決書的軟禁一年零二十六天，人生，有幾個九年零二十六天？

41 自由

祖光家兩個小時的餐桌上，從大家口中，我已大略瞭解十年來身在牢房裡的時候，外面所發生的事，話題幾乎全部集中孫觀漢先生海外營救行動的細節。他在香港出版了一部厚達六百多頁的《柏楊和他的冤獄》一書，上面刊載我的起訴書、答辯書和判決書，以及從世界各地寫給孫先生援救我的信件。每一個小故事，都使我飲泣。和觀漢熱腸對比的，也有更多的世態炎涼和落井下石的故事，每一件也都使我震驚。然而，「人不炎涼不世情」，一個充滿了勢利眼的社會，固然使人心寒，但一個完全沒有勢利眼的社會，也會平淡枯燥。歷史上沒有奸邪，那能顯出忠貞？沒有勢利眼，又怎麼顯現出道義美德？在人生道路上，每一次挫折，都是一次友情篩檢，經過風浪而仍保持友情的朋友，才是眞正的朋友。世界上從沒有發生過，當一個人受到挫折時，朋友陣容能夠原封不動。「一貧一富，乃見交情；一貴一賤，交情乃見。」是千古定律，所以我立刻全部消化。

九年多的別離，贏得了這場團聚，夜已漸漸的深了，他們把我送到懷寧街太陽飯店，一方面等找房子（他們不敢相信我這次眞的能離開火燒島，所以不敢像上次那樣，預先準備住處），一方面陳麗眞服務的運通公司就在隔鄰，可以就近照顧。這是我到台北的第一個自由之夜，就在燈下，寫給孫觀漢一詩：

今日踉蹌回臺北　人物都非兩渺茫
去時家園如完甌　於茲覆巢鳴寒蛩
念我身老童心在　仍將丹忱酬熱腸
先把無窮感恩意　第一修書報孫郎

接着想辦的一件事，就是想聯絡佳佳、城城，和垣垣。然而，我自己造成的家庭破碎，雖然在以後的有生之年，一直想盡辦法彌補，但仍然失敗。尤其是佳佳，這個我把所有的兒女之愛都堆到一人之身的小女兒，使我受到最大的創傷。我突然被釋放，回到台北，使佳佳難以適應。我常看到父女水火不相容的故事，簡直無法相信那是眞的，一直等到發生在自己身上，才感覺到萬般無奈。我在牢房裡，一度還想到出獄後，要帶佳佳看一場電影，現在才發現，我是那麼樣的不切實際，五十八歲的人，還在那裡做夢。帶着孩子看電影和孩子們圍繞膝前那種天倫之樂，已一去不返。人世眞如滄海桑田，美景從來不會重現。

我的住處一時無法找到，最後，決定搬到羅祖光的汽車間。而接着蕭桃庵也送來中國大陸問題研究中心聘我當研究員的聘書，我被吳鴻昌的特務嘴臉嚇怕了，緊張的問說：

「我是不是可以不接受？由我自行尋找工作。」

「不接受沒有關係，絕對不勉強，即令接受，隨時也可以辭職。」

我仍驚疑不定，無法分辨是不是一個老式圈套。隔天，中心主任馮志翔先生親自到汽車間訪我，他的風範和誠懇，使我相信這次確實和上次不一樣，就姑且接受。想不到這一姑且，就姑且了十九年。馮志翔是一位熱情的長者，這是我的幸運，在重回紅塵的初期，就遇到正直和溫暖，絕大多數政治犯都沒有這種幸運。

政治犯出獄之後，是一塊肥肉。好不容易在工廠找到一個工人位置，管區警察往往在工作最忙的時候光臨，直接找他談話，詢問他最近的生活情形和交往些什麼朋友。如果政治犯不能夠使警察稱心滿意，警察就會天天前來關心，三、五天後，老闆發現底細，於是解雇，以免後患。

我在中心到差後不久，信義路派出所的一位警員，就到中心正式翻閱檔案，揭穿我的坐牢身份，然後趾高氣揚的離去。我第二天就到派出所，對那個警員說：

「你以後調查什麼，請到我住的地方，不要到我服務單位，你這是明明逼政治犯餓死。不過，我告訴你，研究中心不是你這一類的人可以隨便進去的，你再來打擾我的話，我會把一份《人民日報》塞到你口袋裡，大聲呼叫你偷竊共匪宣傳品，叫警衛把你送到警備司令部，你就跟我一樣的慘了。」

那警察眼睛骨碌碌的看着我，說：

「以後不去就是了，你兇什麼？」

這是我出獄後最得意的一件事。另外一件事，則使我感動，一九七七年、一九七八年兩年間，是政治犯社會地位最高的時代，每當我去土城探望徐瑛，回程途中，計程車司機看我從「生產教育所」出來，往往問我姓名，當知道我是柏楊時，總是拒收車錢，並加上一句：

「你爲我們坐牢，太辛苦了！」

這是一個專制政權瓦解的聲音，基層民心，先行覺醒。

我回到台北的第二天，渴望與倪明華聯繫。我完全知道她的情形，既已離婚，便是路人，我只是打算瞭解一下，我入獄之後，還是夫妻的時候，家裡發生過什麼事。

羅祖光告訴我她的電話號碼，我撥電話過去。

「我是柏楊，已經回到台北！」

「我知道。」

「我們是不是可以見一次面？」

「不必了。」

「我很想見妳……」

「你可以見我的律師，律師的電話號碼是……」

「我不爭財產，也不打官司。妳可以和男朋友一塊來，我只是想知道，有誰幫助過我……」

「沒有人幫助。」

「難道孫觀漢先生也沒有嗎？」

「沒有。」

「陳麗眞也沒有嗎？」

「沒有。」

事實上是有的，孫觀漢先生曾寄過錢給她，而明華現在的男朋友是陳麗眞夫婦的同事。

麗眞爲了替師母解憂，帶着同事到我家打牌，才發生以後的變化，麗眞深感內疚，明華曾要求麗眞夫婦像我仍在時一樣的繼續來往，麗眞夫婦不肯，才反目成仇。

十年離別，重逢時只不過聽到就這麼簡單、生硬，而冰冷的幾句話，我還想多說幾句，她已把電話掛斷。這時候，我再一次的想到張恨水的《大江東去》，男女主角分別只幾個月後，重新相晤那種情景。春夢一去了無痕，眞是無痕！

過了幾天，倪明華派一輛車子，送來她認爲屬於我的財產，幾件香港衫，和一百多冊剪報剪貼簿（後來，我才知道，我的若干重要文件和物品，落到另外一人之手）。在這種情況下，有些朋友自然想到使我和齊永培破鏡重圓。有一天，一個過去的老鄰居帶來了一句永培的話：

「如果你無路可走，來投奔的話，也可以收留。」

這句話不但不能使破鏡重圓，反而使破鏡更碎，性格使然，自己也無法作主。現在使我心情沉重的只剩下一件事，那就是獄中寫的三部書：《中國人史綱》、《中國歷史年表》，和《中國歷代皇帝皇后親王公主世系錄》，仍在警備司令部政戰部審核中，幾個月下來，毫無消息，也曾拜訪過韓守湜。韓守湜說：

「總司令對這些著作十分重視，成立一個專案小組分別審查。」

其實，我心裡並沒有像表現出來的那麼焦急，回台北的一個月後，第一部書已經從戒備森嚴的火燒島政治監獄，經過地下秘密管道，偷運出來，只是，暫時還不能馬上出版，因爲無法交代稿件來源。

事情是這樣的，黃恆正共抄了兩份《中國人史綱》，我把其中的一份，交給徐瑛，約定徐瑛出獄時，如果環境許可，確知可以攜帶出來，就攜帶出來，否則就請他再轉交給其他難友，繼續保存，一直保存到有一天，暴政結束，政治監獄瓦解。我回台北後不久，就跟郭鷹先生取得聯繫，大膽的求他設法拿出徐瑛那份原稿，郭鷹滿口承諾。那時徐瑛已調外役當廚師，在郭鷹秘密安排下，徐瑛把原稿放在臉盆裡，帶到廚房，郭鷹接過，放到工具包裡，低聲對徐瑛說：

「我全家性命，握在你手裡！」

「請放心，郭大哥既然把這麼重要的事交付給我，是他信得過我，我只有感激你，怎麼會出賣你？」

有一件事情是不堪設想的，萬一這書稿被搜查出來，郭鷹一定家破人亡，徐瑛恐怕還會再加判十五年。他們的義行，使我深爲感動。就在拿到這份書稿後，要想寫一封回信給郭鷹，可是却找不到他的地址，只記得他家住台南縣某鄉某村，我一直希望能再接到他的信，結果，轉眼十八年，沒有他的消息。曾在〈通鑑廣場〉上刊出尋找他的信件，沒有任何回應。

郭鷹嗜酒，我擔心他已離開這個世界，果眞如此，也希望郭鷹先生的子女，在讀到這段回憶錄時，把情形告訴我，給我一個回報的機會。

除上述三部書外，我還有一本《柏楊詩抄》。詩抄並不是整本帶出來，那樣的內容，根本走不出政治監獄大門。我早就料到它的命運，因而分別抄在《辭海》和《領袖訓詞》之類書中字裡行間，使它和正文相混，果然如願帶到獄外。可是，最後一刻却不能忍耐，竟交給三重市一家打字行打字，想先印出幾份，送給朋友分享。想不到打字行撥來電話，告訴說警察已搜走所有原稿，現在正向老闆問供，要我快去自首。

我魂失魄散的趕到三重，台北縣警察局安全室主任正一臉殺氣的詢問稿件來源。我正好趕上，替老闆解圍。當時人贓俱獲的態勢，可能把我帶回板橋偵訊扣押，正在千鈞一髮，蕭桃庵先生電話打來，那是我臨來時求救的結果。這使得警察局在問完口供後，沒有對我和店東採取任何行動。

三年後，立法委員費希平先生特地爲這件事向行政院提出質詢，要求台北縣警察局發回原稿。台北縣警察局的回答是：

「根本沒有這回事！」

那時候，我對複印還不太瞭解，未能事先複印一份，有些詩稿幸虧仍存字裡行間，可以再抄一遍，但寫在紙屑碎片上的一些詩，就永遠失落，再也無法追尋，一直到《柏楊詩抄》出版時，只剩下五十二首。

第二次世界大戰末期，國際上流行一則小幽默，說是一旦生擒活捉希特勒，應該如何處理？各國意見不同，英國人主張把他交付法庭審判，給他充份的辯論機會。美國人主張把他裝在籠子裡到處展覽，出賣門票。中國人則叫他找兩家殷實舖保，隨傳隨到。這則幽默反映了各國的文化特質，對英國人的守法精神和美國人的商業掛帥，雖然我那時年紀還輕，仍能體會，可是對中國人把希特勒交保候傳這種事，却完全不能理解，覺得國際上怎麼會對中國有這種觀察？我到了台灣，雖然年齡漸增，但是不理解的程度如故。一直等到入獄之後，才發現「交保候傳」行爲，在中國政治制度中，竟眞的佔有一個重要地位。它有一種意想不到的傷害力，是暴政中的隱形殺手。以政治犯做爲例證，當他漫長的刑期屆滿以前，他必須找兩個保人，保證他永遠脫離叛亂組織，終身信奉三民主義。保證人還要承諾政治犯每月到住家所在的派出所報告行蹤：「如有違背，願受最嚴厲的制裁。」這種表面上看起來十分簡單的保證書，實際上十分複雜。

一個政治犯，從被捕的那一天開始，親戚朋友早就惶恐逃散，政府又故意使他和社會隔絕，這個人就像被地獄吞沒了一樣，無影無蹤，十年、二十年後，整個世界都有了改變。親戚在哪裡？朋友在哪裡？同鄉在哪裡？同學在哪裡？妻子在哪裡？丈夫在哪裡？兒女又在哪裡？不知道求誰保證？又不知道把保證書寄給誰？有的靠着舊的記憶，勉強把信發出，不是石沉大海，就是被原封退回，上面郵局批着查無此人。事實上，監獄外的親戚朋友，一個個像驚弓之鳥，好不容易安定下來，突然接到那樣一份殺氣騰騰的保證書，縱使一個霹靂打到他的腳前，也不過如此。他怎麼敢保證一個判刑十年、二十年，從無音訊的危險份子脫離叛亂組織、信仰三民主義？尤其是更不敢保證他每個月會到派出所報到。而且，保證人從此不能出國，如果出國，必須三個月前向警備司令部申請退保，如果沒有退保，政治犯將重新被捕。一個政治犯如果沒有保證人，他唯一的出路，就是送到隔壁——綠島指揮部職訓大隊第六隊管訓，一直管訓到老死。不是他犯了什麼罪，而只是找不到保人。

我在刑期屆滿前拿到保證書時，坐牢已近八年，看到保證書上那麼嚴厲的條款，自己都覺得可怕。坐牢之前，知己滿天下，現在我却不知道去請誰做保？第一個當然想到陳麗眞，這個嚴重的後果，加到一個女孩子身上，我於心不忍，可是無可奈何。意料之中的，麗眞肯爲我做保，但再找不到第二個人。羅祖光馬上就要出國，他不能做保。我開了一張單子寄給麗眞，請她試探，也意料中的全被回絕。因判刑而死在監獄，我可以接受，因找不到保人而死在監獄，我死也不甘。到了最後，他們找到了當時當國大代表的于紉蘭，于大姐一口承當，而且當警察前去對保，向她警告說：

「妳保的是一個叛亂犯，要月月報到，妳可想清楚，不要後悔！」

很多保人都在這種情況之下，倉慌退保。于大姐卻回答他說：

「這是我的事情，由我來擔心，你只管對保就是了。」

這份保證書雖然沒有能夠使我出獄（因為我立刻就被軟禁），但麗眞和于大姐所承擔的卻是千斤重擔。

于紉蘭終生未嫁，她和弟弟于宗舜夫婦，同住在一起，性情溫和，我們都稱她大姐。但我出獄後不久，就和她發生了一件戲劇性的衝突，那一天，她請我到她家共進晚餐，談起我的受刑和坐牢經過，她感到悲慟，安慰我說：

「算了！算了！過去的都過去了。」

我立刻有一種被侮辱的感覺，她表達的正是傳統文化中，我最不能接受的一種思想。于大姐當然不會侮辱我，她只是想減少我的痛苦，但這兩句話卻說明了中國人沉淪醬缸，既不敢分辨是非，也不敢據理力爭。傳統文化中，既成事實就是眞理，有權勢欺凌別人的人有福了，婦女被姦殺，兒童被扔到槍尖上扎死，哭聲遍野，只要幫兇喊一聲：「算了，算了，過去的都過去了！」哭聲就得停止，訴冤就得停止，追查兇手就得停止。膽敢不停止，就是別有居心，非善良之輩，應受到嚴厲譴責。於是，中國人遂被訓練爲永遠向權勢下跪的動物。像以色列那樣，萬里之外尋找集中營屠殺猶太人的凶手，送回國內審判，那種對理念的執着跟毅力，使人生出無限崇敬，在偉大的猶太人族群中，聽不到受害人溫柔敦厚的輕輕說：「算了！算了！過去的都過去了。」

我把我的意見告訴于大姐，她想了一陣，承認「也有道理」，但她補充說：

「你不算了又怎麼辦？」

我認爲「又怎麼辦」是一回事；「算了，算了！」又是一回事。這是暴君暴官畏懼報復，專門爲培養奴才而提出的教育綱領，被害者這一方不能用來痲醉自己。

我們越吵越烈，最後，我說：

「大姐，如果有人傷害了妳的家人，把刀一拋，拍拍巴掌說：事情已經過去了，算啦，算啦，妳能眞的算了嗎？」

「你亂比喻什麼！」

我跳起來，大聲說：

「我寧願再次坐牢，也要妳證明給我看！」

于大姐叫她弟弟于宗舜把我拉住，忍不住失笑說：

「你說的對，你眞執拗得像條牛，連坐牢都不改，吃你的飯吧！」

42 重返文壇

羅祖光的汽車間在台北敦化南路復旦橋東，而我原來的家，則在復旦橋西。被捕的時候，東邊只有幾座稀落的房舍，常帶佳佳橫過復旦橋到東邊遊戲，如今已經大廈林立。我住西邊的公寓名「光武新村」，是六〇年代台北第一座新式社區，很多電視、電影，都利用那裡的街景。我搬到祖光的汽車間後，早上起來散步，常常走到舊宅，站在十字巷口，仰望三樓我被捕時的住家，被捕前剛裝上不久的冷氣，仍然嵌在原地，木製門窗原來漆着白色，現在改成赭紅。調查局的箱型汽車停放的地方，依稀可以辨認。而當時倪明華憑窗下望，陳麗眞一直送到車旁，他們那兩副憂傷而驚恐的眼神，仍凝聚在那裡。現在，我佇立在十字街頭，好幾次，有一種直接奔上三樓敲門而入的衝動，我會告訴住戶，我就是原屋的主人，只想看一眼故居，一個字一個字寫出來的這個家，在被迫離開十年後，是什麼樣子？但我終於克制自己，一則是怕對方嚴辭拒絕，二則怕看到的仍是當年模樣的陳設，三則害怕傢俱全都換新，無法辨認。倪明華和她的男友住在另一個地方，這個房子已被租出去了，我不願再承受一次不必要的傷害。

朋友們對我孤單的情形一目了然，熱心的為我介紹女友，最後，在文化大學教授史紫忱先生作東的一次聚會上，認識了詩人張香華。當我聽到張香華名字的時候，忽然呆住，雖然我是基督徒，但是就在這一剎那，感覺到佛教「緣」的熱力，兩年前還在火燒島囚禁時，在《青年戰士報》的副刊上，曾經看到幾首詩，其中有一句話：

「可以聽到地下種子抽芽的聲音！」

這是一種很玄秘的寧靜，心靈上如果沒有某種頻率，寫不出這種詩句。我曾經拿給難友們看，可是，詩不是獄中寵物，沒有幾個人注意，那首詩的作者就是張香華。這簡直是一種無法解釋的巧合，「緣」是感情最基本的土壤，有了這個土壤，自然迅速長出果實。

就在出獄後的第二年，一九七八年二月四日，和香華結婚。當我們要結婚的訊息傳出來時，調查局曾擊出最後一拳，派人到香華教書的建國中學，用一種唯恐天下人不知道的聲勢，調查張香華的忠貞資料。可惜沒有把人嚇倒，反而激起香華的反彈，對一個「老」「醜」「窮」俱備、而又絕對沒有什麼前程的政治犯，完全接納。這對特務們是一項強烈挑戰，於是，有人就肯定的說，我們的婚姻不會超過三年。而到現在，一九九五年將盡，我們結婚已十八年。香華是一個智慧型女性，我身經百劫，有幸娶到她，是上帝總結我的一生，賜下的恩典。

我和香華不但是夫妻，而且是朋友，我們互相勉勵、警惕、責難、規勸，我複雜的生活背景，和她無從詢問、我也無從回答的心路歷程，使一個醉心於紅塵外、詩世界的單純女性，難以承擔。過去發生的事，她全不了解，甚至根本不肯相信。但她有異乎尋常的包容力和理解力，她的理性面有時候使她能冷靜面對問題。尤其在做人上給我很大啓示，她任何時候都給對方留下餘地，從言辭到內心，使我在六十歲以後，仍奮力成長。

我生命中累積下來數不清的創傷，有些已經結疤，有些還在淌血。是香華終於使我安靜下來，專心寫作，我們不久就搬到新店和烏來之間、當時最美麗的山莊之一的花園新城，遠可以眺望二十公里外的陽明山，近可俯瞰就在腳下的新店溪的緩緩流水，我們住的公寓，海拔二百公尺。

香華有語言的能力，這對我是天大的幫助，相較之下，我的自卑感油然而生，因我是語言白癡，連國語的發音都不標準，所以到了外國，或接待外國朋友，香華成爲我契合最好的翻譯。而在台灣，到南部的時候，她可以脫口而出的用閩南語替我講演。至於去香港時，她更如魚得水，因爲她出生香港，廣東話是她的母語。

災難化成跳板，不是我自己有什麼能力，而是整個時代發生巨變。美國總統卡特先生的人權外交，有萬鈞之重，壓在蔣家政權頭上，使長達六十年之久的威權專制政體，分崩離析，這是一個在正義上和實力上都無法抗拒的形勢。台灣每一個人，都可以隱約的聽到統治結構支解時所發出的喀吱喀吱響聲。無論是言論或行動，陳舊的國民黨迅速消退，反對派在自由派知識份子扶持下，脫穎而出。

台灣銷路最廣的兩大報紙之一的《中國時報》，舉辦一次讀者和作者聯誼會，發通知要我參加。我受寵若驚，打電話問副社長楊乃藩先生有沒有弄錯，他說絕沒有弄錯。當天晚上，我緊張的前往參加，遇到了很多坐牢前的文化界好友，從他們臉上的表情，可以看出他們對我出現的驚愕。發行人余紀忠先生主持開會，致詞中宣佈說：

「我們這次聚會，最重要的意義是歡迎柏楊歸隊！」

余先生這項宣佈，使一些根本不知道我是從火燒島回來的年輕記者，把我圍住，希望問出一點「歸隊」訊息。第二天，報紙登出報導，我也開始重新恢復寫作生涯，《中國時報》副刊主編高信疆先生，特別開闢「柏楊專欄」。他是一位傑出人才，把中國報紙上的傳統副刊，由靜態變成動態，使他被稱爲「紙上風雲第一人」。《中國時報》在當時不足兩千萬人口的台灣島上，發行一百餘萬份，平均不到二十個人就有一份，影響力可以想像。我的第一篇文章是〈牛仔褲和長頭髮〉，小心翼翼的試探反應，先求「柏楊」兩個字，能在報上出現。

就在「歸隊」的兩個月前，《中國人史綱》在星光出版社出版，在《中央日報》上刊登廣告，闖下大禍，接下這份廣告的馬錦文小姐，哭哭啼啼找到星光老闆林紫耀，告訴他她不知道《中央日報》絕不許出現柏楊兩個字，報社現在要開除她，請林紫耀出面營救。我打電話給《中央日報》總編輯趙廷俊先生，說：

「連警備司令部都不反對柏楊可以上報！」

趙廷俊回答說：「我們的婆婆太多！」

那時候我才發覺「柏楊」兩個字原來有這麼大的震撼力，竟會使有些人妒恨交加、血脈賁張。所以雖然有《中國時報》強大的支持，地雷仍然不斷爆炸。且抄幾篇忠貞嘴臉磨刀霍霍的文章，作爲例證。下面是姜穆先生的大作，題目〈由役談起〉，刊於一九七八年九月份台北《文壇雜誌》：

凡服刑者，無不於「德操」有虧，都是爲塡慾望，不惜干犯法紀，爲匪爲盜，甚而竊國或企圖竊國者。這種人，本是害群之馬，繩之以法，是大快人心的事，也惟有「公正」，才能鼓勵忠貞，無如我們過於「敦厚」，「濃厚的人情味」，已被譏爲「爛好人」。近年有一怪現象，使我們感到好人越來越爛之感：某機構以「研究員」作爲某類受刑人的酬庸，這就使一生賣命的人大感不平之外，也使人有失去什麼是價值標準的感覺。非常簡單：如對受刑人加以酬庸，不是判決的錯誤，就是向強梁示好，不然決不會做出使人不解的事來。某機構的所謂「研究員」，實在就是領乾薪，這使我們不解，難道說服勞役，竟是「功」在國家，應以納稅人的錢去安撫他們嗎？

據我知道，他「老先生」曾經化名寫過滇緬邊區撤退來台的忠貞之士的事跡，對於昭昭於世者，還不敢有所歪曲，但是他的筆鋒，常不忘挑撥：在那本書裡，他說滇緬邊區的反共忠貞之士，來台後，淪爲引車賣漿的行當，讀了那段文章，他的用意何在，我就不敢妄加推斷了，但我們都產生政府未盡到照顧忠良的印象。然而這本書竟然銷行百萬冊，不禁使我區區在下，感慨不已。

再摘要介紹一篇井種步先生的大作，載於一九七九年八月份台北《亞洲世紀雜誌》：

《柏楊和我》是梁上元編著的一本「書」，扉頁題詞：「謹將本書獻給柏楊先生作爲他六十歲生日的賀禮！」

從以上引錄這些「他的朋友」們祝壽文中，發現不少的「冤」字和「誣」字。尤其是孫觀漢在美國出版的《柏楊和他的冤獄》一書。明明白白稱它為「冤獄」。

我們實在弄不明白，難道說柏楊坐牢眞是冤枉嗎？當他坐牢之時，報上不曾登有過新聞，及到出牢以後，報上才有了新聞。當然知道他坐牢的人不少，尤其是文藝新聞界的人，何以在國內無一人出頭代他「鳴冤」？至好如他的朋友梁上元、羅祖光，以及女弟子陳麗眞，甚至他的妻子倪明華。只有一個國外朋友孫觀漢才出版《柏楊和他的冤獄》在國外發行呢？

我們沒有看過檢察官的起訴書與柏楊的答辯書。惟從他口中自訴出的「判決書」上的兩項罪名（在瀋陽被俘及在台北寫雜文為匪宣傳），而判定他坐牢十二年，罪與罰相等。怎麼可以稱為「冤獄」呢？

假若他「坐牢」眞是冤枉，他「出牢」以後，還可以自己訴願——伸冤。在自由、民主、法治的中華民國，絕對可以還他「清白」的。直到現在為止，柏楊並不曾自己訴願而伸冤，證明他坐牢就不是「冤枉」了。

亦可見孫觀漢所謂「莫須有的牢」，與梁上元所謂「不白之冤」、羅祖光所謂「相信他的無辜」，都是感情用事之詞，其他幾位爲他喊「冤」者，更是「無稽之談」。

這一類的忠貞言論，不只是遍佈國內，也蔓延海外。一位菲律賓僑領陳志專先生，就爲文表態，載於一九七九年十月份台北《中國報導雜誌》，他說：

> 有關柏楊案件，早在十多年前，由警總軍事法庭宣判定讞，期滿出獄，照理說，應該改過自新、表示懺悔才對；但不作此圖，反以東山再起的姿態，繼續挺進。柏楊的支持者竟又舊事重提，仍猶喋喋不休，實有藐視法庭之尊嚴，居然無人予以駁斥，這就妙了！

在我們國家裡，作家的言論一旦受到箝制，或政府決心興起文字獄，很多知識份子，不是閉口自保，就是索性縱身投懷，希望分一點渣汁。就是在旁鼓掌稱快，甚至認爲暴君暴官下手太輕！中國人眞是病了，文化人更是病得沉重。以鬼故事聞名的司馬中原先生，當我被捕受刑之際，他奉命到美國宣傳柏楊惡行，自稱是我的朋友，一次會場上，在聯合國服務的夏沛然先生站起來告訴他：

「柏楊有你這樣的朋友，他已不需要敵人了。」

那時候，我還不認識夏先生，後來，我去紐約，才發現他夫人王渝女士，正是當年我入獄前一天，來家中訪問我的台北市立一女中學生。當時她正編輯校刊，沒想到翌日我就被逮捕，眞慶幸她的訪問稿還來不及發表，否則她一定受到牽連。

以上是有形的毒箭，還有無形的毒箭，殺傷力也一樣強。每次警備司令部治安會報上，一位在大學敎哲學的馮扈祥先生，一定發言（他以一個清高的教授，竟參加警備司令部的會議，說明他絕對不同凡響），對《中國時報》竟讓一個叛亂犯開闢專欄，繼續爲共匪宣傳，挑撥政府與人民之間的感情，簡直義憤塡膺、痛不欲生。余紀忠先生當然不會被他嚇住，但總是把我叫到報社，囑咐：「小心！小心！」

就在這種隨時都可能再蹈覆轍，文被腰斬、人被逮捕的威脅下，我又在高雄《台灣時報》寫〈皇后之死〉與〈帝王之死〉。《台灣時報》特派員蘇墱基先生，他像對待兄長一樣待我，在一次宴會上，爲了維護我而跟同桌的人爭辯，拍案而起。我的視力在火燒島長期的暗淡燈光下，日漸減退，墱基陪我去高雄，請吳基福先生診治，吳先生是《台灣時報》董事長，也是最好的眼科醫生，診斷我右眼患的是「黃斑部萎縮」，沒有什麼特效藥。但卻設午宴招待，要我寫稿，使我有機會寫下《之死》系列。

43 十年通鑑

自從一九四九年到台灣，粗略的分，大概是十年小說、十年雜文、十年牢獄。十年牢獄之後，是五年專欄，五年專欄之後，是十年通鑑。

司馬光先生編纂的《資治通鑑》，是中國最好的兩部史書之一（另一部是司馬遷先生的《史記》）。《資治通鑑》始於紀元前四〇三年，止於紀元後九六〇年，共一千三百六十二年，於一〇八四年完成。可是這麼一部全民推崇的史書，近百年來，却幾乎成爲死書，因爲它是用一千年前的古文撰寫，現在已沒有幾個人可以看得懂了，更沒有幾個人願意浪費時間去咀嚼。

有一天，遠流出版公司董事長王榮文先生到我家作客，我談起把《資治通鑑》翻譯成現代語文的宏願，他熱烈贊成。我打算仿效「臣光曰」，另加「柏楊曰」，寫出我讀史的心得。有文化界金頭腦之稱的詹宏志先生，是王榮文的總編輯，在他規劃下，將譯本定名爲《柏楊版資治通鑑》，分册發行，每月一册，使這項龐大的出版計畫，得以實施。遠流還特地成立「柏楊版資治通鑑雜誌社」，以雜誌的形式，每月一册的速度，預計三十六册，三年時間把它完成。

一九八三年九月，第一册《戰國時代》出版。王榮文一看，暗暗叫苦，他說：「糟了，這種書賣給誰？」幸好，口碑還不錯。開始的第一年，一直維持每月一册的速度，但不久就發現，我根本無法預估文言文譯成白話文之後膨脹的係數。於是，只好由每月出版一册，延長爲每兩個月出版一册，由三年三十六册，延長爲十年七十二册。這種單方面的違約行爲，有的讀者充份同情支持，也有些讀者嚴厲譴責，甚至來信破口大罵。但是即令再把我投入監牢，也無法三年完成這項龐大的工程。這項苦衷最後獲得讀者諒解，但這十年也幾乎成了我的另一場新的監獄生涯，書房成了囚房。每天晚上連做夢都夢見《資治通鑑》，常在百思不得其解的困境中，忽然驚醒。這期間在職時間最長、貢獻最大的助理有譚焯明先生和黃奕龍先生。遠流公司負責編輯的人選中，麥光珪先生任期最久，和我的配合也最密切融洽。

《柏楊版資治通鑑》每册印刷一萬本。在台灣這個兩千萬人口、而讀書人口更少的環境中，像《通鑑》這種不易獲得普通消費市場青睞的書籍，能夠以這樣的銷售量行世，使我充滿感謝。一九八五年，《柏楊版資治通鑑》當選爲全國最有價值和最暢銷的一部書，同年，

《中國人史綱》也被列爲對社會影響力最大的十部書之一。一生歲月中，沒有幾次能像這樣的欣喜。

中國自從明王朝第一任皇帝朱元璋先生下令「片帆不得出海」，中國人遂被禁錮在陸地上，成爲專制政府的人質，六百年來，出國是一種卑賤的，和冒險的行徑。政府宣稱：中國是天下第一等大國，凡是想前往海外的人，都非善良之輩，而是天朝棄民，一定會顚覆祖國。對於這種人，必須加強禁制，以免他們滑出自己的手心。所以，在我們中國，准不准人民出國，遂成爲政府獎勵搖尾系統，和壓制異議份子的一種手段。

這種情形一直到二十世紀八〇年代，都還是如此。我出獄後，曾收到海外幾封邀請函，政府當然不准，連在報上登廣告都不准出現柏楊二字，要想拿到出國護照，簡直比登陸月球還難。而且，警備司令部如果不發出入境證，即使拿到外交部一百張護照也沒有用。白色恐怖時代，警備司令部是政府中的政府，能不能出國，它的裁決才是最後定案。

然而，天下事難以預料，在很多邀請函中，新加坡共和國《南洋商報》的邀請函，發生了力量。一九八一年元月份的一天晚上，警備司令部接伴我回台北的蕭桃庵先生，請我和香華吃小館，當場拿出外交部發的護照和警備司令部發的出入境證，這眞是又一個意外，蕭桃庵並沒有特別交代，只是告訴我：

「國事維艱，請多體諒！」

去新加坡，並不是我生平第一次出國。一九五七年，我曾經乘登陸艇護送回國參加青年救國團暑期戰鬥訓練的留日和留韓學生，分別送返長崎和釜山。不過，那一次是純公務的旅行，匆匆登岸，又匆匆回船，對日本的唯一印象就是：「哇！大人小孩都會講日本話！」到韓國後雖然對那裡的大人小孩都會講韓國話不再驚訝，不過我實在想不通，世界上爲什麼會有這麼多迥然不同的言語，和這麼多稀奇古怪的文字。

這次出國，除了香華同行外，還帶着佳佳，和比佳佳小一歲的香華的女兒碧心。我們受到新加坡讀者熱烈的英雄式的歡迎，人潮洶湧，中英文報紙全幅報導，對一個剛剛從屈辱的監獄出來、還不太習慣自由生活的重刑囚犯而言，簡直不可思議，只有青蛙變王子的童話裡，才有這種強烈對比的奇遇。蔣家王朝加到我身上的迫害，想不到在萬里之外，竟還給我百倍的溫暖和百倍的榮譽，使我終生難忘。

而我的和香華的女兒，更被當地讀者寵昏了頭，以致碧心要求佳佳說：

「妳可不可以跟妳媽媽講，在新加坡多玩幾天？」

佳佳驚訝的叫起來：

「那是妳媽媽，不是我媽媽。」

我們當然不能多作停留，因爲行程早已安排。不過，這一趟歡樂的旅行，却種下了佳佳永遠離開的種子。她在飛機上認識一位澳洲航空公司工作的青年，回台北後，決定放棄她在台灣大學法律系已讀了三年的學業，前往澳洲結婚。我勸她先完成學業，她一心早日離去，父女更生齟齬。佳佳遠嫁後，音訊漸少，終於一年不過一封。

在吉隆坡，我們接受《馬來西亞通報》董事長周寶源先生招待，廣大讀者群的歡迎盛況，簡直使我要再感謝一次幸而有這場長達十年的文字獄。

過去，在「華僑是革命之母」口號的引導下，我總以爲東南亞各國華人，是一個強勢族群，現在我親眼看到的，却不盡然。各地華人在經濟上、商業上雖然佔有優勢，但是却忽略了文化、政治上的發展，以致稍微有點風吹草動，都會造成不安。馬來西亞建國之初，華人身負「好男不當兵」的傳統文化，拒服兵役，拒進軍校，自己阻止自己成爲社會主流。我回台北後，寫了一系列的〈新馬港之行〉，口吐眞言，說出我的憂慮。在馬來西亞，有些朋友認爲是暮鼓晨鐘，有些朋友則反唇相譏說：「柏楊是老幾？竟跑這麼遠來教訓我們！」

歸途中經過香港，會晤到香港菸草公司總經理何關根先生。一般人印象中，商業和文化不能相容，財富和愛國也幾乎有尖銳衝突，然而，何關根身上兩者融化成爲一體。一九六八年，我被捕的兩個月前，那時《異域》一書，正在海外發行。有一天，我忽然接到何關根一信，他對被接到台灣孤軍的悽慘遭遇，深感悲痛，捐出一筆巨款，要我轉交。就在被捕前夕，剛好把它轉發完竣，而且在報上一一徵信。所以這次到香港，第一件事就是拜訪他，向他致謝。何關根不像一位資本家，而像一位教授，他溫文儒雅，指着辦公室牆壁書架，告訴我說：

「你看，這全是你的作品，我已擺了好多年！」

馬來西亞報上刊載不少我訪問時的照片，其中有些人被蔣家班特務認爲是左派份子。回台北後不久，警備司令部就派人詢問我，爲什麼在海外專找左派來往。我於是向他們建議：調查局既然有的是錢，最好每年派人出國，帶着給牛馬烙印的烙鐵，把華人分爲左右兩派，一一在面頰上烙出印記，這樣的話，政治犯再出國時，遇到烙有「左」字烙印的人，就望風而逃。

新馬回來半年，我接到世界詩人大會將於七月在美國舊金山召開的邀請函，試探着向警備司令部申請出入境證，竟然獲得批准，同樣的由蕭桃庵把出入境證當面交給我，仍是一句「國事維艱，請多體諒」的吩咐。

這是我第一次美國之行，除了發現「大人小孩都會說英語」外，使我最驚訝的是，美國人的禮貌多端（後來才發現日本人的禮貌更爲多端），和交通秩序有條不紊，並且了解：斑馬線在此邦竟然有使汽車禮讓的功能，而台灣的斑馬線却是專門引誘行人深入埋伏，以便汽車撞死的陷阱。

詩人大會後，我在舊金山史丹佛大學、柏克萊大學，以及在洛杉磯，各作一次演講，最後紐約一站演講，安排在孔夫子大會堂，當我再一次把傳統文化形容爲「醬缸」時，聽眾中一位先生提出：

「世界各國到處都有唐人街，中國人應該感到驕傲！」

「唐人街不但不是中國人的驕傲，」我說，「應該是中國人的羞恥，看它的髒、亂、吵，和中國人對自己中國人的迫害與壓榨，實在是應該自顧形慚。」

一位聽眾激動的一躍而起，斥責說：

「你從台灣來，原希望你帶來鼓勵我們的好消息，像反攻大陸已經準備完成之類，想不到你却來打擊華人的民心士氣，羞辱我們祖國。」

我呆了一下，時到今日，竟然還有人相信反攻大陸，實在難以理解，我不是政府官員，也不是文化打手，所以不能撒謊。但這項行動立刻引起嚴肅的關切，紐約《華語快報》在社論上呼籲華人社會對我不可提出尖銳的問題：

柏楊來紐約市，在紐約知識份子圈中，捲起了一個熱潮。不管是右派、左派，或自由派的知識份子，都爭着和他談話，都爭着邀請他舉行座談會，於是柏楊夫婦忙得團團轉。但是也有很多眞正愛戴柏楊的讀者，憂心忡忡。

憂心忡忡的原因很簡單，紐約市華人社會，是一個五花八門的社會，在政治上有左、右、中、獨，各種派別，這些人各有各人自己的一套想法，都希望能和柏楊交換意見，從好的地方來看，這是柏楊吸收新看法的一個好機會，但是如就柏楊本身的安危來看，這也可能包含有使柏楊回台灣後再坐九年監獄的危機。

臺灣在民主與人權上，最近雖然有一些進步，但是在對付共黨和台獨份子這兩方面來說，常常是有理說不清的。在台北與左派份子接觸就可能是滔天大罪，但在美國來說，和左派份子接觸的機會實在太多了，何況人人都想接近的柏楊。雖然在一次右派舉行的座談會中，我們可以聽出這位對台灣的社會與政治批評很強烈的作家，對共產主義是反對很強烈的。但是柏楊在台灣，也曾被安全方面的工作人員，戴過紅帽子。這一次柏楊接觸了那麼多各種政治意見的人，在公開場合說了那麼多的話，如被斷章取義，要戴他紅帽子，也不是很困難的事。

有的人認爲，這是台北方面的錯誤，應該要台北方面改正，不應該自我約束。但也有人認爲，如果眞正愛護柏楊，便應該爲他着想，爲他的安全着想，儘量使台北方面不要誤會他。

回台北後的第二年（一九八二），我和香華又去了泰國北部。《異域》寫作的時候，我並沒有親自到過異域現場，寫作的內容又被忠貞份子指控爲挑撥人民與政府之間的感情，這句幾乎在每個政治犯判決書上都會出現的話，是一頂足以致人於死的鐵帽。想不到時代在變，現在反而激起讀者急於追問大撤退後孤軍的命運，《中國時報》副總編輯高信疆先生要我往泰國北部走一趟。

我立刻接受這項委託，心中充滿自信，因爲外交部和中國大陸救災總會都有電報給駐泰國商務代表（地下大使）沈克勤先生，我手中又握有幾封給代表處其他官員的懇切介紹信，自認爲會受到使人寬心的幫助。可是，沈克勤在接見我的短短十分鐘中，却一口回絕。首先，他表明他地位的重要：

「我一抬腳，一舉步，美國大使館都會震動！」

接着警告我說：

「這裡是泰國，不是台灣，政府怎麼想送誰到泰北，就送誰到泰北，簡直無知到這種地步！你一個人孤孤單單前去，那裡正有戰事，你會死在路上，即令到了泰北，一個報告回台北，說你販毒，你就完了。」

得不到官方支持，我開始找雲南和潮州同鄉會，他們滿口答應，可是第二天却全都變卦，連人影都看不見，氣氛詭異。我和香華完全被困在曼谷，言語不通，投奔無處。幸好，遇到了中國人權協會派在當地的法律顧問王福邁先生，他冒着觸怒沈克勤的危險，親自陪我們前往北方九百公里外、萬山叢中的孤軍基地美斯樂。

這是一次生死不測之旅。有中國人的地方，就有悲慘的內鬥，醬缸文化孕育出來的定律如此，所以孤軍中派系林立，互相間手不留情。而當地的毒梟對每個陌生的外來人，尤其警覺，在那山高谷深、渺無人煙的蠻荒地帶，暴屍一年兩年都不會被發現。我闖過沈克勤那一關，深入蠻荒，還帶着香華，事後回想起來，眞不禁毛骨悚然。

泰北回來，寫成《金三角・邊區・荒城》，當它在《中國時報》連載時，就收到讀者捐助巨款，並引發社會上長達數年之久的「送炭到泰北」運動。

可惜，這筆巨款，勾起大陸救災總會的注意，依我和信疆的看法，認爲應該由《中國時報》直接匯到泰北，可以建立若干個小型水庫，解除山區最逼人的乾旱之苦。可是，大陸救災總會却堅持由他們統籌辦理。官場文化中，「統籌辦理」也就是使焦點變得一片模糊，統籌的不辦理。我們反對，於是大陸救災總會召開了一個會議，宣佈他們的決定，並且嚴厲的說：

「這筆錢如果沒有我們的批准，一分一毛也匯不出去。」

「我們可以找另外的管道匯出！」我說。

顯然這正是大陸救災總會最耽心的，一位官員咆哮說：

「那你可是犯了外匯管制條例，戰時擾亂金融，包你又得坐牢。」

我和信疆灰頭灰臉的走出會場，可以購買一千兩黃金以上的巨款，不能爲泰北孤軍做出任何貢獻。

次年，藉着參加該年度的世界詩人大會，再度出國，此行除了西班牙外，我和香華還去了德國、法國、意大利，而且立刻愛上意大利。在米蘭定居的醫生潘賢義、古桂英夫婦，開車送我們南下羅馬，在我的要求下，行程特別列上聖瑪利諾。這個世界上最小的共和國之一，早就使我嚮往。我曾讀過一篇報導說，第二次世界大戰，盟軍向北推進時，忽然發現前面有個城堡，兩位身穿羅馬帝國時代鎧甲、手執鐵矛的古代戰士，大喝一聲：

「這是我們神聖的國土，不容許侵犯！」

這個國土就是聖瑪利諾。然而當我們進入聖瑪利諾國土時，並沒有發現城堡，也沒有發現身穿鎧甲、手執鐵矛的古代戰士，不過一條普通的鄉村道路。路上寂無一人，也沒有任何崗哨盤查，十分寧靜。車行大概八、九分鐘，抵達首都小鎮，在那個小鎮上，我的思想千迴百轉，一件事困惑着我：一個國家爲什麼一定要那麼大？人民幸福才是第一重要，國土大而人民生活貧苦，只能算是地獄。我特地買了一個望遠鏡，登上小鎮山丘，俯瞰四周，萬里青蔥，全是意大利國土，這眞是一個奇妙的袖珍國家，他們至少七百年沒有戰爭，也就是說，從宋王朝迄今，都平安的度神仙歲月。多麼奇妙的山河！多麼幸福的人生！

歐洲之行以羅馬作爲結束。因爲我是基督徒的關係，羅馬的名勝古蹟，對我來說，都有一種親切之感。我們一行人都喜歡羅馬，喜歡天主教的神父。有一回，一位神父開車，帶我們直向一條巷子衝去。我急得大叫：

「這是單行道！」

神父說：

「這是羅馬！」

於是車頭一轉，屁股朝前，倒車進去，神父說，就是警察看見，也只能瞪眼佩服。

最興奮的是，我們見到了教皇，教皇還親自和我握手，不相信的話，有照片可以爲證。

——我是教皇在廣場上巡視信徒時，千萬個握手者之一。聖彼得大教堂附近的禮品店，每天都出售昨日所拍的照片，我就買了有自己的那一張。

44 愛荷華

開始寫《通鑑》的第二年（一九八四），我和香華接到美國愛荷華大學的邀請，參加該校爲期三個月的國際作家寫作計劃，於是再度赴美。在愛荷華五月花大廈宿舍裡，我每天埋頭的，仍是繼續翻譯《資治通鑑》，香華因爲會說英語，有用武之地，總是找時間訪問其他國家作家。這項寫作計劃的主持人，是美國詩人保羅・安格爾先生，和他的華裔妻子聶華苓女士。五〇年代，聶華苓是雷震先生的助手，主編《自由中國》文藝版，她跟我是二十年以上的老友，自然成爲他們家的座上客。當時中國作家，無論海峽的哪一岸，有一項共同的特徵，個個都是煙槍。我很少看到世界上有這樣愛妻子的丈夫，安格爾自己不吸煙，但他卻縱容他妻子的中國朋友，把家裡搞得煙霧迷漫。華苓喜歡朋友，所以安格爾經常儲備一條煙，以防中國作家一旦口袋裡煙抽完的時候一哄而散。而愛荷華華裔的北京飯店店東裴竹章先生，他捐一筆巨款給愛荷華大學，指定作爲邀請柏楊夫婦之用。這位從來沒有回過祖國的韓國華人，從北韓到南韓，再從南韓到美國，他唯一的盼望是，盼望他的祖國更好。

就在愛荷華唯一的一次演講，我講了〈醜陋的中國人〉，一向，在任何地方演講，無論講得多麼爛，總會有一些禮貌性的掌聲，這次演講以後，只有椅子紛紛移動的聲音，聽眾靜悄悄的起立散去。平時習慣於演講後爲讀者簽名，那一次也沒有這種榮耀，連主席都覺得不好意思，搭訕着把我送回五月花公寓。

一個星期後，一位南美作家把兩捲錄音帶交給我，說：

「一個中國學生要我把這兩捲帶子交給你。」

那是〈醜陋的中國人〉的演講錄音，我請呂嘉行先生代爲整理。感謝邀請單位沒有把錄音帶銷毀，否則的話，未必有再一次的講出機會，也不可能有《醜陋的中國人》一書問世。——就在前一年，我坐了兩個小時的火車，從台北到台中東海大學講同樣的題目，大禮堂滿座，前幾排全是教官、教授，事前主辦單位答應給我一捲錄音，可是除了開頭幾句話外，全部空白。

講演後的第二個月，美籍華裔作家江南先生，被從台北國民政府安全局派出的殺手狙擊。案子沒有破時，凶手是誰，已呼之欲出。我們在返台灣途中，經過舊金山時，向江南遺孀崔蓉芝女士致哀，並寫一詩悼念老友，也同時自傷：

槍聲三響撼金山　我來灣北哭江南
陡覺渾身如潑水　頓驚亡友已入罈
骨灰盈掬枉成淚　音容仍在化作煙
香火兩枝獻靈上　癡望歸魂立窗前
書生愛國非易事　舉筆方知人世艱
身陷誅殺皆不曉　恩怨親仇都茫然
昔日曾蒙伸援手　而今愧難報如泉
從此永訣幽冥道　悲君自悲揚孤帆

文化人最大的錯誤，就是高估暴君贓官們的智慧，認為他們會做某些事，或不會做某些事。

我在美國時便寫信到大陸尋找冬冬和毛毛，經過一番一言難盡的轉折，終於把她們分別找到。因為母親的再婚，兩個女兒的處境，都是一把辛酸眼淚。但因為郭家是輝縣大族，冬冬還沒有改姓。而毛毛卻一開始就認爲母親的丈夫就是生身之父，直到有一天，共產黨厲行下放政策，每家只能留下長男或長女，其他子女都要放逐到鄉村，做父親的才告訴她說：

「妳的生身之父是蔣匪餘孽，下落不明！」

只有眞正遭受到這種親情遽變的人，才能體會出它的打擊，是如何的沉重。現在，蒼天保佑，就在這時候，生身之父出現。我必須從美國寄信，因爲寫的是四十年前的地址，萬一退回，不會被特務發現，那可能招來殺身之禍。信件終於寄到她們手上，幾經安排，直到一九八七年，冬冬、毛毛分別從輝縣和西安，抵達香港，我和香華也從台北到香港。當初倉促離開她們時，一個還未出生、一個還是那麼小，而今她們頭上已生出白髮。

父女相聚一星期，又要分別，送她們到紅磡車站上車，看到二女佝僂的背影，四十年前離開時的情景，再現眼前，而這次難道是再度永訣？忽然間伏在欄杆上失聲痛哭，香華扶着我說：

「火車還沒有開，快趕上去，還可以送她們一程！」

我們跳上列車最後一節車廂，一直送到羅湖，看她們進入國界，心情彷彿陰陽相隔。而就在當天晚上，聽到廣播，蔣經國在台北宣佈，准許國人前往大陸探親。滄海桑田，眞是一個幻夢接一個幻夢。

回到台北，已是一九八五年聖誕節，美國總統尼克森先生訪問北京引起大地春回，籠罩全世界的冰山，開始溶解。中國共產黨宣佈改革開放，歡迎當初定要緝拿歸案、逃往台灣的「蔣匪殘餘」回鄉探親，並且保證對過去的反共罪行，甚至血債，一筆勾銷。

這是一件石破天驚的巨變，當年隨政府來台的軍公人員，和像我這樣的平民，大約有三百多萬人，大陸被當作「匪區」，很多人因寫一封信給故鄉親人，或接到過故鄉親人一封信，而被判十年以上有期徒刑的，比比皆是，至於親自回鄉，更是駭人聽聞。而今，四十年後，時間辦到炸彈辦不到的事，再嚴厲的懲罰都阻擋不住回鄉探親。其實，把親人接到香港會面的浪潮，在此之前，早已開始，但只是隱密進行。當大多數人都向法律挑戰時，法律便失去尊嚴。

蔣經國宣佈准許台灣居民前往大陸探親之後的一段時間，我成了「溫門」人物，不斷有記者訪問，甚至有些外國駐北京記者，萬里外來台灣採訪時，總是順便問一聲我是不是準備回去，當然也附帶調查一下，我在大陸被翻印作品的稿費，如何處理。從現在開始，九年零二十六天的牢獄災難，完全轉化成正面意義，《紐約時報》把我比喻為中國的伏爾泰時，我悄悄的查《大不列顛百科全書》，才知道伏爾泰的事跡，非常感動。

一九八七年，香港電台舉辦青年閱讀獎勵計劃「開卷有益」，邀我前往頒獎。當我和香華走出香港機場的時候，忽然發現有點異樣，突然間閃光燈照耀得如同白晝，使人眼睛都無法睜開，數不清的麥克風推到面前，記者群已圍上來，幾乎異口同聲的問：

「柏楊先生，你對大陸查禁你的《醜陋的中國人》，有什麼感想？」

查禁？什麼查禁？我想都沒有想到大陸會出版五種版本《醜陋的中國人》，造成嚴重震盪，以致人民政府不得不把它查禁。香港電台負責招待人員在機場前往旅館途中，解釋這件事的來龍去脈。原來《醜陋的中國人》在大陸出版後，國務院總理胡耀邦先生曾經在內部指示上，對這本書加以肯定。現在，大陸發動的反自由化，主要的就是針對這本書而發。

這次參加頒獎典禮，是我在香港受到的最後一次禮遇，因爲在一次餐聚中，有位記者問說：

「九七後，中共能不能仍然維持香港的法治和繁榮？」

我直率的回答：

「恐怕不能，不是中共沒有這個決心，而是沒有這個能力！」

第二天，報紙上原句刊出，朋友打電話沮喪的說：

「柏楊，糟了，你又禍從口出！」

果然糟了，從此以後，我每次申請入港的簽證，都遇到困難，甚至拖到申請期限以後，才被批准，有的更石沉大海。

香華本來出生香港，我的赴港困難，使她恐懼有一天禍延妻子，油然生「回歸」之念。感謝英國建立的健全制度，她很容易的取到她的出生證明，經過粵語口試，不久就領到護照，港台間不但可以通行無阻，出國旅行尤其方便，有一次，她在貝爾格勒申請赴羅馬尼亞簽證，台北護照要等兩個月（北京護照也要等十天），香港急得團團轉，問羅國大使館的人說：

「香港護照可不可以？」

「現在就簽給妳！」

這是一個卡通鏡頭。不過，九七大限將到，將來，又是一番光景了。

45 家園

中國並不一直是個統一的國家，大分裂時代就長達三百八十六年，小分裂時代也有七十三年。但因為當時的政治制度和軍事技術，都不能嚴密的封鎖，所以邊界上商販來往，從沒有長期斷絕。可是一九四九年，共產黨的人民政府在大陸建立了中華人民共和國，國民黨的國民政府敗退到台灣，仍保持中華民國的國號和年號，以海峽為國界，雙方連一封信、一個字，都不能飛渡。

兩岸突然解仇，使人震驚於萬物不斷蛻變的本質。大陸歡迎台灣同胞前往大陸探親，台灣不但准許台灣同胞前往大陸探親，更開放前往大陸投資經商，這是一個劃時代的突破，結束了長達半個世紀的國共血腥內戰。

我於一九八八年九月，和香華重回大陸，先從香港直飛上海。回憶四十年前，上海四號橋警察公墓難民營那段日子，以及吳文義先生帶我到台灣的往事。上海是我最後離開大陸的城市，又是回到大陸第一個踏上的城市，面對眼前的光景，不禁感慨萬千。一向，國民黨和共產黨見面，總有一方是被繩綑索綁，想不到一夕之間，雙方都能這樣友善和睦，真得感謝新時代的來臨。

這麼美好的開始，却被我的性格破壞。我和香華到上海的第三天，就提議拜訪正在受嚴厲批鬥的王若望。上海作家協會主席茹志鵑女士，這位出面邀請我們來訪的東道主，一口回絕，說王若望回山東去了，不在上海。不久我却從小道獲知王若望仍在上海的消息，便直接前去訪問。我之堅決要看王若望，只是同病相憐，既沒有政治意義，也沒有文學意義。但是，却因此與茹志鵑女士決裂，重返大陸的第一站，就如此的不愉快。

多少年後，我也責備自己魯莽，這是兩岸文化初次接觸還沒有默契的階段。我這個野生動物在台灣橫衝直撞，撞進了監獄，現在到了另外一個剛開放的陌生社會，竟貿然提出要會見被孤立的異議份子，茹志鵑當然驚慌失措。我完全忘了出獄後的那幾年，有外國記者要求新聞局安排訪問時，新聞局都推辭說，他們既不知道我的住處，也不知道我的電話號碼。

當上海不歡而散的消息傳到北京後，我們就再沒有招待單位，開始嚐到疏淡的滋味，不過，我們反而交了一些新朋友，很是忙碌。

北京的中國作家協會還安排了記者會，一位和我們相處很好的小姐，告訴我們說，她們接到寫柏楊的指標是：要少報導，最好不報導。不過，《人民日報》在我們抵達的次日，就把我們到北京的消息發佈出來，一位文化官員告訴我：《人民日報》是全國性政治報紙，從不報導台灣作家行蹤，你們是例外。我也因此對大陸新聞寫作自由尺度，得到了解。

北京已變得與四十年以前大不一樣，只有古老的胡同，仍是當年情景，我特地前往住過的口袋胡同二號憑弔。當初的主人魏國瑞夫婦以及東廂住的常咸六夫婦，都已化成幻夢。西廂當初住一位軍官的太太，挺着大肚子等候丈夫歸來。他最後歸來了沒有，沒有人知道，現在只是另一位穿着陳舊的年輕女人，在屋簷下蹲着洗衣服，茫然的看着來去自如的我們，一句話沒有說，一句話也沒有問。我走到大門，回想四十年前離開北京那一天的早晨，天色未明，常咸六和杜繼生等送我到門口。杜繼生忠厚木訥，當時，他剛從北京師範大學畢業，和一位美麗的北京姑娘辛蕙芳結婚，一對金童玉女，人人羨慕。可是，千不該萬不該，他送了一件棉袍給一個逃亡的反動份子，使他惹下痲煩，他被共產黨「專政」批鬥三十年，不能抬頭。直到一九八五年，才算平反，安置在石家莊河北省教育學院當副教授，稍後退休，摔斷了腿，又轉成靜脈炎，妻子半身癱瘓，不能言語，我兩次去大陸都沒能見到他，但我們終於取得了聯繫。

離開北京的前兩天，在北京的台灣同鄉會宴席上，我表示渴望能前往民主同盟總部作一次參觀。因爲我是在台北調查局特務劉展華監督之下參加民主同盟的，如果藉此機會能夠看一眼民主同盟總部是方是圓，死也瞑目了。台灣同鄉會長熱心的說，她願意代爲安排。

第二天上午，我和香華就接到民主同盟的請帖。晚上，就在民盟總部，見到了久仰大名的民盟主席，也是當天做主人的費孝通先生。其餘在座的都是民盟的高級官員，三〇年代、四〇年代全國知名的高級知識份子精英，也都是在共產黨無窮的運動中，被整肅過的對象。

對香華而言，她完全不知道在座的人的來歷，索性不聽大家的談話，只顧一面吃東西，一面看她手中的一本書。半個小時後，用敬佩驚訝的眼光望着我，低聲說：

「這本書寫得眞好！」

我隨手接過來，是一本抗戰時《大公報》派駐倫敦的特派員蕭乾先生的大作，這才發現當年可望而不可及的蕭乾先生也在座，不禁啼笑皆非說：

「妳連蕭乾先生是誰都不知道？」

香華一臉茫然，我這才感覺到，海峽兩岸隔絕得這麼徹底。

下一站，我單獨的返回故鄉——河南輝縣，香華則直接去西安，在毛毛處等我去會合。

我就這樣的回到了匆匆離開四十餘年的故鄉，正應驗了一首唐詩，不過，只改一個字，就更符合眼前情景：

少小離家老大回　鄉音已改鬢毛衰
兒童相見不相識　笑問客從何處來

兩岸開放後不久，我就教冬冬在幸而還沒有被剷平的祖墳上，爲父親立下一碑，紀念我的哀思：

這裡安葬的是郭學忠先生及夫人，也是我的父母，我沒有見過母親，但父親於一九四〇年在這裡入土的時候，眼看靈柩冉冉下降深穴，我曾經搶地痛哭。而今（一九八八），大姐育英、二弟德漳，均已病故，大妹育俊、三弟德洋、幼妹育傑，不知流落何方，音信全無。事實上我非長子，長子汴生，幼年早夭，可惜我記憶模糊。已逝之人，當在地下見父，未逝之人，憑墓哀悼。我於一九四九年遠移台灣，將來也葬台灣，子孫永難再歸故土。父死之年，五十有七，兒今已六十有九，爲我父立此一碑，如果倖得保存，作爲海峽兩岸郭門一線相牽，血濃於水，但願兩地後裔，相親相愛。

我在冬冬和她的家人帶領之下，就在碑前，向父親的墳墓下跪叩頭。當初父棺下葬時我的哭聲已遠去天際，四十年後歸來，淚已流乾，只剩百感交集。

我回到當初讀書的縣立小學，看到書架上擺滿北京友誼公司出版的《柏楊版資治通鑑》，回想讀五年級時，第一次向上海北新書局購買當時新文藝作品的情形，歷歷仍在眼前。我讀五年級時那棟教室仍在，只是看起來是那麼小，當時同班同學，除了鄧克保外，一個也不復記憶，只克非先生坐在講台上的影子，和侯萬尊先生的手板，一幕幕升起。

回到故居，「老司院」廣場已經不見，亂七八糟的塞滿了房舍。冬冬引導我走一條小巷，最後才走到老宅，大體上仍保持當年形狀，住着不少人家，那些鄉親仰起臉，表情木然，沒有歡喜，也沒有驚愕。我原來住的大廳南廂房，却空盪盪寂無一人，對面有張大床，就是姥姥睡的那一張吧！霎時間，彷彿看到她把纏過的小腳泡在尿盆裡，悲慘的仍在呼喊。我走到北廂房，那是表嬸住的地方，當初她就隔着中庭，拉大嗓門給我講故事，想探聽她的行蹤，却不知道怎麼開口。

故居被瓜分四十年，我想多站一會憑弔兒時往事，却無法停步，有一種不能承受的陌生感使我窒息，隔離得太久太久了。同輩、玩伴，一個不見，環繞在四周的是深深的代溝，沒有共同回憶，也沒有共同言語，好像又是異鄉。

在北京時候，就有人告訴我，輝縣爲我立了一個胸像，大陸作家牧惠先生問我怎麼處理，我脫口說：

「如果徵求我的意見，我建議拆除！」

但是，回到輝縣時，却發現像已豎起，而又沒有人詢問我的意見，冬冬把揭幕時的報紙拿給我看，當時確有一番盛況。我內心升起一種特別的情緒，有幾分激動，有幾分感傷，也有幾分感激。

——三年後的一九九一年，北京《解放軍報》對我發動攻擊，幾個月後，香港《明報》和台北《聯合報》報導說：像被拆掉。我寫信回去請冬冬查看，果然不見了，爲什麼拆？什麼時候拆？什麼人拆？拆除後丟在哪裡？沒有人知道。好像世界上根本沒有發生過這件事！

我又回到開除我的百泉初中，當年的建築所存無幾，尋尋覓覓，校長不在，書記李春亭先生鄭重的招待茶點，我懷念起當年的梁錫山先生、劉月槎先生，辜負他們教誨，那時太小，又沒有人扶我一把……

下榻百泉賓館，一天夜深，客人散去，我脫光衣服洗澡，才發現並沒有熱水，家鄉十月末的酷寒使我受了涼，得了嚴重感冒，從輝縣到鄭州，從鄭州到西安，從西安到香港，然後帶回台北，過度的疲勞，不知道節制的應酬，加上水土不服，故鄉氣候已不能適應。

離開輝縣，冬冬陪伴我前往西安探望毛毛，住在西安人民大廈。按照原定的計畫，本來還要前往重慶，經三峽到武漢，但感冒已使我無法行動，困頓昏睡，四肢無力，所以決定由西安直飛香港返台，只好向熱情挽留的當地朋友解釋說：

「出門快一個多月了，有點想家。」

「你家不是就在河南嗎？」

「不，我家在台灣。」

離西安那天，一早，毛毛、冬冬，和大陸作家周明先生、詩人曉鋼女士一行人，把我們送上飛機。四十年隔絕後，第一次重返故鄉，就這樣匆匆結束。唯一的遺憾是：女兒的母親們先後去世，姐姐也稍早去世，只留下一個不識字的甥女寶芳愛。往日種種，遺恨留到黃泉。兩個小時的航程後，我們在香港着陸，當飛機輪胎和地面磨擦的聲音停止時，飛機上響起一片掌聲。隔着旅館的窗子，俯眺香港的街道，一片繁榮，忽然感覺到這是一個完全不同的世界，心情安定下來。

回到台北，把這次返鄉之行，寫了一本十二萬字的報導，定名《家園》，在台北《中國時報》發表，出書後，封面上題下幾字副題：

大陸可戀

台灣可愛
有自由的地方就是家園

再想不到，這幾句話也會出痲煩。台北《遠望雜誌》一向刊出我是他們的顧問的，《家園》出版後不久，我就被他們開除，名字從雜誌上消失，沒有一聲通知。直到今天，我都不知道這幾句話有什麼不對，和冒犯了誰！

46 最後文字獄

匆匆十年，《通鑑》終於完成，十年中雖然發生了很多事，但都沒有使翻譯工作中斷，任何時候，晚上都工作到深夜。我執筆那一年，六十四歲，早有白髮，而到七十三歲完成時，白髮已經滿頭。返鄉探親時，大陸報紙強調我六十九歲「高齡」，我暗自心驚，回台北後困惑的問城城說：

「六十九歲算高齡嗎？」

城城反問說：

「六十九歲不算高齡，幾歲才算高齡？」

《柏楊版資治通鑑》將近一千萬字，平裝本七十二冊，精裝本三十六冊，恰恰是最初預估份量的兩倍。遠流出版公司安排一九九三年三月七日為「柏楊日」，在台北誠品書店舉行一個盛大的慶祝酒會，慶祝生日，也慶祝全書問世。最高興的是，城城、垣垣，和孫兒中中，都來參加，把我當作親生之父的義女劉元旭，也從舊金山趕來，城城、垣垣、孫觀漢、許素朱、陳麗真，也都擁至。我在致詞時，萬感交集的說：

「我是二十五年前的今天被捕的，那時候如果知道有今天這樣的榮耀，心裡一定不會那麼痛苦難過。」

忽然間，我看到坐在前排的蔣緯國將軍，忍不住直率的對他說：

「二十五年前的今天，也正是你老哥逮捕我的日子！」

我只是觸景生情，脫口而出。而蔣緯國的風度這時完全呈現出來，他致詞時，代表他的老哥蔣經國向我表示歉意，在座的人都深為動容。而最激動的還是元旭，為我過去的苦難，抱住我泣不成聲。

《柏楊版資治通鑑》共譯了十年，十年之內，另有三種版本問世：

一、《師大版通鑑》：一九八四年十月，台北文化圖書公司印行。

二、《名遠版通鑑》：一九八四年十一月，台北名遠出版社印行。

三、《改革版通鑑》：一九九一年十月，北京改革出版社印行。

這證實了一項事實：古文已經死亡，越古的文言文，死得越是徹底。傳統的知識份子對文言文唯一的辦法是加「注解」或加「導讀」，現代廣大的讀者群，顯然不能接受，而渴望有現代語文的古籍出現。少數人霸佔壟斷知識的時代已經過去了，每一個普通讀者都可以直接吸收知識。《通鑑》是一部將近一千萬字的龐大巨著，十年內竟有四部版本出現，指出古文今譯的趨勢，沒有人可以阻擋。

我自信《柏楊版資治通鑑》可以代替司馬光的原著，但《柏楊版》的壽命最長恐怕也只能維持兩百年，河山代有才人出，屆時自有二十三世紀流行的當代語文代替。我小時候用的言語，二十歲時別人已聽不懂。入獄前用的言語，出獄後別人也十分陌生。二十三世紀的《通鑑》譯本，一定和《柏楊版》大異，甚至到那時候，可能用的是中文拼音文字，那就更令人興奮。

和完成《通鑑》對我同樣重要的一件事是，我獲得國際桂冠詩人獎。一九九二年，我請香華去美國鳳凰城出席該會年會，一面代我補領去年頒給我的桂冠，一面代我向大會致辭。她匆匆動身，到了桃園機場，行李已經過磅，櫃枱小姐却發現她的簽證已逾期幾天，既窩囊、又沮喪，急回台北，忙得夜不安枕，但總算加簽了護照，搭上第二天班機。而就在會場，才發現該年（一九九二）的桂冠得主竟是香華，興奮的幾乎跳起來，誰說「福無雙至」？福也有雙至的時候，只不過比乘飛機時，空中小姐昏倒到你懷裡的機會還少。

就在桂冠獎之後，總統李登輝先生曾經在兩次講演中，兩次強調說：

「柏楊的事件，以後再不會發生！」

這是國家元首一項正式的宣示，我萬分高興，在中國歷史上惡名昭彰的文字獄中，我能成爲最後一個受害人。

47 尾聲

在遙遠的北方，夏季，黃沙滾滾；冬季，冰原一望無垠。剛從蛋殼中孵出來的幼鴻，伸出脆弱的翅膀，畏縮的試着起飛。突然間，他摔落在地，奄奄一息，他掙扎站起，重新起飛。突然間，他再摔落在地，奄奄一息，他再掙扎站起，再重新起飛。他飢寒交迫，兩目茫然。無法抵擋的狂風暴雨，一會把他捲向東，一會把他捲向西，一會把他吹向高空，一會把他投向大地，一次又一次，不斷重複，他僥倖的一天一天成長，也僥倖的一天一天健壯。不過，和茫茫天地相比，他仍然那麼渺小，渺小到世界上沒有人注意他的存在。他十分孤單，使他不得不用一己的力量，負起集結在翅膀上的層層堅冰。

對着無邊無涯的天空，他只知道飛翔，因爲一旦停止飛翔，他將栽倒在地。時光在振翅中過去，天氣無論是熱、是冷、是陰、是晴，有時冰雹當頭而降，有時腳下洶湧着隨時會吞食他的大海。忽然，一支箭射中他，再一支箭射中他，他別無選擇，仍只有繼續不斷的帶箭奮飛。他羨慕其他的飛鴻，恣意遨翔天際，羽毛光亮，鳴聲悅耳，掠過他的身旁，把他遠遠的拋棄在後。但他終於飛到鳥語花香的南國，他也哀傷一些比他更不幸的同伴，他們不過只中了一箭，甚至一箭都沒有中，只不過眨一下眼，便栽落地面，粉身碎骨。飛行途中，偶爾，留下腳印，幾乎都是帶血的腳印，他低頭凝視，不知道他的爪痕，爲什麼與眾不同。

孤鴻飛翔了七十五年，現在，他緩緩下降，駐足高崗，發現自己滿身是傷，滿身是箭，有些傷口已經癒合，有些傷口還在滴血，有些箭已經脫落，有些箭還深入骨髓。時間把傷口的流血止住，但不能把箭拔出，他只有引頸長啼。

高崗不勝寒冷，又無限寂靜，他可以聽到山中的精靈，向他耳語。就在腳下，一個村落接一個村落，原鄉正默默的看着他，作無言的呼喚。

九天翱翔闖重雷　　獨立高崗對落暉

孤鴻不知冰霜至　　仍將展翅迎箭飛

附錄 寫給劉展華的一封信

柏楊

柏楊按：《柏楊回憶錄》在台北《中國時報》連載期間，一九九六年二月二十七日，突然刊出當初柏楊初入獄時審問官劉展華先生一信。立場森嚴，措辭凌厲，聲稱要訴之於法，柏楊乃有一信回答。但延至五月一日，當本書交由遠流出版公司出版時，劉展華又拒絕把該份原函刊出，一反他要求公開、希望天下人皆知的立場，其變幻莫測的程度，使我大為驚恐。謹把原委記錄於此，說明這份〈附錄〉只有覆函、沒有原函的原故。

●

回憶錄初稿完成後，《中國時報》刊出牢獄之災部份，台北《傳記文學》刊出「序」「跋」部份，香港《九十年代》刊出童年部份，使我心懷感謝。在白色恐怖時代，回憶錄上的每一個字，都足以興起大獄，血染囚室。然而，大時代的巨輪開創出今天的民主道路，禁忌解除，說明現代人是多麼的幸運。在回憶錄中，我敍述了親身遭遇，所涉及到的人物，大都尙在人間，我知道會有很多人不高興，但沒有想到最不高興的人竟是劉展華先生，他寫了一封措詞嚴厲的信給《中國時報》，除了繼續堅稱我確實是一個匪諜之外，並且聲明保留他的法律追訴權。有些朋友看了，十分擔心，認爲「山雨欲來風滿樓」，劉展華的凌厲姿態，會不會是另一個「風滿樓」的先兆，擔心我一旦再被約談「調查」，再被「攻破心防」，又再被辛辛苦苦納入叛亂組織，恐怕無法支持另一個九年零二十六天。這些擔心，我都由衷感謝，並告訴他們，我會寫一封公開信，答覆劉展華先生。

可是，我現在因爲視力衰退及動了脊椎手術，無法久坐，必須由人代筆，所以拖到今天。有些難友威脅說：「你如果不寫的話，我們就代你發表一篇宣言。」我想還是由我直接說明，比較合乎禮貌。

劉展華先生的信，刊載在本年（一九九六）二月二十七日台北《中國時報》，全文約一千餘字，一半以上在介紹顏小姐。顏小姐這件事，跟我是不是匪諜，以及跟劉展華是不是對我動過酷刑，並沒有因果關係。然而，劉展華娓娓道來，却有一個效果，那就是會把重心轉到顏小姐身上。顏小姐全名顏素心，當年是菲律賓的僑生，現在她和她的夫婿王先生是台北著名的凡德男裝公司的負責人。當年她在國立政治大學讀書，大力水手漫畫剛開始刊出時，任主編的前妻倪明華，曾考慮請素心擔任翻譯，後來因郵寄稿件，往往延誤，才改由我動筆。當風聲鶴唳初起時，因爲我自恃淸白，十八歲那一年就赤膽忠心要爲國效命，縱使我的雜文咄咄逼人，頂多不過丟掉《自立晚報》的差事，全家餓飯而已。所以，我們找到素心，告訴她我們的困境，認爲只要她能承當是她翻譯的，就可以度過這次困難。素心一口答應，並照着我的翻譯，重抄一遍，認爲這樣就解決了問題。當事後知道她爲我冒的是那麼大的危險，不但感激涕零，而且深爲內疚，因爲，如果當時特務們把她收押，嚴刑拷打，她可能成爲沈元嫜第二。我這一生，固然遇到很多災難，但也遇到不少傳奇性的俠骨柔情，素心是其中的一位，這種友情，特務不能瞭解，官場人物不能瞭解。

調查局是先逮捕倪明華的，審訊了一天一夜，我們這一項幼稚的頂替，幾下子就被拆穿，還好，特務對明華和顏素心，並沒有採取任何一步行動，因爲他們的目標是我。所以當明華被釋放回來，告訴我這種情況後，我才警覺到問題嚴重。也因之，當隔一天我被逮捕時，並沒有如劉展華信上所說：「柏楊先生到案後，一直堅稱此係顏小姐所爲！」我不但沒有堅稱，而且包括劉展華，以及所有的問官在內，根本沒有一個人再提大力水手，連調查局的「移送書」和警總軍法處的「判決書」，也沒有一個字提過大力水手，即令我想堅稱，也無從堅稱。明華先被傳訊，其次才是我；以及那時候政府認爲「大力水手」已經完成逮捕我的利用價值，爲避免被指摘爲文字獄，決定任何情形之下，都抹殺「大力水手」的存在，劉展華應該比我還要清楚，現在，却故意寫得這樣撲朔迷離，這是刀筆吏的手段。

劉展華先生說：「柏楊對過去在大陸期間之經歷亦多有保留，後因涉有相當之犯罪嫌疑，而經依法羈押、偵辦。」這段文章，學問就在「保留」二字。什麼是保留？又保留些什麼？《新生報》女記者沈元嫜，就是因爲被認爲「保留」「堅不吐實」，死在調查局。調查局偵防處長兼主任秘書蔣海容，就是因爲被認爲「保留」「堅不吐實」，死在他的部屬之手。許席圖，就是因爲被認爲「保留」「堅不吐實」，現在仍被囚禁在玉里瘋人院。「保留」，一個多麼學術、多麼和緩的名詞，我只是供不出來特務希望我供出來的罪行，才被認爲「保留」和「堅不吐實」。如果有一天，有個單位逮捕了劉展華，認爲他是刺殺林肯的兇手，認爲他狡獪的「保留」和「堅不吐實」，請問劉展華先生該如何回答？至於說「依法」羈押偵辦，我要提醒的是，在白色恐怖時代，誰才是法？法在誰手？三張犁荒墳亂塚，白骨遍地，他們又都死於何法？「依法」這兩個字，已經被特務糟蹋得意義全失！過去蔣經國先生早有指示，革命遠在法律之上。所以請問劉展華先生：你是革命同志，還是守法官員？

劉展華先生說：「在某天晚上，我指出他自稱柏老，道德文章高人一等，實是欺世盜名，令仰慕之年輕人心寒、齒冷。」事實上，劉展華不僅僅心寒齒冷而已，而是，他簡直氣沖牛斗，一面對我辱罵，一面用米達尺在我臉上晃動。一個高級知識份子，對文學的欣賞水準，只能到這種程度，我寧願投降。自稱「老」，是我對當時政治人物互相稱「老」的一種反諷，自稱「先生」「夫人」，是一種自我調侃。我還寫過「吾祖柏拉圖」「吾友潘金蓮」，劉展華如果看到，恐怕更會失控。人，如果靈性高一點，人性也會相對提升。有些人有的是鬥爭能力，却獨缺幽默，使人長嘆。

劉展華先生說：「那一天從晚間八、九點開始懇談，到指責其說謊、欺騙年輕人，突破其心防、書寫自白書、完成筆錄，已是清晨三、四點，前後約六、七小時，一氣呵成，僅柏楊先生與本人二人在偵訊室內獨處，亦無任何人在附近走動，依當時本人身高一六七公分，體重五十多公斤的體型，與正值壯年的柏楊先生是不能相比的。實無刑訊之必要，亦無刑訊之可能。」劉展華已坦白承認他跟我二人單獨在偵訊室內，沒有任何人在附近走動，所以我要問：我是三人小組處理的專案，調查局、警察局，和國民黨中央黨部各派一人，一向問案都是三人在場，那一天，只有劉展華一人出現，不合乎你們自己的規則，那兩位先生哪裡去了？正因爲只有一人在場，劉展華才能夠在絕對沒有目擊者的情況之下，突下毒手！我一直認爲那天是我偶爾激怒了他，現在，從劉展華自白的供詞，終於了解，原來是他的預謀。劉展華先生說：「在這種一對一的情況下，突破心防！」眞是要請他用更多的文字來解釋，什麼是心防？又心防些什麼？屈打成招，或突破心防，有沒有區別？我所做的供詞，後來在軍事法庭上，被國防部情報局查出全屬虛構，這說明什麼？請世人垂鑑，看看劉展華用什麼可怖的手段，竟使我供出我從沒有做過，連國防部情報局也認為我從沒有做過的事！蒼天在上，劉展華突破的並不是我的心防，而只是摧毀我的自尊！今天，劉展華如果熬不過酷刑，承認刺殺了林肯，是不是可解釋為攻破了他的心防？

劉展華先生最精彩的幾句話是：「當時本人身高一六七公分，體重五十多公斤的體型，與正值壯年的柏楊先生是不能相比的。實無刑訊之必要，亦無刑訊之可能。」劉展華一定是在心煩氣躁之下寫這封信的，所以才急不擇言，假使他能夠冷靜兩天再寫的話，一定會發明更多更好的理由。千古以來，問官和囚犯相對，還講究身高和體重？在暗室之中，以整個國家機關做為後盾的審問官，居有絕對的優勢，一咳一笑，都能使囚犯顫抖。劉展華先生：可記得蕭振文先生，在跪算盤的時候，屎尿齊流，又可記得另一位被告，也是你們的處長范子文先生，嘴巴被按在大便上，二人的哀嚎，豈是因身矮體輕？司馬遷在〈報任安書〉上所描寫的那種淒涼和悲慘：「看見獄吏，恐怕他毒打，就不由自主的下跪，用頭撞地。看見法官，恐怕他不高興，也不由自主的驚慌過度，不敢呼吸，何以如此？只因為受到強制的壓力，自尊瓦解。」韓國四星上將參謀總長鄭昇和將軍，被一個二等兵在囚室打翻在地！右今中外，難道都歸因於獄吏個個健壯？囚房不是擂台，不是公共場所，打勝的一方可以昂然離開。許席圖就是因爲反抗毆打，被痛擊腦部，造成精神錯亂。至於說無刑訊之必要，我完全同意，問題是既然沒有刑訊的必要，爲什麼還要刑訊？沒有刑訊的可能，我也同意，問題是什麼原因把不可能變爲可能？劉展華對他暗室行凶，竟如此沾沾自喜，使人目瞪口呆。

今天，我的答覆，無意使劉展華先生成爲焦點，他自己都不知道他也是一個時代的受害者。那是一個革命蹂躪法律的時代，領袖高過國家的時代。但是，在我敍述自己的來時路時，沒有辦法抹去入獄這項事實。我一直有一種羅曼蒂克的憧憬，當雷震案發生時，我曾經幻想，我如果是軍法官的話，可能在法庭上突然宣判雷震先生無罪。國策顧問陳寶川先生曾告訴我一個故事，日據時代，他因反日，日本憲兵逮捕他的時候，曾給了他兩個耳光，多少年後，那個憲兵年老退役，專程回到台灣，拜訪陳寶川，雙膝下跪，請求陳寶川先生原諒，他說：「逮捕你是我執行命令，但我不應該對你粗暴。」我聽到這個故事的時候，熱淚盈眶。出獄的當年，台北大水，蘇杭小館在清理內部積水後，招待《自立晚報》記者，我被邀參加，高義儒先生出現敬酒，我拒絕接受，他說：「在座所有朋友，我都對得起，只有對不起柏老一人，我罰我自己一杯。」我說：「你是對不起我，在調查局，我的罪狀是你教我編的。」他說：「是我叫你編的不錯，但是你編得太像了。」這回答使我驚駭，我說：「我編得不像行嗎？」他大聲說：「反正你不是匪諜，如果槍斃你，我陪你一起死。」這些事使我希望也能夠看看劉展華先生的表情，於是在我保證不給對方任何難堪的承諾下，一位朋友請我和劉展華在水都餐廳共進午餐，劉展華先行抵達，他是那麼樣的春風滿面，熱情的握着我的手，好像是昨天才分別的老友，誇獎我的氣色不錯，然後大談他逮捕施明德、黃信介兩位先生的經過，展示他的料事如神，沒有半個字提及到審訊我的往事，最後，我的妻子香華忍不住插一句說：「你們調查局會打人的，什麼口供都會打出來。」劉展華坐在我的右邊，忽然間緊靠向我，雙手握住我的右臂，微笑的說：「柏老，我們從來不做這件事，你說是不是？」我被他坦蕩無邪的表情擊昏，不知道如何回答。我想我說到這裡為止，情治單位有存在的絕對必要，但運用不當時，也會凌虐人民，它是國家必要的惡，所以我希望，嚴防它成爲維持一個人或一個黨的權力的工具，必須在保護人性尊嚴爲大前提下辦案，使情治單位成長爲國家必要的善。

關於劉展華、高義儒、劉昭祥，以及李尊賢等先生，即令將他們繩之以法，囚室暴力行爲，也不會永遠絕跡，應該做的事不是報復，而是迅速建立程序正義，那才是我追求鞏固民主、尊重人權的目標。

劉展華先生在最後一段說：「本人從事公職近三十年，一切依法行事，謹守分寸，勉力從公，自有不容誣衊之尊嚴，特此證明，以正視聽，並保留法律追訴權。」義正詞嚴，跟眞的一樣。不過，現在的國安法是保護劉展華先生的。依戒嚴法規定，戒嚴解除後，凡是戒嚴時的軍法案件，都要重新審判，但現在新頒的國安法却規定仍維持軍法原判，以致剝奪了千萬受害人昭雪的希望。如果劉展華願意和他過去審訊過的囚犯，平等的站在法庭之上，公開辯論，使是非眞象，得以大白於世，我不但歡迎，而且將非常感激。看了劉展華先生的信，對一個在白色恐怖下倖存下來的人而言，彷彿又看到那個時代調查局的「移送書」和警總軍法處的「判決書」，不禁悲從中來。如果劉展華不願對簿公堂，那麼，不妨繼續來信，使眞象愈辯愈明，如果報紙不肯刊載，我願把來往信件，集結成爲一書，交由後人判斷。我深信，帶血的手，可掩蓋一時，不能掩蓋永遠。

一九九六年三月二十七日

（載一九九六年四月十一日，台北《中國時報》）

國家圖書館出版品預行編目資料

柏楊回憶錄／柏楊口述;周碧瑟執筆. --初版.
--臺北市: 遠流, 1996[民85]
面;　　公分. --(本土與世界叢書; 26)

ISBN　957-32-2809-2(精裝)
ISBN　957-32-2792-4(平裝)

1.柏楊 - 傳記

782.886　　　　　　　85003045